构建城乡融合发展的利益分享机制研究

——基于收入和公共品两个维度的分析

杨美成 著

东南大学出版社
SOUTHEAST UNIVERSITY PRESS
·南京·

内 容 简 介

本书以马克思主义经济学的基本原理为指导,借鉴发展经济学、制度经济学及政治学等相关理论,对构建城乡融合发展的城乡利益分享机制进行了系统和深入的探究。首先,在总结前人研究成果的基础上界说了利益及利益分享相关核心概念,阐明了利益分享的元命题,构建了利益分享机制的理论框架;然后,围绕收入和公共品两个维度,分析了中国城乡利益失衡的历史成因;之后,运用比较分析方法,研究了国内外解决城乡利益分享方面的案例;最后,综合上述研究结果,指出了构建城乡融合发展利益分享机制的政策意蕴。

本书对我国建设和谐城乡关系、推进共同富裕具有较高的理论研究价值和实践指导意义,既可供研究中国特色社会主义理论与实践、三农问题的学者阅读,也可供政治经济学等相关专业的研究生参考。

图书在版编目(CIP)数据

构建城乡融合发展的利益分享机制研究:基于收入和公共品两个维度的分析 / 杨美成著. —南京:东南大学出版社,2021.11
 ISBN 978-7-5641-9791-9

Ⅰ.①构… Ⅱ.①杨… Ⅲ.①城乡建设-经济发展-研究-中国 Ⅳ.①F299.21

中国版本图书馆 CIP 数据核字(2021)第 231302 号

责任编辑:吉雄飞　责任校对:张万莹　封面设计:顾晓阳　责任印制:周荣虎

构建城乡融合发展的利益分享机制研究
Goujian Chengxiang Ronghe Fazhan de Liyi Fenxiang Jizhi Yanjiu

著　者	杨美成
出版发行	东南大学出版社
社　址	南京市四牌楼 2 号(邮编:210096　电话:025-83793330)
经　销	全国各地新华书店
印　刷	广东虎彩云印刷有限公司
开　本	700 mm×1000 mm　1/16
印　张	12.75
字　数	250 千字
版　次	2021 年 11 月第 1 版
印　次	2021 年 11 月第 1 次印刷
书　号	ISBN 978-7-5641-9791-9
定　价	48.00 元

本社图书若有印装质量问题,请直接与营销部联系,电话:025-83791830。

前 言
Preface

城乡利益关系不均衡是我国城乡关系的痼疾。改革开放以来,中国经济实现了持续高速增长,社会创造出了巨大的物质财富,但是在很长历史时期里,与之并存的却是中国城乡差距在不断扩大的不协调现象。审视中国经济发展的历程,可以发现农业、农村和农民为经济增长做出了巨大贡献,但未能公平地分享到经济发展的成果。贡献与回报的巨大反差,折射出中国城乡利益分享机制的扭曲。而城乡利益分享机制的扭曲,制约了农民收入水平的提高和农民人力资本的积累与提升,导致了农村公共品缺乏,阻碍了农业和农村现代化的进程,不利于国民经济的持续健康发展。城乡利益分享机制的扭曲和不合理是造成城乡发展差距的主要制度基础,而城乡利益分享不公平带来的社会矛盾和冲突若不能得到有效化解,最终会影响到我国经济的发展和社会的稳定。进入21世纪后,党中央先后出台了统筹城乡发展、城乡一体化发展等方面的措施,有效遏制了城乡差距扩大的势头。党的十八大以来,推动城乡融合发展的理念日渐深入人心,为构建和谐的城乡利益分享机制提供了指导方针。

本书以马克思主义经济学的城乡关系理论、马克思主义的发展观和利益观以及分配对生产具有重要反作用的基本原理为指导,借鉴发展经济学、制度经济学及政治学等相关理论,主要运用制度分析、博弈分析、比较分析等方法对构建城乡融合发展的城乡利益分享机制进行了比较系统和深入的探索研究。在对前人关于利益分享及城乡融合发展的研究成果进行梳理和总结的基础上,对利益和利益分享的涵义进行了科学的界说,诠释了利益的概念、利益的种类、利益的层次,指出利益的基础是物质利益,而收入和公共品是利益基础层面的两个重要维度;利益分享的内核是公平分享,利益分享的元命题是权利公平,而权利公平又包括经济权利公平、政治权利公平、社会权利公平和法律地位公平;要实现利益分享必须建立利益分享机制,利益分享机制又包括了利益分享赋权机制、利益分享实现机制、利益分享循环机制和利益分享保障机制四个有机组成部分。围绕收入和公共品两个重要维度,全面阐述了利益分享机制的理论框架。

在理论分析的基础上,本书对收入和公共品分配逻辑在我国语境下形成的城乡利益分享不公平的原因进行了剖析。通过对我国改革开放前后经济社会发展相关统计资料的分析，结合我国城乡二元结构的形成和演变过程，从收入分配和公共品两个维度阐述了城乡不公平利益格局的状况，并围绕这两个维度剖析了形成城乡利益分享不公平的制度原因，指出城乡二元结构及其基础之上的各种利益制度安排是造成城乡利益分享失衡的体制根源。其后，运用比较分析方法探讨了世界其他国家在解决城乡利益分享方面的成功经验和失败教训，通过正反两方面的对比说明构建统筹城乡利益分享机制的重要性，并得出可供借鉴的经验；针对国内统筹城乡发展做得较好的地区，解析了城乡利益分享不同模式下的案例，总结了这些地区的成功政策经验。最后，根据理论分析的结果，指出了构建城乡融合发展利益分享机制的政策意蕴。

　　本书主要包括五个部分。第一部分为导论，主要阐述了本书的研究背景、理论价值和现实意义，通过对国内外研究情况进行梳理，提出了本书的研究思路、研究方法和研究内容，并对研究的理论框架进行了总体性的描述；第二部分是关于利益分享机制基本理论的分析，界定了本书涉及的相关概念和定义，全面阐述了利益分享机制的理论框架，也是本书理论研究的核心部分；第三部分是关于中国城乡利益分享不公平问题的成因分析，围绕收入和公共品两个维度，对城乡利益分享不公平的状况及原因进行了实证描述和研究；第四部分是关于城乡利益分享的比较分析，剖析了国内外解决城乡利益分享问题的案例，并对经验进行了总结；第五部分为构建城乡融合发展的利益分享机制的政策建议，根据推进城乡融合发展的方针要求，围绕收入和公共品两个重要维度指出构建城乡融合发展的利益分享机制的政策意蕴。全书可能的创新点主要体现在以下三个方面：

　　首先，尝试构建了一个关于利益分享机制的理论分析框架。在科学界定利益分享涵义的基础上，论述利益分享的元命题、利益分享的内核、利益分享机制的构成和结构关系等基本理论问题；围绕利益分享的核心概念，提出构建利益分享机制的设计思路——从利益分享赋权机制、利益分享实现机制、利益分享循环机制、利益分享保障机制这四个方面构建公平的利益分享机制；通过构建利益分享机制，实现城乡居民在权利获得和权利实现上的平等，进而实现对改革与发展成果的公平分享。

　　其次，力图超越以往单纯从收入分配或公共品获得的角度来分析城乡差距的分析模式，将对城乡收入分配和公共品问题的研究纳入城乡利益分享的大框架之下，收入分配和公共品只是利益分享的基础层面——物质利益的两个重要维度，透过这两个维度能够揭示不合理的城乡利益分享机制对城乡利益失衡格局的作用，也可以根据从这两个维度入手研究得出的结论，进一步研究更高层面的利益分享问题。这种从总体的视角来分析研究城乡差距的成因及解决对策，更为全面，也更具有普遍意义。同时,围绕收入分配和公共品获得这两个维度,在总结历史资料的基础上实证描述了城乡利益分享不公平的状况;以利益分享机制基本理论为基础,结合城乡二元结构的形成及历史演变过程,对城乡利益分享失衡格局的形成和发展脉络进行了深入分析,剖析了城乡利益分享不公平问题的制度根源。将收入分配、公共品作为利益的构成要素,通过利益分享的视角描述城乡差距的状况,用利益分享机制理论分析城乡差距的制度原因,这在理论上具有一定的新意。

最后,在理论分析的基础上,引用较新的实践案例进行比较研究和案例分析,指出了构建城乡融合发展的利益分享机制的政策意蕴。在案例的比较研究中,结合了我国不同地区城乡融合发展的实践经验和成果,并根据其特点总结为不同的模式。不同的模式反映了不同地区经济社会发展的不同特点,根据该地区的实际情况,产生了推动城乡融合发展的利益分享的不同道路。不同地区在城乡融合发展的利益分享方面有着不同的做法,但在理论上具有共通性,对不同模式下的政策措施进行总结提炼,一方面印证了构建城乡融合发展利益分享机制的重要现实意义,另一方面,来自实践的生动经验也为构建城乡融合发展的利益分享机制提供了富于操作性的政策借鉴。

本书对我国建设和谐城乡关系、推进共同富裕具有较高的理论研究价值和实践指导意义,既可供研究中国特色社会主义理论与实践、三农问题的学者阅读,也可供政治经济学等相关专业的研究生参考。由于时间和水平的限制,书中一定存在不足和错误,恳请读者批评指正。

著者

2021 年 9 月

目 录

1 导论 ······ 001
  1.1 研究背景 ······ 001
  1.2 研究的意义 ······ 008
    1.2.1 研究的理论意义 ······ 009
    1.2.2 研究的现实意义 ······ 010
  1.3 关于城乡关系的国内外文献综述 ······ 011
    1.3.1 关于城乡关系的国外文献综述 ······ 012
    1.3.2 关于城乡关系的国内文献概述 ······ 017
  1.4 利益分享理论的文献综述及评论 ······ 023
    1.4.1 古典思想家对利益分享问题的思考 ······ 023
    1.4.2 马克思主义经济学的利益观和利益分配思想 ······ 025
    1.4.3 新古典学派关于利益分享的研究 ······ 030
    1.4.4 发展经济学关于利益分享的研究 ······ 031
    1.4.5 利益分享理论的兴起与发展 ······ 032
    1.4.6 国内利益分享理论研究的基本状况 ······ 036
  1.5 主要研究内容和框架结构 ······ 041
2 利益分享机制的基本理论分析 ······ 044
  2.1 利益与利益分享 ······ 044
    2.1.1 利益的涵义 ······ 044
    2.1.2 利益分享的丰富内涵 ······ 056
  2.2 利益分享的基础层面：收入与公共品两个维度 ······ 066
    2.2.1 利益分享层面的划分 ······ 066
    2.2.2 利益分享的基础维度之一：收入分配 ······ 067
    2.2.3 利益分享的基础维度之二：公共品 ······ 069
  2.3 利益分享机制：一个分析框架 ······ 072
    2.3.1 利益分享机制的构成 ······ 072

2.3.2　利益分享机制结构关系分析 …………………………… 077

3　中国城乡利益关系的变迁:问题成因分析 ………………………… 083
　3.1　中国城乡利益关系的演变过程 ………………………………… 083
　　3.1.1　改革开放前城乡利益分享失衡格局 ……………………… 084
　　3.1.2　改革开放后城乡利益分享格局的演变及其不公平惯性特征
　　　　　………………………………………………………………… 094
　3.2　城乡利益分享不公平的原因分析 ……………………………… 109
　　3.2.1　缺乏公平的利益分享赋权机制导致城乡利益失衡 ……… 109
　　3.2.2　缺乏公平的利益分享实现机制导致城乡利益失衡 ……… 113
　　3.2.3　缺乏公平的利益分享循环机制导致城乡利益失衡 ……… 117
　　3.2.4　缺乏公平的利益分享保障机制导致城乡利益失衡 ……… 119

4　国内外城乡利益分享实践:一个比较分析 ………………………… 124
　4.1　国外城乡利益分享实践的经验与教训 ………………………… 124
　　4.1.1　日本解决城乡利益关系的成功经验 ……………………… 124
　　4.1.2　德国解决城乡利益关系的成功经验 ……………………… 132
　　4.1.3　巴西解决城乡利益关系的失败教训 ……………………… 140
　4.2　国内统筹城乡利益分享的经验 ………………………………… 144
　　4.2.1　以城带乡、城乡融合利益分享:对义乌模式的借鉴 …… 144
　　4.2.2　以工哺农、城乡融合利益分享:对苏南模式的借鉴 …… 148
　　4.2.3　城乡一体化构建城乡融合利益分享:对成都模式的借鉴 … 151

5　构建城乡融合发展利益分享机制的政策意蕴 ……………………… 157
　5.1　城乡融合发展的涵义 …………………………………………… 158
　　5.1.1　基本概念诠释 ………………………………………………… 158
　　5.1.2　城乡融合的内涵 ……………………………………………… 161
　　5.1.3　城乡融合发展的理念与原则 ………………………………… 165
　5.2　构建城乡融合利益分享机制的政策意蕴 ……………………… 170
　　5.2.1　构建城乡融合利益分享赋权机制 …………………………… 170
　　5.2.2　构建城乡融合利益分享实现机制 …………………………… 173
　　5.2.3　构建城乡融合利益分享循环机制 …………………………… 178
　　5.2.4　构建城乡融合利益分享保障机制 …………………………… 184

其他参考文献 ……………………………………………………………… 190

1 导论

1.1 研究背景

党的十九大报告指出:"农业农村农民问题是关系国计民生的根本性问题,必须始终把解决好"三农"问题作为全党工作重中之重。要坚持农业农村优先发展,按照产业兴旺、生态宜居、乡风文明、治理有效、生活富裕的总要求,建立健全城乡融合发展体制机制和政策体系,加快推进农业农村现代化。"① 中国是农业大国也是农业弱国,如何推动农业进步、农村发展、农民民生改善进而构建和谐城乡关系,对经济社会的持续健康发展有着至关重要的影响。从 20 世纪 80 年代以来,中共中央连续多年以"中央一号文件"②的方式传达对这一问题的高度关注与重视,文件的主题涵盖了农村改革、农民增收、提高农业综合生产能力、农业基础设施建设、农业科技创新、农业现代化、脱贫攻坚、乡村振兴等等方面。

实行改革开放后,中国城乡关系的发展大致经历了四个阶段③。从 1978 年到 1984 年为第一个阶段,这一阶段可以概括为城乡分割二元体制的破冰阶段,该阶段城乡收入差距呈下降趋势,城乡收入比从 1978 年的 2.56 下降到 1983 年的 1.82。这是改革开放以来我国城乡收入差距的最低点,主要是因为中国的改革率先从农村实行"包产到户"开始,使得农民的生产积极性得到解放,农业生产要素活力得到激发。1985 年至 2002 年为第二个阶段,即城乡差距显著扩大阶段。这一阶段,随着改革的重点从农村转入城市,城乡收入比从 1985 年的 1.86 上升到 2002 年的 3.11,引起了国内外研究者的高度关注。城乡差距成为我国收入差距和区域差距的主要特征,究其原因是因为农民、农村、农业对城市和工业化发展提供了巨

---

① 中国共产党新闻网. 习近平在中国共产党第十九次全国代表大会上的报告[EB/OL]. http://cpc.people.com.cn/n1/2017/1028/c64094-29613660.html.
② "中央一号文件"原指中共中央每年发布的第一份文件,该文件在国家全年工作中具有纲领性和指导性的地位。一号文件中提到的问题是中央全年需要重点解决,也是当前国家亟须解决的问题,这从一个侧面反映出了解决这些问题的难度. 中共中央在 1982 年至 1986 年连续五年发布以农业、农村和农民为主题的中央一号文件,对农村改革和农业发展作出具体部署。2004 年至 2021 年又连续十八年发布以"三农"为主题的中央一号文件,强调了"三农"问题在中国的社会主义现代化进程中"重中之重"的地位。
③ 李爱民. 我国城乡融合发展的进程、问题与路径[J]. 宏观经济管理,2019(2).

大的支撑作用,包括为城市建设和工业发展输送廉价劳动力,为城市和工业发展提供农产品等等方面,但"三农"从经济发展的成果中收获的回报却远低于付出。2003年至2011年为第三个阶段,也是城乡差距引起党中央高度重视、出台措施遏制城乡差距扩张的阶段。前阶段的城乡收入差距持续扩大引起党中央、国务院的高度重视,从党的十六大以来,党中央陆续提出了统筹城乡发展、城乡一体化发展等理念,"三农"问题受到党和政府的重点关注。2012年至今为第四阶段,即推进城乡融合发展阶段。党的十八大以来,城乡融合发展日益深入人心,党的十九大报告和十九届四中全会都明确要求"健全城乡融合发展体制机制",对城乡关系进行了重新定位,把城市与乡村看成是一个有机的整体,强调二者不可分割,体现了创新、协调、绿色、开放、共享的新发展理念,为向高水平城乡融合发展迈进提供了政策支撑。这一阶段农村居民家庭人均可支配收入年均增长8.2%,高出城市居民家庭人均收入增长速度0.3个百分点,城乡居民收入比缩小到2019年的2.64①。

综上可知,改革开放后中国城乡居民的收入水平经历了短暂缩小、急剧扩大再逐步缩小的发展历程,但总体上中国城乡居民收入差距水平仍然处于较高水平。2020年中国取得脱贫攻坚战的全面胜利,在2021年2月25日全国脱贫攻坚总结表彰大会上,习近平总书记宣布:现行标准下9899万农村贫困人口全部脱贫,832个贫困县全部摘帽,12.8万个贫困村全部出列,区域性整体贫困得到解决,完成了消除绝对贫困的艰巨任务②。但根据统计,2020年我国城镇居民人均可支配收入为43834元,农村居民人均可支配收入为17131元,城乡收入比仍达到2.56③。同时,对城乡居民的收入结构分析发现还存在以下方面的现象:农村居民收入以经营性收入为主,而农业经营性收入因农产品价格水平较低也较低;城乡二元体制带来的收入分配不均仍然存在,农村居民进城务工和在农村本地进行工业生产所获得的工资性收入远低于城镇居民的工资性收入;城乡居民财产性收入差距较大,城镇居民拥有的房地产资产与金融资产数量远高于农村居民。以房产为例,城镇居民在前期房地产价格飙升的过程中获得的增值较多,而农村居民所拥有的财产仅限于农业生产资料和宅基地,城镇居民的资产单位价值和单位收益均高于农村居民。由于财政补贴方式较为单一,城镇居民获得的转移支付收入也高于农村居民④。城乡居民收入结构分析揭示了城乡居民收入差距的结构性原因,警示我们若不进行制度性改革,扭转城乡利益分享不公平的状况,城乡居民收入差距在将来还有扩

---

① 冯鹏程,杨虎涛.我国国民收入分配格局的政治经济学研究[J].政治经济学评论,2021(3).
② 中共中央党校网站.习近平在全国脱贫攻坚总结表彰大会上的讲话[EB/OL]. https://www.ccps.gov.cn/xtt/202102/t20210225_147575.shtml.
③ 官海鹏.新发展阶段助推城乡融合发展思考[J].农业发展与金融,2021(6).
④ 方毅,卫剑,陈煜之.基于收入结构视角的我国城乡收入差距影响因素研究[J].浙江社会科学,2021(7).

大的风险。

在公共品获得方面,中国城乡居民也存在较大差距。有学者从基本公共服务最主要的三个领域——医疗卫生、基础教育、社会保障的获得方面进行研究,得出了以下结论。

在医疗卫生方面,党和政府一直致力于提升农村医疗水平,特别是"十三五"以来,党中央提出了实施健康中国战略的决策部署,国民健康水平不断得到提升。但在城乡居民医疗保险制度实施过程中,健康分层的问题仍然严重。从2008年开始,多个省(区、市)积极整合城镇居民医疗保险和新型农村合作医疗保险,建立起统一的城乡一体化居民医疗保险,这种城乡统筹医保的目的在于打破条块分割的社会医疗保险制度,提高居民医疗服务利用的公平性和健康的公平性。该制度在一定程度上打破了城乡户籍壁垒,提升了城乡居民医疗资源利用的公平性,但仍然未能有效实现城乡居民医疗服务公平受益的结果。实践中仍然是城市高收入群体利用了更多的医疗资源服务,获得了更高的健康保障,而农村居民存在被锁定在"健康贫困"陷阱的风险,即在健康不平等—低收入人口健康损害—诱发疾病—机会丧失和能力剥夺—经济负担加重和收入能力下降—陷入贫困的循环中无法自拔①。

在基础教育方面,党中央一直致力于破解城乡教育二元结构、推动城乡教育公平发展。2018年1月以中央一号文件的形式出台了《中共中央国务院关于实施乡村振兴战略的意见》,文件明确提出"要建立健全城乡融合发展政策体系与体制机制,优先发展农村教育事业,推进城乡义务教育一体化发展"②。但在实践过程中,由于长期城乡教育"双轨制"引发的城乡文化再生产差异、城乡教育交流对话不足、制度推动主体动力不足等原因的影响③,城乡义务教育一体化遭遇基础设施配置不均衡、教育资金投入不公平、师资队伍建设不协调等困难,导致城镇学校越来越强,农村学校越来越弱,农村教育衰败,城乡居民在基础教育获得方面的不均衡加剧④。

在社会保障方面,改革开放以来我国对人口流动的控制逐步放松,城镇化的进程加快,为保障农村居民的合法权益,政府陆续出台了一系列城乡融合社会保障发展的制度。但由于城镇化与市民化的程度不协调、城镇化与工业化的进程不匹配、土地制度与城镇化进程不相适应等因素的影响,城乡融合的社会保障制度实施困难,城乡社会保障体系过度偏向城镇,难以实现真正的城乡有效统筹。以农民工为

---

① 范红丽,王英成,亓锐.城乡统筹医保与健康实质公平——跨越农村"健康贫困"陷阱[J].中国农村经济,2021(4).
② 新华网.(受权发布)中共中央国务院关于实施乡村振兴战略的意见[EB/OL]. http://www.xinhuanet.com/politics/2018-02/04/c_1122366449.htm.
③ 杨世昇,楼世洲.城乡统筹教育发展中的现实矛盾、归因及解决策略[J].中国教育学刊,2020(5).
④ 郭俊锋.城乡义务教育一体化的困境与出路[J].教学与管理:理论版,2020(5).

例,国家相关政策要求提升农民工社会保险水平,但从整体看,庞大的农民工群体中能够参加城镇基本医疗保险的不到农民工总数的1/5,参与职工养老保险、工伤保险、失业保险和生育保险的比例也相对较低,多数农民工仍然被排斥在城镇社会保险体系之外。现实中,资金的巨大缺口限制了农村社会保障的水平,农民收入水平的低下也使得大部分农民不愿意支付社会保障中自筹的那一部分,从而无法分享社会保障①。

为此,党的十九大报告指出,"发展不平衡不充分的一些突出问题尚未解决,城乡区域发展和收入分配差距依然较大,群众在就业、教育、医疗、居住、养老等方面面临不少难题……""中国特色社会主义进入新时代,我国社会主要矛盾已经转化为人民日益增长的美好生活需要和不平衡不充分的发展之间的矛盾……社会生产能力在很多方面进入世界前列,更加突出的问题是发展不平衡不充分,这已经成为满足人民日益增长的美好生活需要的主要制约因素"。②

城乡差距现象的背后是中国城乡利益分享机制的扭曲。回顾中国经济发展的历程,我们可以发现:农业、农村和农民为中国经济的高速增长做出了巨大的贡献,但在发展成果的分享方面却处于被忽视的地位。为了加快工业化的进程,农业在相当长的时期内以不同形式的产品"剪刀差"向工业输血,为工业发展提供了资金积累;向城市转移的农民为城市化和工业化提供了源源不断的廉价劳动力,进入城市的农民工成为了城市里大部分脏活、累活的承担者,为建设美丽的现代化城市付出了辛劳和汗水;在城市规模的扩张过程中,农村又为城市的发展提供了土地,土地转移的差价收益为城市的基础设施建设和公共事业发展提供了资金保障;此外农业还为城市和工业提供生活消费品,通过"米袋子""菜篮子"保障了人们生活水平的不断提高。农业、农村和农民虽然创造了巨大的社会财富,支撑了经济社会的发展与进步,但没有能够充分分享到经济发展和社会进步所带来的利益。贡献与获得回报的巨大反差是利益分享机制扭曲折射出的影像。

中国城乡利益分享机制的扭曲决定了农民在利益分配格局中的弱势地位,从物质利益的基本维度——收入和公共品两个方面可以直观感受到这一点。从收入方面看,尽管改革开放以来农民的收入水平较以前有了较大的增长,但在很长时期内农村居民收入增长的幅度和速度大大落后于城镇居民,城乡收入差距已成为了改革进程中收入差距的主要构成部分③。在公共品方面,长期以来城镇居民可以

---

① 许秀文. 新型城镇化进程中城乡社保制度统筹发展的困境及对策[J]. 农业经济,2021(2).
② 中国共产党新闻网. 习近平在中国共产党第十九次全国代表大会上的报告[EB/OL]. http://cpc.people.com.cn/n1/2017/1028/c64094-29613660.html.
③ 白莹,吴建瓴. 中国收入分配差距的城乡分解分析[J]. 经济体制改革,2011(2).

享受较高水平的教育和医疗服务,农村则因教育、医疗资源匮乏,教育、医疗条件和水平大大低于城市。进城的农民工,虽然在城市工作,由于身份的限制,很难平等享受城市的教育医疗服务;城镇居民可以享受退休养老保险等社会保障,农民却只能靠自己和子女来保障晚年生活;城市居民可以享受丰富的体育、休闲和文化生活,而大部分农民的文化需求和精神需求却被社会所忽视;农业发展缺乏有效的技术及金融支持;农村的基础设施建设落后;等等。城乡之间在收入分配、公共品获得、精神文化需求满足等利益分配的各个方面都表现出明显的不平等。

城乡利益分享机制的不合理,造成城乡利益分享的不公平局面。城乡差距所带来的社会矛盾如不能得到有效化解,最终会影响到中国经济的发展和社会的稳定。改革开放以来国民经济的持续高速增长,使中国摆脱了不发达国家的形象,并基本具备了由一个发展中国家向中等发达国家转型的条件。2020年中国国内生产总值达到1015986亿元,全年人均GDP达到72447元,折合美元为10504美元,突破人均GDP一万美元的大关[①]。按世界银行2017年公布的标准,人均GDP在3956美元至12235美元之间,为中等收入经济体。因此,从人均GDP指标衡量,中国正处于从中等收入国家向高收入国家迈进的过程中。许多国家的发展经验都表明,人均GDP达到一定水平以后,贫富差距反而进一步拉大,最终陷入"中等收入陷阱"。第二次世界大战结束后,许多拉美国家如巴西、哥伦比亚等经历了战后初期的经济高速增长后,在中等收入阶段经济发展停滞,直到现在都未能跻身高收入阶段。近些年,同样的现象在东南亚国家中再次出现,诸如马来西亚、泰国这些较早进入中等收入阶段的国家都始终无法进入高收入阶段国家的行列。在此背景下,"中等收入陷阱"问题受到了学者们的关注。现有文献的研究结果表明,过大的收入差距会降低人力资本的质量,进而导致经济运行的低效率,最终阻碍经济增长,因此收入不平等是诱发"中等收入陷阱"的原因之一[②]。能否跨越"中等收入陷阱"的一个重要方面是能不能有效化解国内利益分配矛盾,保证经济发展的利益公平分享。凡是跨过"中等收入陷阱"的国家,基本实现了社会各阶层利益的公平分享。对收入的公平分享,改善了社会收入分配结构,从发达国家的社会结构状况可以看出,整个社会的收入分配结构呈橄榄形,顶级富豪和最贫穷的人口都只占社会总人口的很少比例,占人口绝大部分的是有着稳定收入来源的中产阶级;对公共品的公平分享,提高了人口的总体素质,减缓了社会矛盾和冲突,营造出良好和谐的社会氛围,为国民经济的持续健康发展提供了强劲的动力。相反,如果不能够很

[①] 国家统计局. 中华人民共和国2020年国民经济和社会发展统计公报[EB/OL]. http://www.stats.gov.cn/tjsj/zxfb/202102/t20210227_1814154.html.
[②] 杨海珍,李昌萌."中等收入陷阱"存在与否及其影响因素[J]. 管理评论,2021(4).

好的解决利益公平分享的问题,则会造成收入差距迅速扩大,收入结构两极分化严重,导致低收入人群增加,消费严重不足,消费需求对经济增长的拉动作用减弱;同时由于贫富悬殊,社会严重分化,社会各阶层之间对立严重,极易引发激烈的社会动荡甚至政权更迭,对经济社会发展造成严重影响。

伴随着经济总量提升的同时,中国的改革进入到"深水区"。所谓"深水区"阶段,就是以往可以绕过去的问题现在绕不过去了,以往可以暂时放一放的问题现在必须要解决。经济指标显示中国正在从中等收入国家行列向高收入国家行列迈进,在这一过程中必须有效化解各种在经济发展过程中累积的矛盾,解决各种带有体制性特征的深层次问题,才能保证经济的持续健康发展。而在这些发展中暴露出的矛盾和问题当中,城乡利益分享机制扭曲、城乡利益分享不公平问题是一个具有重大社会影响的全局性问题。

第一,城乡利益分享机制扭曲,制约了农民收入水平的提高。城乡利益分享机制扭曲使农民收入在国民收入分配中始终处于不利地位,收入增长速度缓慢且不稳定。虽然从前述研究中发现,改革开放后中国城乡居民收入走过了先缩小、再急剧扩大、再逐步缩小的过程,但同时对城乡居民收入结构分析可以看出,政策性惠农的补贴为农民收入提高提供了支撑,从农民收入结构看后续农民收入的提高并不乐观。城乡劳动力市场的分割持续存在,特别是居民财产收入带来的分配差距越来越大,使农民的收入水平难以持续进行改观[1]。农民收入低下,直接导致了农民阶层社会地位的低下,农民的生活需求得不到提升,发展需求得不到满足。收入水平的低下还导致农村家庭用于进行健康、教育等人力资本投资的能力有限,而人力资本的缺乏又使农民群体在以后的市场竞争中继续处于不利地位。城乡利益分享不公平的状况造成农民难以建立获得高收入的要素资源储备,使增加农民收入变成难以破解的难题,收入差距的鸿沟越来越大。

第二,城乡利益分享机制扭曲,阻碍了国民经济的持续健康增长。城乡利益分享不公平,使农民群体的有效需求占整个国民总需求的比例降低,占据中国人口大多数的农村人口的有效需求严重不足。中国经济要由粗放型的增长方式向集约型的方式转变,必须实现由投资驱动的经济增长方式向消费驱动的经济增长方式转变。城乡利益分享不公平是造成内需不足的一个重要因素。农民收入水平的低下导致农民的需求水平难以提升,内需的不足导致产业结构难以实现升级换代。没有强大的消费需求来拉动,导致企业改进技术、升级产品的动力不足,只能依靠政府的投资来推动产业的技术发展,而政府投资主导产业技术的发展,由于信息的不对称等原因,效率低下在所难免。在中国总的人口构成中,农民人口众多,其有效

---

[1] 李实.当前中国的收入分配状况[J].学术界,2018(3).

消费需求的缺乏迟滞了国民经济发展水平的提升,制约了国民经济的持续健康增长。同时利益分享不公平,导致农业农村发展缺乏资金,发展后劲不足,农村市场化进程缓慢;农民群体消费水平低下,消费能力不足,制约了农村商品市场的发展;而城乡利益分享不公平所带来的农业生产力的低下,又限制了农村要素市场的发展。

第三,城乡利益分享机制扭曲,导致农村公共品缺乏,农业现代化步履维艰。城乡不公平的利益分享机制形成了城乡不同的公共品提供制度安排,造成了城市居民和农村居民在公共品获得方面的不平等。城市居民可以获得完备的教育、医疗、公共交通、基础设施等公共品,而农村居民却很难享有国家提供这些公共品,只能依靠自身的筹措,通过集体组织获得微薄的公共品服务。公共品对于提高生活质量,提升劳动者素质具有重要的作用,但现行城乡利益分享机制下的公共品提供制度安排,使得农村居民的生活水平和生活质量大大低于城市居民。要改造传统农业,摆脱农业农村的落后面貌关键在于改造农民,而城乡不同的公共品提供体制造成农民人力资本缺乏,农民群体在起跑线上就输给了城市居民。因此,进入城市的农民工只能在一些城市居民不愿选择的脏、累、苦的行业,以及一些仅需提供简单劳动的岗位找到工作机会。同时,由于农民自身素质不高,也造成了农业科技推广应用上的困难,阻碍了农业生产力进步。

第四,城乡利益分享机制扭曲,阻碍了城市化的正常进程。城乡不公平的利益分享机制形成了城乡不同的社会保障体制,而社会保障体制作为市场经济的"减震器"和"安全网",能有效帮助市场活动主体抵御市场风险。目前我国的社会保障体制中城镇居民能够获得较为完备的社会保障,如养老保险、失业保险、医疗保险、住房公积金等。而农民由于收入水平较低,无力满足社会保障中必须缴纳自筹部分等制度规定,往往被排除在社会保障体系之外。就算农民进入城市工作,接纳其就业的企业出于降低成本的考虑,很多不愿意为农民工缴纳各种社会保险,而农民工由于自身能力的限制,在劳动力市场上缺乏竞争力,往往只能选择接受这种不公平的待遇。这种不公平的社会保障体制增大了农民的市场风险,造成许多农村家庭因病、因伤致贫,同时也加大了社会对农村居民的歧视,使得进城工作的农民在发生工伤、遭遇事故时往往难以获得公平的赔偿或援助救济。城乡利益分享机制的不合理压制了农民到城市生活和工作的愿望,阻碍了农村剩余劳动力向城市的顺利转移,也造成了农村剩余劳动力虽然转移到了城市,但却无法融入城市,变成真正的城镇居民,从而阻碍了城市化的正常进程。

第五,城乡利益分享机制扭曲,导致社会稳定存在隐患。城乡利益分享的不公平容易造成农民群体的心理失衡,引发社会群体性事件。不公平的城乡利益分享机制还会助长一些企业、组织、个人肆无忌惮地侵害农民的利益,而农民由于自身能力有限,在遭遇权利侵害时不知道寻求社会正常的法律或行政解决途径,往往选择比较极端的方式来解决问题;一些在城市中失业的农民工由于缺乏社会保障与社会关怀,可能会通过违法手段来获取收入,成为社会的不稳定因素。城乡利益分享不公平衍生出众多的社会问题,利益分享公平问题解决不了,和谐社会的发展目标就难以实现。

世界上其他国家的经济社会发展经验显示,城乡差别是经济发展过程中的一个客观现象,如果任由其发展,会造成灾难性的社会后果。政府必须在经济发展的过程中出台改革措施,不断完善体制,逐步缩小城乡差距,修复城乡之间的裂痕。中国城乡差距的形成与发展有着深厚的历史原因和体制根源,旧制度的惯性、既得利益的干扰、农业的弱质、农民群体的弱势使得城乡差距鸿沟的弥合难以一帆风顺。只有通过持续进行体制改革和制度建设,构建城乡融合的利益分享机制,才能扭转城乡不合理的利益分配局面。

本书就是在中国经济发展到中等收入水平的历史时期,以应对"中等收入陷阱"挑战为出发点,对城乡利益分享不公平问题进行研究。从目前来看,解决城乡利益分享首先要解决物质利益的分享问题,该问题解决好了才能为解决更高层次的利益分享问题提供基础。鉴于此,应从收入分配和公共品获得这两个物质利益的基础维度出发构建城乡融合的利益分享机制,在此基础之上实现更高层面的利益公平分享,以消除发展中累积的矛盾,实现经济发展的公平性。书中针对中国城乡利益分享不公平突出的问题,引入制度经济学的研究方法分析城乡利益现状形成的过程,找到造成城乡利益分享不公平的制度根源;同时,在借鉴其他国家政策经验和总结我国不同地区城乡融合政策做法的基础上,提出构建城乡融合利益分享机制的制度框架,消除城乡利益不公平的体制根源,从而实现社会经济的持续健康发展。

1.2 研究的意义

党的十九大报告提出:从 2020 年到 2035 年,城乡区域发展差距和居民生活水平差距显著缩小,基本公共服务均等化基本实现,全体人民共同富裕迈出坚实步伐①。因此,从收入和公共品两个维度出发研究构建城乡融合的利益分享机制具有重要的理论和现实意义。在中国经济增长从中等收入水平向高收入水平迈进的历史阶段,急需为在发展中累积的矛盾和问题找到化解之道。城乡利益分享不公平的问题突出,引起了社会的广泛关注和重视,这个问题处理不好将影响到经济的

---

① 中国共产党新闻网. 习近平在中国共产党第十九次全国代表大会上的报告[EB/OL]. http://cpc.people.com.cn/n1/2017/1028/c64094-29613660.html.

可持续发展甚至社会的稳定。针对城乡利益分享不公平的问题,各级政府也纷纷制定政策措施,力图改变城乡利益分享不公平的状况。要解决这一问题,离不开从理论上对这个问题进行深入研究,因此需要对城乡利益分享不公平问题进行系统梳理和分析,给出科学解释,为消除城乡利益分享不公平的根源提供理论指导,同时提出构建城乡融合的利益分享机制的制度框架和政策建议。

1.2.1 研究的理论意义

现实问题的解决,离不开理论的指导。对城乡差距的研究从以收入分配为出发点,到从利益分享的角度进行考察;从对利益分配具体问题的描述,到对利益分配体制的拷问与思索;从对利益分享局部制度的改革建议,到以城乡融合的原则为指导构建总体的利益分享体制框架,这些既反映了对城乡差距问题研究的逐步深入,也体现了本书的理论意义与价值。

第一,从收入和公共品两个维度对构建城乡融合利益分享机制进行了研究。以往对于城乡差距问题的研究,有着眼于收入分配的,专门研究城乡收入差距;有着眼于公共品的,专门研究城乡公共品方面的差距;还有对其他方面城乡差距进行比对研究。这些研究是从不同的领域来研究城乡差距,但未能从全局角度或多视角关联的意义上来剖析城乡差距问题,缺乏一个整体的理论分析框架。本书则将对城乡收入分配差距和公共品获得差距的问题统一到城乡利益分享机制的框架之下,从收入和公共品这两个重要维度来考察利益分享不公平的状况、形成的原因,进而阐述构建城乡融合利益分享机制在这两个维度上的具体要求。从收入和公共品这两个领域入手,在利益分享机制这个大的理论框架下面研究城乡差距问题,使本书的研究立意更高,视野更宽广。

第二,对构建城乡融合利益分享机制的研究更注重对制度因素的关注。对城乡收入分配问题的研究大多注重于结果,从各种文献可以看到,关于中国城乡收入分配的定量研究非常多。有关学者运用基尼系数、洛伦兹曲线等工具来分析中国城乡收入分配差距问题,描述中国城乡收入分配的状况,这些研究对于我们准确把握城乡收入分配实际状态非常有帮助,但是也存在缺陷。这些描述性的研究只是对收入分配的结果进行了考察,而我们更应关注的却是产生这种结果的原因。特别是在中国市场经济体制还不完善的前提下,城乡收入分配差距中哪些是合理的、哪些是不合理的,需要区分开来。对合理的部分我们可以通过政策引导加以调节,对于不合理的部分则要消除其制度根源。本书的研究就是通过对城乡利益分享不公平问题的考察,找出其体制根源,通过构建城乡融合的利益分享机制消除造成不公平的制度因素。整个研究工作更注重对制度因素的关注,是对城乡收入分配研究领域的充实。

第三,对构建城乡融合利益分享机制的研究,是对运用城乡融合战略方针解决城乡差距问题的理论探讨,将丰富中国经济体制改革的理论和政策内容。与中国经济高速增长形成强烈反差的城乡差距问题,引起了社会舆论的广泛关注,也引起了党和国家的高度重视。党的十九大报告指出:"农业农村农民问题是关系国计民生的根本性问题,必须始终把解决好'三农'问题作为全党工作重中之重。要坚持农业农村优先发展,按照产业兴旺、生态宜居、乡风文明、治理有效、生活富裕的总要求,建立健全城乡融合发展体制机制和政策体系,加快推进农业农村现代化。"①党的十九届四中全会通过的《中共中央关于坚持和完善中国特色社会主义制度 推进国家治理体系和治理能力现代化若干重大问题的决定》,要求健全城乡融合发展体制机制②。对构建城乡融合利益分享机制的研究正是对城乡融合战略方针的理论研究运用,即根据城乡融合的原则来构建城乡利益分享机制,实现城乡公平分享经济社会发展成果,逐步缩减城乡差距。运用城乡融合相关政策方针解决城乡利益分享不公平的现实问题,提出构建城乡融合利益分享机制的理论体系和政策意蕴,丰富了中国经济体制改革的理论和政策内容。

1.2.2 研究的现实意义

构建城乡融合的利益分享机制是实现公平分享的必然要求,是推动经济社会体制改革深入发展、避免落入"中等收入陷阱"的必然之举。通过构建城乡融合的利益分享机制,可以提高农民的收入水平,提升农民的经济地位,让农民分享经济社会发展所带来的文明成果,提升农民素质,促进农业和农村的现代化,进而推动城市化进程。构建起城乡融合发展的利益分享机制,能够有助于实现从二元社会结构向城乡一体化共同发展的转变,也有利于经济发展方式的转型,为经济社会的可持续健康发展提供制度基础。因此,研究构建城乡融合利益分享机制对于深化改革,实现经济社会健康发展,建设社会主义和谐社会具有重要的意义。

第一,关于构建城乡融合利益分享机制的研究提出了解决城乡差距问题的实践模式。城乡差距的形成有着深刻的历史原因,城乡差距在新的时期不断扩大有着隐藏于其后的制度因素。在路径依赖的作用下,城乡利益分享不公平的制度根源始终未被根除,在社会经济体制发生改变后依然发挥着"余热",并借助新的形式表现得更为突出。解决城乡差距问题需要新的制度框架,做出新的制度安排,才能消除不合理根源,保证城乡利益分享公平,真正做到"发展为了人民,发展依靠人

---

① 中国共产党新闻网. 习近平在中国共产党第十九次全国代表大会上的报告[EB/OL]. http://cpc.people.com.cn/n1/2017/1028/c64094-29613660.html.
② 共产党员网. 中共中央关于坚持和完善中国特色社会主义制度 推进国家治理体系和治理能力现代化若干重大问题的决定[EB/OL]. https://www.12371.cn/2019/11/05/ARTI1572948516253457.shtml.

民,让百姓共享改革发展成果"。对构建城乡融合的利益分享机制的研究不仅为解决这一问题提供了理论指导,同时也为城乡共享发展成果提供了制度保障。

第二,关于构建城乡融合利益分享机制的研究有利于中国经济的可持续发展。城市与农村的经济社会不平衡发展是世界各国在发展过程中面临的一个共同问题,尤其中国幅员辽阔,人口众多,经济发展地区差异较大,东部地区、中部地区、西部地区生产力水平参差不齐,在此背景之下,经济转型过程中的城乡利益矛盾表现得错综复杂。在中国多达14亿的人口当中,农村人口有5亿左右[①],如何提高广大农民的生产积极性,如何提高农业的生产力水平,如何建设社会主义新农村,如何将农业和农村中的一部分剩余劳动力转移到工业和城市,顺利完成城市化、工业化和现代化的进程,对中国经济社会的进一步发展有着非常重要的影响。关于构建城乡融合利益分享机制的研究就是要协调城乡利益关系,实现对发展成果的公平分享,推进经济增长方式转变和城乡一体化、现代化协调发展进程,保证经济的可持续发展。

第三,关于构建城乡融合利益分享机制的研究有利于化解矛盾,维护社会稳定。一个经济体进入中等收入阶段后,深层次的矛盾会集中显现。在城市化的发展进程中,制度构建和转型调整政策的缺失会使城乡经济严重失衡,给国民经济带来沉重打击,其中最具代表性的就是"拉美陷阱"。一些拉丁美洲国家在其经济发展的过程中没有能够很好地解决城乡问题,导致国民经济增长乏力,失业人口增多,贫困人口和绝对贫困人口占比较大,而财富集中在少数人手中,造成各种矛盾激化,社会动荡不安,整个国家的经济社会发展陷入困境,不能自拔[②]。关于构建城乡融合利益分享机制的研究就是立足于消除城乡利益分享不公平的制度根源,建立和谐的城乡利益分享关系,维护社会的稳定,为经济社会持续发展提供和谐的环境。

1.3 关于城乡关系的国内外文献综述

国内外关于城乡关系的研究在不同的历史时期呈现出不同的特点。国外对城乡关系的研究先是集中于对工业化进程中城乡关系演进的研究,在主要发达国家完成工业化后开始研究发展中国家的发展问题,获得了理论上的大发展;国内关于城乡关系的研究则经历了从城乡协调、城乡统筹、城乡一体化到城乡融合的发展历程。

---

① 国家统计局.第七次全国人口普查公报(第七号)[EB/OL]. http://www.stats.gov.cn/tjsj/zxfb/202105/t20210510_1817183.html.
② 牛素娟."拉美陷阱"的成因、影响及其启示[J].河北师范大学学报:哲学社会科学版,2006(3).

1.3.1 关于城乡关系的国外文献综述

长期以来,经济学对城乡关系的研究及其理论成果主要散见于各经济学分支学科中,如城市经济学、农业经济学、区域经济学和发展经济学等。综合这些零散的研究成果可以看出:关于城乡经济的理论研究基本上是随着工业化进程中城乡经济关系的变迁而不断深入和发展的[①]。从世界各国城乡经济关系演变的历程来看,都大致经历了或者正在经历着马克思和恩格斯所揭示的城乡关系发展演变的一般规律过程,即乡村孕育城市—城乡分离—城乡对立—城乡融合。城乡经济关系的这种演变基本上是与工业化进程同步的。20世纪中叶之前,西方学者对城乡经济关系问题的研究主要针对先行发达国家城乡分离和对立的现实展开的。而20世纪中叶以来,由于发展中国家工业化起步较晚,其经济发展过程中呈现出与发达国家明显不同的二元结构特征,这一期间国内外学者对城乡经济关系的研究呈现出分别针对先行发达国家和后起发展中国家城乡发展进程而展开的特点。西方学者逐渐将发展中国家城乡发展的现实纳入自己的研究版图,而体现发展中国家二元经济结构特征的二元经济结构理论成为解释发展中国家城乡经济关系问题的主流理论。

1)马克思和恩格斯之前的城乡关系认识及其演变

重农主义学者鲍泰罗所著的《城市论——论城市伟大之原因》中,针对当时意大利各大城市发展停滞的事实,特别研究了农业生产与城市发展的关系,指出农产品剩余是城市存在的基础。鲍泰罗的这一结论后来发展成为城市化研究的一个重要前提[②]。

18世纪以后,城市作为日益重要的经济力量,受到古典经济学家的普遍重视。亚当·斯密在《国富论》中明确提出"农业上劳动力的增进,总跟不上制造业上劳动力增进的主要原因,也许就是农业不能采用完全的分工制度"[③],这可以看作工农业二元经济思想的最初萌芽。亚当·斯密同时还从社会分工角度阐述了农业、农村和城市之间的关系,指出"城镇居民与农村居民通商是每个文明社会的重大商业""农村以生活物资及手工业产品供给城镇,城镇则以一部分制造品供给农村居民""城镇和农村有着相互关联的利害关系""城镇是农村剩余产品的市场"[④]。杜能于1826年出版的《孤立国同农业和国民经济的关系》一书,为城乡经济联系研究

[①] 周叔莲,金碚.国外城乡经济关系理论比较研究[M].北京:经济管理出版社,1993:9-10.
[②] 李泉.中外城乡关系问题研究综述[J].甘肃社会科学,2005(4).
[③] 亚当·斯密.国富论——国家财富的性质和起因的研究[M].长沙:中南大学出版社,2003:14.
[④] 亚当·斯密.国富论——国家财富的性质和起因的研究[M].长沙:中南大学出版社,2003:249.

树立了一个典范。他设定的"杜能圈"成为后来区域经济学、空间经济学的理论基础①。可见,早期古典学派已经树立了将城乡经济联系起来研究的典范,但他们的思想中带有明显的重农色彩,强调农业剩余以及农村的发展是城市兴旺的基础。

19世纪初,克劳德·亨利·圣西门、夏尔·傅立叶、罗伯特·欧文三位杰出的思想家提出城市与乡村协调发展的构想,希望通过他们心中所造的理想社会组织结构来改变当时社会经济面临的诸多问题。圣西门认为,农业、工业和商业活动都是平等的,整个社会就是一座巨大的、复杂的工厂,人人都是从属于某一工厂的工作者。他把社会劳动者分为两大阶级,一个阶级由从属农业劳动的人构成,另一个阶级由受雇于工厂主和商人的人构成,他们应当被接受为社会组织体系的平等成员。傅立叶的"和谐制度"和"法郎吉"不仅是对未来社会的理想描绘,而且成为城乡一体化思想最早、最系统的论述。在他看来,和谐社会中是没有工农差别和城乡对立的,工业和农业将不再成为划分城市和乡村的标志,在一个法郎吉中既有农业也有工业,而且以农业为基础;城市不是农村的主宰,乡村也并不是城市落后的郊区与附庸,二者是平等的,它们都通过工农结合的法郎吉而组成自由劳动且城乡差别、工农差别、脑力劳动与体力劳动差别逐渐消失的统一的社会有机整体。欧文把新村公社看成是理想社会的基础,认为它是人类社会整个组织的基石。在城乡关系上,"这种大小的新村(周围有距离相当的同类新村)能够兼备城市住宅和乡村住宅现有的一切优点,同时又毫无这两种社会所必然具有的无数不便与弊端"②。

尽管三大空想社会主义者的城乡经济一体化思想是初步的,有些地方甚至是幼稚的,他们所进行的工农结合、城乡一体的设计与实验最终也失败了,但他们最早明确提出了消灭城乡对立、实现城乡经济一体化的思想。恩格斯对此给予了高度评价:"欧文和傅立叶都要消灭城市和乡村之间的对立,作为消灭整个旧的分工的第一个基本条件。"③

2) 马克思和恩格斯城乡关系的"三阶段论"

马克思和恩格斯批判地吸收了空想社会主义者的观点,创立了科学社会主义学说。马克思把社会主义从空想变成科学,提出了新的城乡发展理论。从城乡对立走向城乡融合,是马克思和恩格斯对城乡发展理论深刻而富有科学预见性的基本概括,认为城乡融合是社会发展的必然趋势。

马克思和恩格斯认为,在人类历史的发展过程中,城市与乡村的相互关系经历了三个辩证发展的阶段:

---

① 赵勇.城乡良性互动战略[M].北京:商务印书馆,2004:19.
② 罗伯特·欧文.欧文选集[M].第2卷.北京:商务印书馆,1981:119.
③ 中共中央编译局.马克思恩格斯全集[M].第20卷.北京:人民出版社,1973:317.

第一阶段,城市诞生于乡村,乡村是城市的载体,乡村在整个人类社会系统中占据主导地位。城市的出现,归根到底是生产力发展的结果。乡村孕育了城市所需要的物质条件,随着原始农业的生产力进步,社会成员有了剩余产品并需要进行相互交换,这为城市的出现提供了物质基础。

第二阶段,从工业革命开始,人类社会的城市化进程加速。随着工业的发展,城市经济逐渐占据了人类社会的主体地位,并随着城市工业化的发展,城市与农村在经济、社会、文化等方面的差异愈加明显,城乡分割、城乡对立等现象也逐渐显露出来。按照马克思和恩格斯的观点,在资本主义社会,城乡对立一方面呈日益尖锐化的发展趋势。他们认为,"资本主义不仅不能消除这种对立,反而不得不使它日益尖锐化"[1]。这是因为:"资产阶级日甚一日地消灭生产资料、财产和人口的分散状态。它使人口密集起来,使生产资料集中起来。"[2]"城市本身表明了人口、生产工具、资本、享乐和需求的集中,而在乡村所看到的却是完全相反的情况:孤立和分散。"[3]另一方面,马克思和恩格斯在分析资本主义城乡对立扩大加深的同时也看到了其内生的消灭城乡对立的条件。马克思在《资本论》第一卷中就曾指出:"资本主义生产方式同时为一种新的更高级的综合,即农业和工业在它们对立发展的形式基础上的联合,创造了物质前提。"[4]之后,恩格斯在《反杜林论》中也进一步指出:"大工业在全国的尽可能平衡的分布,是消灭城市和乡村的分离的条件";"只有按照统一的总计划协调地安排自己的生产力的那种社会,才能允许工业按照最适合自己的发展和其他生产要素的保持或发展的原则分布于全国"[5]。马克思和恩格斯这里所说的按照统一的总计划协调地安排自己的生产力的那种社会正是他们理想的"根据共产主义原则组织起来的社会"。

第三阶段,随着城市化的深入发展,城市与乡村之间的依存度大大加强,城市与乡村之间逐步走向融合。马克思和恩格斯早在《共产党宣言》中就已提出"把工业和农业结合起来,促使城乡对立逐步消灭"[6];并强调"消灭城乡之间的对立是社会统一的首要条件,这个条件又取决于许多物质前提,而且一看就知道,这个条件单靠意志是不能实现的"[7]。这个条件首先依赖于生产力水平的高度发展,已经达

---

[1] 中共中央编译局.马克思恩格斯全集[M].第18卷.北京:人民出版社,1964:57.
[2] 中共中央编译局.马克思恩格斯全集[M].第1卷.北京:人民出版社,1960:255.
[3] 中共中央编译局.马克思恩格斯全集[M].第2卷.北京:人民出版社,1957:408.
[4] 中共中央编译局.马克思恩格斯全集[M].第23卷.北京:人民出版社,1972:552.
[5] 恩格斯.反杜林论[C]//中共中央编译局.马克思恩格斯全集:第3卷.北京:人民出版社,1956:336.
[6] 马克思,恩格斯.共产党宣言[C]//中共中央编译局.马克思恩格斯全集:第1卷.北京:人民出版社,1960:273.
[7] 马克思,恩格斯.德意志意识形态[C]//中共中央编译局.马克思恩格斯全集:第3卷.北京:人民出版社,1956:57.

到:"由社会全体成员组成的共同联合体来共同而有计划地尽量利用生产力,把生产发展到能够满足所有人需要的规模;结束牺牲一些人的利益来满足另一些人的需要的状况;彻底消灭阶级和阶级对立;通过消除旧的分工,通过产业教育、变换工种、所有人共同享受大家创造出来的福利,通过城乡的融合,使社会全体成员的才能得到全面发展——这一切都将是废除私有制的最主要的结果。"[1]在这里,城乡融合指的是"结合城市和乡村生活方式的优点而避免两者的偏颇和缺点"[2]。这种融合就是要使现存的城市和乡村逐步演变为既有城市的一些特征,又有乡村的一些特征的新社会实体,而实践也证明了城市和乡村能够共同发展。第二次世界大战结束后,一些国家在城市人口急剧膨胀后乡村和小城镇的人口开始不断增长,并逐渐超过了都市人口增长的速度。人们把这种城市人口向乡村"返迁"的情况叫"逆城市化",并认为这种发展趋势在一定程度上证实了马克思、恩格斯提出的城乡融合是一个不以人们意志为转移的规律。

3) 发展经济学的城乡二元经济理论及其演变

20世纪50年代以来,发展中国家城乡二元经济结构现象的产生吸引了大批研究者的注意,不同学科的学者从不同视角探讨了城乡二元经济结构的特征和表现形式、二元经济结构的性质和产生原因以及二元经济结构的转换途径,提出了多种二元经济结构理论。

最早提出二元经济模型的是美国经济学家威廉·阿瑟·刘易斯。自刘易斯的经典二元经济模型提出后,经济文献中又出现了若干模型。1954年,刘易斯在其论文《劳动力无限供给条件下的经济发展》中提出的"二元经济"模型与城乡关系变化基于三个假设条件:不发达国家的经济分为两个部门,即城市中以制造业为中心的现代部门和农村中以农业、手工业为主的传统部门;劳动力供给无限;工业部门工资水平不变。刘易斯的"二元经济"模型揭示了劳动力转移的一般规律,其主要内容是处在经济发展初期的国家存在二元的经济结构,即以传统的自给自足方式进行生产、劳动生产率低下、收入微薄的农业部门和以现代的生产方式进行生产、劳动生产率高、收入高的工业部门并存。农业劳动力人口不断增长,但因土地资源有限、质量下降,使得边际生产率低下、劳动力过剩,从而为现代工业部门输送源源不断的廉价劳动力,而工业部门因资本的积累、生产规模的扩大又吸收着这些劳动力,直到将农村剩余劳动力全部吸收为止。因此,随着经济活动从传统的农业向现代化的非农产业转移,二元经济逐步向一元经济转化,各经济部门的劳动生产率、工资和生活水平差异将逐渐缩小或消失。这里传统部门劳动力供给构成了二元经

---

[1] 中共中央编译局.马克思恩格斯全集[M].第1卷.北京:人民出版社,1960:223-224.
[2] 中共中央编译局.马克思恩格斯全集[M].第4卷.北京:人民出版社,1958:368.

济的内在特征,二元经济发展的核心问题则是传统部门的剩余劳动力向现代部门转移的问题。也即是说,通过现代化大工业的发展和资本积累,农村剩余劳动力得到充分的转移,从而诱发了产业结构的演变,使城市化水平得到提高,最后经济由二元变成一元。显然,在具有二元经济特征的发展中国家如何实现二元结构的转换这一问题上,刘易斯模型所主张的是一种典型的"工业主导论"。

1961年,美国经济学家费景汉和拉尼斯在《美国经济评论》上合作发表了《经济发展的一种理论》一文,提出了一个新的二元经济结构转换模型。该模型对刘易斯二元结构模型进行了重要的补充和修正,但基础仍是刘易斯模型,所以其理论的前提假设与刘易斯的相同。与刘易斯模型不同的是,二人首次将农业部门的发展结合进来,构成了包含工业部门与农业部门同时发展在内的二元经济结构转换模型。这一模型被命名为"费景汉-拉尼斯模型",但由于该模型直接脱胎于刘易斯模型,因此人们也将该模型称为"刘易斯-费景汉-拉尼斯模型"(简称刘-费-拉模型),以强调对刘易斯模型的继承性。刘-费-拉模型所表达的思想如下:要使二元结构转换得以实现,必须保证农业迅速增长到足以满足越来越多的非农产业劳动力对产品的消费需求;一个几乎没有新技术和投资的农业,是停滞萎缩的农业,会使非农产业吸收农业剩余劳动力的过程处于停滞状态,因而工农业平衡发展是二元结构转换的关键。显然,在如何实现二元结构转换这一问题上,刘-费-拉模型所主张的是"工农业平衡发展论"。

20世纪60年代后期,美国经济学家戴尔·乔根森在《过剩农业劳动力和两重经济发展》一文中进一步对刘-费-拉模型做出重大修正,建立了乔根森模型。乔根森模型所表达的思想如下:第一,一国经济虽然由现代工业部门和传统农业部门构成,但农业部门的发展是工业乃至整个国民经济发展的基础。第二,农业剩余是工业部门产生、增长的前提条件和规模限度。没有农业剩余存在时,就没有劳动力的城乡转移;农业剩余一旦出现,就促使农业劳动力向工业部门转移,工业部门就开始增长;农业剩余越大,农业劳动力向工业部门转移的规模越大,而伴随着工业资本的积累,工业增长也就越快。第三,农业剩余出现之前,劳动力都从事农业生产,此时任何从农业中出去的劳动力都具有正的边际产出,在转移过程中农业部门的总产出会受到影响,工业的发展会以牺牲农业产出为代价。[1]

针对刘-费-拉模型和乔根森模型的不足,美国经济学家哈里斯和托达罗又将城市失业问题引入二元经济模型的分析中,建立了哈里斯-托达罗二元经济模型。刘-费-拉模型和乔根森模型都是建立在传统农业和现代工业两部门分析的基础上,哈里斯-托达罗模型则将城市非正规部门纳入城乡劳动力就业的考察中,建立

---

[1] 张培刚.发展经济学教程[M].北京:经济科学出版社,2001:63.

了城乡人口迁移的"三部门模型",揭示了决定城乡人口迁移的基本因素以及城市失业的主要原因。哈里斯-托达罗模型提出了在同时存在农村剩余劳动力和城市失业者、具有显著二元经济结构的发展中国家解决就业问题的途径,实际上已经包含了城乡统筹就业的思想。

上述二元经济理论抓住了发展中国家工业、农业之间存在劳动生产率差异这样一个事实,论证了二元结构转换的必要性和重要性,设计了通过工业化、城市化拉动农业过剩劳动力向非农产业转移这样一条二元结构的转换路径。正因为该理论在很大程度上符合发展中国家"传统与现代"经济并存的实际,讨论了发展中国家最为关心的如何实现"经济现代化"问题,因此被众多国家作为经济发展的重要理论工具,在我国学术界也常常作为分析中国经济发展规律的经典性理论框架而被广泛应用[①]。

1.3.2 关于城乡关系的国内文献概述

国内关于城乡关系问题的研究很早就有涉及,但由于社会科学研究的大环境的影响,很长时期没有进展。改革开放后,随着城乡经济体制改革的推进,关于城乡关系问题的研究逐步增多。特别是在随着经济增长城乡差距日益扩大的严重形势下,关于城乡关系问题的研究成为了理论研究的热点。

1) 改革开放前关于城乡关系的研究概况

我国城乡融合经济协调发展的思想早在20世纪50年代就有所体现。1956年4月,毛泽东在《论十大关系》中论述重工业和轻工业、农业的关系时指出,中国工业化过程中必须协调农、轻、重的关系,并提出只有重视农业、轻工业,才能最终发展重工业的思想[②]。从中不难看出当时国家领导人对城乡经济关系的态度。而从1958年我国开始实行《中华人民共和国户口登记条例》后,城乡关系的矛盾就逐步积累。但计划经济的宏观体制背景使得城乡关系问题长期没有引起应有的重视,最终导致城市与乡村的分离与对立日益严重并不断强化,城乡经济社会发展严重分离。改革开放前,社会科学理论研究存在着一些禁区,对国内城乡关系进行探讨的文献寥寥无几。

2) 改革开放后关于城乡关系的研究概况

20世纪80年代中期农村乡镇企业异军突起后,中国的城乡关系问题开始日益突出,理论界和决策层逐步认识到城乡隔离问题的严重性。随着中国城乡经济体制改革的大幕逐步拉开,城乡经济迅猛发展,中国城市化和工业化的速度大大加

---

①郭熙保.发展经济学经典论著选[M].北京:中国经济出版社,1998:226.
②毛泽东.论十大关系[M].北京:人民出版社,1976:2.

快。20世纪80年代末期,国家经济体制改革委员会编纂的《城乡改革实践的思考》一书①,研究了中国城乡经济体制改革的思路。进入20世纪90年代后,关于城乡统筹发展的研究进一步深化。国家计委经济研究所王积业、王建等学者的研究报告《我国经济发展中的二元结构矛盾与90年代经济发展的出路选择》提出主要运用政府力量创造出城乡经济双层目标,通过"城乡分离"工业化战略的设想解决二元结构问题;陈吉元、韩俊在其出版的《人口大国的农业增长》一书②中分析了中国城乡分割体制形成的原因及该体制的现实困境,并提出乡镇企业是农村劳动力跨地区流动、农业剩余劳动力转移的主渠道,要保持工农业和城乡协调发展等;张福信在《城乡一体化发展决策理论与实践》一书③中分析了城乡实现一体化的决策实施问题;陈锡康在《中国城乡经济投入占用产出分析》一书④中利用投入-产出分析方法,研究了城乡居民收入分配、工农业产品价格剪刀差、农业科研等内容。

进入21世纪,围绕"三农"问题形成的原因、解决思路与途径等问题,特别是针对中国如何加快新型工业化和推进城镇化问题,理论界就城乡发展问题展开了更深入地探讨,先后围绕统筹城乡、城乡一体化、城乡融合等核心理念开展了研究。

2002年党的十六大提出统筹城乡经济社会发展,学界围绕城乡统筹开展了深入研究。顾益康等学者认为:城乡统筹就是要彻底摒弃计划经济体制,彻底改变城市偏向的一系列政策制度,摆脱城乡分割、重工轻农、重经济总量增长轻结构优化、重投资轻消费的发展战略模式,实行城乡一体化的比较优势发展战略⑤。其中心内容就是要以城乡配套的大改革来促进城乡一体化的经济结构大调整。陈希玉认为:城乡统筹,就是改变重城市、轻农村及"城乡分治"的传统观念和做法,通过体制改革和政策调整,消除城乡之间的樊篱,破除城乡"二元结构",把城乡作为一个整体,对国民经济发展计划、国民收入分配格局以及重大经济政策实行城乡统一规划,把解决"三农"问题放在优先位置,更多地关注农村,关心农民,支持农业,实行城乡协调发展⑥。郭翔宇等学者认为:统筹城乡发展,是针对传统计划经济体制和二元经济社会结构下工农分割及城乡分治的发展状态而提出来的;统筹城乡发展,要求我们应站在国民经济和社会发展全局的宏观高度,把农村经济与社会发展纳

---

① 中共中央党校国家经济体制改革委员会第六期经济体制改革研究班.城乡改革实践的思考[M].北京:经济科学出版社,1987.
② 陈吉元,韩俊.人口大国的农业增长[M].上海:上海远东出版社,1996.
③ 张福信.城乡一体化发展决策理论与实践[M].济南:山东人民出版社,1990.
④ 陈锡康.中国城乡经济投入占用产出分析[M].北京:科学出版社,1992.
⑤ 顾益康,邵峰.全面推进城乡一体化改革——新时期解决"三农"问题的根本出路[J].中国农村经济,2003(1).
⑥ 陈希玉.城乡统筹:解决三农问题的战略方针[A]//"三个代表"重要思想与全面建设小康社会理论研讨会论文集:上,2003.

入整个国民经济与社会发展全局之中,与城市发展进行统一规划,综合考虑,改变重工轻农的城市偏向;统筹城乡发展,是国家的一种政策倾向,是政府的一种宏观调控手段,其宗旨和目标是使城乡经济社会能够协调发展,最终实现城乡一体化;统筹城乡发展,是一个动态的过程,需经过较长的时间在逐步缩小城乡差别的基础上才能实现①。

2007年党的十七大提出"建立以工促农、以城带乡长效机制,形成城乡经济社会发展一体化新格局"。学界在统筹城乡发展研究的基础上,围绕城乡一体化进行了深入研究。韩士元认为:城乡经济一体化的内涵包括发展战略一体化,即把城、乡作为一个整体来设计其发展目标、方向、重点、步骤和政策;资源配置一体化,即要统筹规划城、乡各类资源的利用、开发和产业布局,使城、乡各有分工,发挥优势,协调发展,取得整体最佳效益;市场流通一体化,即要实现城、乡互为市场,实行等价交换和统一的市场调节,实现生产要素和各类商品在城乡之间的合理流动;社会服务一体化,即在城、乡之间建立紧密协作的生产服务网络,城乡之间互相支援、互为补充,共享良好服务,促进共同发展;经济管理一体化,即对城、乡经济统一管理,工农结合,条块结合,在计划安排、资金投入、结构调整、政策措施等方面兼顾城乡;城镇建设一体化,即要统筹考虑城镇结构、布局、人口规模、人口流向,通盘安排城乡的基础设施建设,形成以市区为中心,拥有良好交通通达度、先进的基础设施和较高繁华度的城镇体系;利益分配合理化,即通过发展经济,缩小工农业"剪刀差",逐步实现城乡居民收入相对均衡化和利益分配合理化,缩小城乡居民物质生活和精神生活方面的差距,向共同富裕的目标迈进②。党的十八大提出推动城乡发展一体化,形成以工促农、以城带乡、工农互惠、城乡一体的新型工农、城乡关系;党的十八届三中全会专门对健全城乡发展一体化体制机制作出部署。此后,以土地为核心的城乡要素市场一体化改革迈出新步伐,城乡公共服务制度开始并轨。

2017年,党的十九大在总结国内外城乡发展经验的基础上,着眼于当前城乡关系发展实际和未来城乡关系发展趋势,提出实施乡村振兴战略、建立健全城乡融合发展体制机制和政策体系;当年年底召开的中央农村工作会议进一步提出,加快形成工农互促、城乡互补、全面融合、共同繁荣的新型工农城乡关系。我国城乡发展战略也由统筹城乡发展、城乡发展一体化上升到城乡融合发展。

魏后凯③认为,统筹城乡发展、城乡发展一体化和城乡融合发展三个概念并非

---

① 郭翔宇,颜华.统筹城乡经济社会发展的理论思考与政策建议[A]//论城乡统筹发展与政策调整——城乡统筹发展与政策调整学术研讨会论文集,2003.
② 韩士元.天津城乡经济一体化的战略思考[J].城市,2007(5).
③ 魏后凯.深刻把握城乡融合发展的本质内涵[J].中国农村经济,2020(6).

是一种相互替代而是可以并存的关系,三者既有区别,又有联系。从区别上看,统筹城乡发展强调要发挥政府的统筹作用,各级政府是城乡统筹的主体,统筹推进城乡资源合理配置和协调发展是政府应有的责任;城乡发展一体化强调城乡发展的一体化目标,旨在推动实现城乡规划布局、基础设施、产业发展、公共服务、环境保护和社会治理一体化,最终形成权利同等、生活同质、利益同享、生态同建、环境同治、城乡同荣的城乡发展共同体;而城乡融合发展更加强调城乡双向融合互动和体制机制创新,是对统筹城乡发展和城乡发展一体化思想的继承和升华,也是实现城乡共同繁荣和一体化的重要途径,其表述更加符合现阶段的发展特征。从某种程度上讲,城乡统筹是重要手段,城乡一体化是最终目标,而城乡融合是一种状态和过程。当城市与乡村发展融合为一体,就实现了城乡发展的一体化目标。当然,实现城乡融合和一体化,政府统筹只是重要手段之一,关键还要依靠体制机制创新,充分发挥市场在城乡资源配置中的决定性作用。从三者的联系来看,三个概念强调的理念和目标都是一致的,这是它们的共同点。在理念上,这三个概念均把城市与乡村看成是一个有机的整体,强调二者不可分割,充分体现了创新、协调、绿色、开放、共享的新发展理念;在目标上,三者都强调通过共建共享,促进城乡要素自由流动、平等交换和均衡配置,推动形成城乡良性互动、深度融合、协调发展、共同繁荣的新格局。因此,这三个概念都是针对如何破除城乡分割的二元经济结构而提出来的,目的是构建符合新时期需要的新型城乡关系。

综合以上学者的观点可以发现,统筹城乡发展是在解决早前重工轻农、重城轻乡的背景下提出来的,是一种处理城乡关系的方式方法;城乡发展一体化强调的是以工促农、以城带乡;城乡融合发展则强调工农互促、城乡互补,注重两两融合的良性互动。城乡融合发展的提出在统筹城乡发展、城乡发展一体化之后,是为了更好地解决统筹城乡发展、城乡发展一体化提出后存在的问题而出台的新理念,是对统筹城乡发展、城乡发展一体化的继承和升华。城乡融合发展这个概念具有诸多的优势,党的十九大报告把对统筹城乡发展和城乡发展一体化的表述改为城乡融合发展,把城乡融合发展作为表达城乡关系的最高境界和目标追求,说明城乡融合发展的重要性不言而喻。

首先,城乡融合发展是落实"四个全面"战略布局的必然要求。"四个全面"是以习近平同志为核心的党中央在坚持和发展中国特色社会主义的前提下,根据新形势所提出的治国理政总方略。"四个全面"中的全面建成小康社会,是实现我国社会主义现代化建设和中华民族伟大复兴"中国梦"的关键一步,是现阶段我国各项事业发展的战略统领。2020年,我国进入了全面建成小康社会决胜期,而农民的小康是全面建成小康路上的关键一环,在迈向全面小康的路上一个都不能掉队,全党全国人民的工作目标都必须向这一重心汇聚——"全面建成小康社会,最艰巨最繁重的任务在农村,特别是在贫困地区"①。加快推进城乡融合发展步伐,拉长农业这条短腿,补齐农村这块短板,提升农民的地位,使农业农村成为大有作为的广阔天地,让农民成为令人向往的职业,将为农村特别是贫困地区按时全面建成小康提供坚强的动力和有力的保障。

其次,城乡融合发展是实现乡村振兴的必由之路。党的十九大所提出的"乡村振兴战略"是在承认城乡个体地位的同时,首次把乡村与城市的发展放在同等的位置上,不是只局限于从乡村自身思考乡村的发展,而是强调城乡互通、双向交流,更加注重当前新型城镇化发展过程中城乡发展之间的有机联系。但是一直以来,由于城乡二元体制,乡村大量的人力、物力、财力等单方向流往城市,促进了城市经济的增长,而城市向乡村的流动除了国家的财政投入和为数不多的返乡创业之外,其他几乎没有。如何让社会上的物资、人才向乡村流动,已成为乡村能否振兴的关键所在。城乡融合发展正是通过重塑体制机制和政策体系,激发乡村内在活力和培育乡村可持续发展的内生机制,实现乡村全面小康,进而全面实现乡村振兴。城乡融合发展是我们党对城乡关系变化趋势的深刻认识,是对城乡发展规律的精准把握,体现了我们党对城乡关系从"城乡二元"向"城乡统筹"再向"城乡一体"最终向"城乡融合"转变的发展思路,是城乡关系发展一次根本性改变。

再次,城乡融合发展是实现国家现代化的重要标志。城乡融合发展与否在一定程度上决定着我国社会主义现代化国家建设的成败,因此城乡融合发展成为实现国家现代化的一个重要标志。这主要表现在以下几个方面:一是城乡融合发展可以为工业现代化的发展提供海量的人力资源和广阔的市场前景;二是城乡融合发展可以为农业现代化提供资金和技术的保障;三是城乡融合发展的过程也是实现国家治理体系和治理能力现代化的过程。此外,我国实现社会主义国家现代化的过程也是同步实现"四化"的过程。纵观西方发达国家的发展历程我们可以发现,它们是一个"串联式"的发展过程,"四化"按序发展。然而,我国的现代化跟西方发达国家有很大的不同,自鸦片战争以来,我国已经落后西方太多,如果我们要赶上甚至实现后来者居上,把落下的时间追回来,那就必然要求采取"并联式"的发展方式,"四化"同步发展。这其中,使工业化占主导作为发展的动力,使农业现代化起支撑作用作为发展的根基,凭借信息化后发优势为发展注入新的活力,依托城镇化作为载体和平台促进农业现代化更快发展。目前,虽然我们已经认识到"四化"同步发展在我国实现现代化的过程中是一项重要的任务,但是在同步实现"四化"的过程中,农业离现代化还有很大的差距,农村的地位仍然不高,农民的现状仍

---

① 中共中央文献研究室.习近平关于协调推进"四个全面"战略布局论述摘编[M].北京:中央文献出版社,2015:25.

然堪忧。只有实现农业的现代化、农村的繁荣稳定和农民的安居乐业,才能成为全面、稳固的现代化国家。为了尽快使农业现代化与工业化、城镇化和信息化协调发展,更有效地巩固农业在国民经济中的基础地位,更好地满足人们对现代农业的多功能需要,就必须转变农业发展方式,推进新型农业现代化。因此,从2020年到2035年,要在全面建成小康社会的基础上基本实现社会主义现代化,就必须向"三农"全面发力,全力以赴推动"三农"同步基本实现社会主义现代化;从2035年到2050年,在基本实现现代化的基础上,要把我国建设成为富强民主文明和谐美丽的社会主义现代化强国,就要使城乡达到全面融合,乡村达到全面振兴,农民实现全面富裕。只有这样,才能使我国在现代化的道路上走得更稳,行得更远。

学界围绕城乡融合发展的研究主要有两个成果。李爱民[①]就我国城乡融合发展的进程、问题与路径开展了研究,认为城乡融合是对城乡关系的进一步深化,应将城乡和乡村当作有机整体,扬长避短、各取所长,特别是对农村农业的功能和形态进行突破。城乡融合发展包括城乡要素、城乡经济、城乡空间、城乡基础设施建设、城乡公共服务、城乡生态环境多方面的融合。城乡要素融合,是指人、财、物实现双向自由流动,实现等值;城乡经济融合,是指产业形成优势互补、分工合理的有机体;城乡空间融合,是指城乡空间形态各取所长、互相渗透,城市有美景与生态,乡村有便捷与现代;城乡基础设施建设融合,是指将城市的交通、通信、供电供水、科教、文化等相关设施向乡村蔓延,实现一体化;城乡公共服务融合,是指加大农村基本公共服务投入,切实实现城乡教育、医疗、社会保障一体化;城乡生态环境融合,是指城乡物质、能量循环系统健全,乡村田园风光向城市渗透,城市环保理念向乡村拓展。魏后凯[②]认为,城市与乡村是一个相互依存、相互融合、互促共荣的生命共同体。城市是引领、辐射和带动乡村发展的发动机,乡村则是支撑城市发展的重要依托和土壤,二者之间的互补、互促、互利和互融是形成这一生命共同体的基础。城乡融合是一个多层次、多领域、全方位的全面融合概念,包括城乡要素融合、产业融合、居民融合、社会融合和生态融合等方面的内容。城乡融合发展的本质就是通过城乡开放和融合,推动形成共建共享共荣的城乡生命共同体。

综观国内学者所做的研究可以看出,大家围绕城乡关系协调发展的内容、必要性、意义,以及城乡经济差距的现状、成因等方面进行了热烈的讨论,对若干理论问题达成了一些基本共识。但总体上说,在系统性和深度方面仍有待进一步拓展,很多工作是着眼于某一时期的热点问题而进行的应急研究,从城乡利益分享机制这一深层次上进行城乡关系的历史与现实、问题与成因的制度分析尚付阙如。基于

---

① 李爱民. 我国城乡融合发展的进程、问题与路径[J]. 宏观经济管理,2019(2).
② 魏后凯. 深刻把握城乡融合发展的本质内涵[J]. 中国农村经济,2020(6).

此,本书选择了构建城乡融合利益分享机制作为研究的主要内容,尝试对此进行比较全面、系统和深入的理论研究工作。

1.4 利益分享理论的文献综述及评论

因为利益问题与社会成员生活的方方面面都息息相关,同时基于利益问题的重要性和复杂性,吸引了包括哲学、经济学、政治学、社会学、历史学等不同学科的长期关注,特别是20世纪中叶以来的跨学科和交叉研究,涌现出一大批丰富的研究成果。其中,一些关于利益、利益分配、利益分享原则的思想理论成果,为我们构建城乡融合利益分享机制提供了规范基础。需要指出的是,利益问题的研究在很长时期内比较多的集中于对收入分配问题的研究上。收入分配是物质利益分享的重要内容,是利益分享的重要基础,但收入分配并不是利益分享的全部,利益分享所包含的内容更加广泛。同时,收入分配和利益分享的机制也有着密切的联系,收入的不公平是赋权不公平、权利实现不公平、权利缺乏保障等一系列因素综合作用的结果。因此,从主要关注收入分配的研究转向对利益分享的多维度研究,反映了发展观的转变。

1.4.1 古典思想家对利益分享问题的思考

古代西方的思想家在其著作中对人性进行了剖析,认为趋利避害是人天生具有的本性。近代资产阶级思想家继承了西方古典思想家的理论成果,在反对封建王权,争取自由平等的斗争中建立了以人性论为基础的利益观。其中,启蒙思想家关于平等、自由、权力、权利等理念的论述,古典经济学家对社会利益关系的研究及对收入分配问题的探索,为利益分享理论提供了思想渊源。

1)启蒙思想家关于利益分享的思考

孟德斯鸠是近代资产阶级大革命启蒙运动中一位伟大的启蒙思想家。《论法的精神》是孟德斯鸠的代表著作,他用"法"的概念作为理论构建的主线,认为法是由事物的性质产生出来的必然关系。万物皆有法,在自然状态下有"自然法",在社会状态下是"人为法"。"法"就是规律、规则,法的精神就是"自由""正义""平等"。孟德斯鸠认为是社会让人们失掉了平等,只有通过法律才能恢复。"人类一有了社会,便立即失掉自身软弱的感觉;存在于他们之间的平等消失了,于是战争的状态开始。"每一个特殊的社会都意识到自己的力量,这是国家间战争状态的原因;社会中的每个人开始意识到自己的力量所在,力图将这个社会的主要利益窃为己用,于是便产生个人间的战争状态。"战争状态促使人们之间建立法律""在法律没有预防的地方,不平等便会乘隙而入""真正的平等是国家的灵魂"。既然法律的目的是保护人民的平等和自由,就要防止滥用权力,因此倡导三权分立,以权力制约权力。

同时孟德斯鸠还发现了经济发展对平等、公平的影响,他认为法律是规制经济带来的不公、实现人的平等和社会公平的保证。①

卢梭是启蒙运动中最激进的一位思想家,平等思想贯穿于他的代表性理论著作《论人类不平等的起源和基础》和《社会契约论》中。卢梭指出:人人生而平等,而人类社会发展进程中出现的私有制是造成人类社会不平等的根源。卢梭在其著作中从三个方面对平等的原则进行了具体化:首先,缔结契约的平等。在《社会契约论》中卢梭指出,统治者的统治权来源于被统治者的认同,控制社会的权力是公共意志的产物。在缔结契约时,每个社会成员放弃天然自由而转让给集体,然后从集体获得契约自由。其次,法律面前的平等。公民在法律面前人人平等,具有平等的法律地位,享有同等的受法律保护的公民权利,同等的向社会履行自己应尽的义务,社会对违反法律的犯罪行为依照法律进行制裁。第三,财产占有的平等。② 卢梭认为私有制既带来了财富的增加,又带来了不平等以及剥削压迫,而政府最重要的任务之一就是要防止财富占有的不平等,保护财富占有的平等是保护社会平等的基础和前提。卢梭提出社会契约论作为其平等理论的保障,自由与平等的契约为政治权力合法性提供基础,而建立在社会契约上的政治权力只能有一个目的,那就是保护订约者的自由平等③。

2) 古典经济学家的利益分享思想

英国古典经济学家亚当·斯密从经济学的角度考察了利益分享问题。他认为:人都有利己之心,人在经济活动中的动机都受到利己心的支配,从利己心出发引出了分工和交换理论,从而产生了利益的差别和矛盾。亚当·斯密发现,在交换关系中,交换双方的个人利益同时得到满足是有可能的。人们追求个人利益的结果可以自动增进整个社会的利益,所以个人利益和普遍利益是一致的,个人利益的多寡成为衡量国家富裕程度的标尺。④ 亚当·斯密的理论给出了从经济关系入手分析利益问题的启示。

与亚当·斯密同时代的西斯蒙第认为,由于财产的不平等分配和由此导致的缔约各方的力量不均等造成了个人利益和普遍利益之间的矛盾。他说:每个人的利益受到社会其他成员的利益制约时,实际上就表现为共同利益,但是当每个人为了自己的利益企图用损害他人利益的手段去达到增加自己财产的目的时,并不受到同样道德力量的抵制,这样强者有利于掠夺,而弱者迫于退让。文明社会的分配

---

① 孟德斯鸠.论法的精神[M].北京:商务印书馆,1995.
② 卢梭.论人类不平等的起源和基础[M].北京:商务印书馆,1982.
③ 让·雅克·卢梭.社会契约论[M].西安:陕西人民出版社,2004.
④ 亚当·斯密.国民财富的性质和原因的研究[M].节选本.北京:商务印书馆,2002.

制度正是通过强者的暴力和弱者的以退求生实现的,它总以富人的豪夺、穷人的牺牲来解决个人利益和社会普遍利益之间的矛盾。①

亚当·斯密把人性归结为个人利己主义,认为个人追求一己利益时会自然而然地促进全社会的利益。杰里米·边沁发展了亚当·斯密的这一思想,进一步阐明了功利原理,并以此作为判断一切行为和法律的准则。杰里米·边沁认为:人们一切行为的准则取决于是增进幸福抑或减少幸福的倾向,不仅私人行为受这一原理支配,政府的一切措施也要据此行事。按照杰里米·边沁的看法,社会是由各人构成的团体,其中每个人可以看做是组成社会的一分子。社会全体的幸福是组成此社会的个人的幸福的总和,社会的幸福则以最大多数人的最大幸福来衡量。什么是快乐、什么是痛苦,每个人自己知道最清楚,所以什么是幸福也是各个人所知道的,各个人在原则上是他自身幸福的最好判断者。同时,各个人追求一己的最大幸福,是具有理性的一切人的目的。②

萨伊提出的三要素价值论也称为三位一体公式。他指出商品的价值构成中,工资由劳动创造,利润由资本创造,地租由土地创造,社会不同阶层通过自己的付出获得相应的回报,从而证明资本主义社会各个社会阶层的利益是和谐的③。约翰·穆勒认为每个人在自由放任的经济体系里可以根据利益最大化的原则追求个人利益,其最终结果会实现公共利益。每个人追求自身利益最大化的结果使得社会的绝大多数人得到最大的幸福,个人的行为目标与社会的总体利益目标是一致的,因此他主张自由放任的经济制度和经济秩序④。

1.4.2 马克思主义经济学的利益观和利益分配思想

马克思主义经济学关于利益的理论阐述,其自身也是一个结构完整、逻辑严密的思想体系。列宁曾经指出:"物质利益问题是马克思主义整个世界观的基础。"⑤马克思主义经济学家关于利益问题的研究和论述,发展和完善了马克思主义的利益理论,马克思主义利益观和利益分配思想也是马克思主义经济学的重要组成部分。

1) 马克思主义经济学的利益观

早在1841年,年轻的马克思在《关于出版自由和公布等级会议记录的辩论》一文中就留下了他对利益概念的最早认识:"人们奋斗所争取的一切,都同他们的利益有关"⑥。1843年,马克思在《黑格尔法哲学批判》一书中第一次提出了利益不仅

---

① 西斯蒙第.政治经济学研究[M].第2卷.北京:商务印书馆,1989.
② 杰里米·边沁.论道德与立法的原则[M].西安:陕西人民出版社,2009.
③ 萨伊.政治经济学概论[M].北京:商务印书馆,1998.
④ 约翰·穆勒.政治经济学原理及其在社会哲学上的若干应用[M].上卷.北京:商务印书馆,1991.
⑤ 中共中央编译局.列宁全集[M].第27卷.北京:人民出版社,1990:339.
⑥ 中共中央编译局.马克思恩格斯全集[M].第1卷.北京:人民出版社,1960:82.

是自然人的生物性的需要,还与当时的社会生活条件以及当时的所有制关系相关联。1859 年,马克思在《〈政治经济学批判〉序言》一文中谈到,他之所以从法律改为研究经济问题,是为了要对"物质利益"问题发表意见①。恩格斯在研究了政治经济学之后,对利益范畴得出了与马克思相同的理解。恩格斯认为,资本主义社会消灭了封建制度,实行了政治改革,但"政治改革首先宣布,人类的联合今后不应该再通过强制即政治的手段来实现,而应该通过利益即社会的手段来实现。它以这个新原则为社会的运动奠定了基础。"②可以说,正是由于接触了现实生活中的物质利益问题,才推动了马克思和恩格斯转向对现实经济关系的研究,从而创立了唯物史观。可见,对利益问题的研究推动了马克思向历史唯物主义的转变。马克思指出:"'思想'一旦离开'利益',就一定会使自己出丑。"③这里,思想不能脱离利益的分析方法成为马克思思考利益问题的一个重要方法,后来经过恩格斯、列宁等人的发展,逐渐成为丰富的马克思主义利益观④。

马克思主义利益观认为,利益是社会发展的基础、前提和动力因素,任何一个社会首先必须满足人们物质生活需要,也就是要满足人们的物质利益要求,因此利益是历史唯物主义的基本范畴。生产力是社会发展的根本动力,而需要和利益是社会不断向前发展的内在动力,任何社会变革归根到底都必须重新调整社会成员的利益关系,以促进和推动社会生产的发展,满足人民的利益需要。马克思主义利益观主要包括以下方面的理论要点:

第一,利益是人类活动的基本动力。实现人的物质利益是人类社会存在和发展的首要条件,"人们首先必须吃、喝、住、穿,然后才能从事政治、科学、艺术、宗教等社会活动"⑤。即是说满足人们吃喝住穿需要的直接物质资料的生产活动,是人类社会的基本的实践活动。任何一个社会首先必须满足人们的物质生活的需要,而满足人们的物质需要,即是满足人们的物质利益需要。利益的基础性地位集中体现在它是社会发展的根本驱动力量。社会发展动力是一个很复杂的系统,而启动这一系统的力量之源就是对利益的追求。人类社会发展历史就是一部人类不断追求自身各种利益的历史,而利益追求之所以成为人们进行历史活动的动力之源,是因为利益需求是人类存在的第一前提,利益需求为人的一切实践活动提供内在动力。不管是哪个时代的人,他们所为之奋斗的无不是因为利益的驱使,无论其是为了个人利益、集体利益还是国家利益。利益是社会发展的基础、前提和动力因

---

① 中共中央编译局.马克思恩格斯全集[M].第 1 卷.北京:人民出版社,1960:179.
② 中共中央编译局.马克思恩格斯全集[M].第 1 卷.北京:人民出版社,1960:662.
③ 中共中央编译局.马克思恩格斯全集[M].第 2 卷.北京:人民出版社,1957:103.
④ 韩庆祥,王海斌.重新认识马克思主义的利益观[N].北京日报,2011-5-5.
⑤ 中共中央编译局.马克思恩格斯全集[M].第 3 卷.北京:人民出版社,1956:574.

素,利益是社会发展的最终动因。

第二,利益的社会本质和社会基础是生产关系。经济利益是生产关系的具体表现,只有从生产关系出发才能说明利益的本质和历史作用,而政治权力不过是用来实现经济利益的手段。在阶级社会利益具有阶级性,但不管是哪个阶级掌权,其最终目的还是为了实现自身的经济利益。利益本身就是关系范畴,表达的是人与人之间对需求对象的一种分配关系。马克思和恩格斯都强调利益作为社会关系的存在,"利益不是仅仅作为一种'普遍的东西'存在于观念之中,而且首先是作为彼此分工的个人之间的相互依存关系存在于现实之中"①。就是说,利益是一种建立在社会分工基础上的对需求对象的分配关系。

第三,利益的本质根植于社会基本矛盾运动之中。利益与生产力、生产关系及政治上层建筑、思想上层建筑有着内在联系。利益是生产力发展的内在驱动力,对物质生活资料的需要是人们从事生产活动的最初动因。为了满足这些需要,人们进行生产并积累资料和经验,从而推动了生产力的发展。同时,生产力发展状况决定着人的利益诉求状况,有什么样的生产力就往往会有什么样的利益诉求。利益在不同的社会历史形态中有着不同的内容和形式,随着物质财富的增长和积累,当人们满足了生存需要之后,将开始追求更高层次需求的满足。生产关系状况决定着利益的实现状况,而利益关系是经济关系的集中表现。经济运行包括生产、分配、交换和消费,而这一运行过程实际上就是利益的创造、分享、流通和实现过程。社会分工的不同引起利益的分化与矛盾,马克思和恩格斯在《德意志意识形态》一书中说,"一个民族内部的分工,首先引起工商业劳动同农业劳动的分离,从而也引起城乡的分离和城乡利益的对立"②"随着分工的发展也产生了单个人的利益或单个家庭的利益与所有互相交往的个人的共同利益之间的矛盾"③。因此,分工的不同始终都会产生利益矛盾。在阶级社会中,阶级冲突实质上是利益冲突,利益冲突是阶级斗争的根源。利益决定政治权力和政治活动,而政治权力不过是用来实现经济利益的手段。

2) 马克思主义经济学的利益分配思想

马克思主义经济学的利益分配思想是马克思主义哲学的世界观、价值观和方法论分析社会分配关系的理论成果。利益范畴是马克思主义科学唯物史观创立的始基理念,它的哲学意蕴绝不是利己主义的个人私利,利益范畴作为唯物史观的出发点,是历史与当代、一般与个别的统一。利益范畴的基本内涵是物质生产条件,

---

① 中共中央编译局.马克思恩格斯全集[M].第3卷.北京:人民出版社,1956:38.
② 中共中央编译局.马克思恩格斯全集[M].第1卷.北京:人民出版社,1960:68.
③ 中共中央编译局.马克思恩格斯全集[M].第1卷.北京:人民出版社,1960:84.

是人类社会发展的基础性生产方式。社会生产关系的实质是利益关系的外向化，核心内容是生产资料所有权①。社会生产力水平决定着社会生产关系的性质，也就决定着利益分配关系的性质，同时生产关系对生产力有着巨大的反作用，利益分配关系适应生产力的发展就会起推动作用，不适应则会起阻碍作用。社会生产方式对分配方式起决定作用，即社会生产关系的矛盾运动规律决定着利益分配的规律。同时利益分配关系还要受到上层建筑的影响，与之相适应的上层建筑会起保护和巩固作用，与之不相适应的则会起阻碍和破坏作用。

马克思在考察了资本主义的生产过程后指出，劳动是价值的源泉，劳动的过程是价值增值的过程，在劳动中资本家无偿占有了工人的剩余价值，这是劳资双方利益对立的根源②，资本主义私人占有制和社会化大生产的矛盾是资本主义自身无法克服的基本矛盾。针对这个问题，马克思提出了用生产资料的公有制来取代资本主义的生产资料私有制，用按劳分配的原则来取代按资本分配的原则。有较高发展程度的社会生产力是马克思按劳分配理论设想实现的基本前提，马克思提出的按劳分配理论基于的社会形态是刚刚从资本主义社会中产生出来的共产主义社会的第一阶段，即社会主义社会。马克思预想的社会主义社会是在资本主义充分发展的基础上建立起来的新社会形态，它必然以完全的生产资料公有制为基础，生产方式将是集体生产方式，不再是生产资料的私有制所决定的通过市场交换联系起来的私人劳动，分配的形式则是社会成员从社会领得一张凭证，证明他提供了多少劳动（扣除他为公共基金而进行的劳动），他将根据这张凭证从社会储存中领得一份耗费同等劳动量的消费资料，商品、货币等范畴不复存在。个人劳动所有权是按劳分配的根本依据，分配都是在劳动者之间进行，他们交换个人的劳动活动，而劳动时间成为交换、计量劳动活动和最终产品分配的尺度。通过对劳动时间的社会有计划的分配，调节着各种劳动职能同各种需要的适当比例。

马克思主义理论对于社会主义按劳分配的设想在实现过程中却碰到了具体的历史不同条件。如我国目前处于社会主义初级阶段，生产力总体水平比较落后而且发展不均衡，这决定了现阶段我国不能实行单一的公有制，而应实行以公有制为主体，多种所有制经济共同发展的基本经济制度，相应的在分配制度上面确立了以按劳分配为主体，多种分配方式相结合的收入分配方式。虽然当代中国的现状与马克思主义按劳分配理论设想的状况有很大不同，但理论基础和方法依然是一致的；马克思主义也不是僵化的教条，它具有与时俱进的优秀品质。马克思所设想的按劳分配的前提是有较高发展程度的社会生产力做支撑，这在我国现阶段还无法

---

① 谭培文.马克思主义的利益理论——当代历史唯物主义的重构[M].北京：人民出版社，2002：88.
② 卡尔·马克思.资本论[M].北京：人民日报出版社，2006.

完全实现,需要我们在正确理解马克思按劳分配理论的基础上通过实践不断丰富和发展。在当代中国社会主义初级阶段市场经济体制下,实行按要素分配是马克思利益分配理论发展的必然结果。构建当代中国分配原则的理论基础要将要素所有权、劳动价值论与要素贡献结合起来,其中要素所有权是其理论核心[①]。

实现按劳分配与按要素分配相结合,就是将劳动与资本、土地等生产要素等同对待,是生产要素所有权在市场经济体制上实现的制度安排。从资源配置角度上说,按劳分配应以按劳动力所有权分配为理论基础。按劳分配也是按劳动力所有权对剩余价值进行分配,工资仅是劳动力价值的补偿,不属于"分配"范围。因此,按劳分配本质上是一种按要素所有权分配的方式,劳动力所有者不仅有权获取工资,更重要的是有权参与利润分配。劳动力作为一种特殊的资本要素,作为投资必然具有收益权,劳动力生产要素和其他生产要素一样参与剩余价值或者说利润分配是理所当然的,只有这样我们才能说实行了真正意义上的社会主义按劳分配。马克思关于劳动是创造价值的唯一源泉等基本观点及其原创意义,在我国现阶段仍然是适用的。应该肯定我国当前经济活动中存在剩余价值的合理性与合法性,进一步规范剩余价值的形成与分配方式,承认劳动力产权与实行利润分享制,将按劳分配与要素分配相结合,形成更合理的分配格局。劳动力所有权在资本主义社会从来没有得到承认,在资本主义制度下劳动力仅仅是商品,无权分享利润。在社会主义制度下,我们应该也能够承认劳动力所有权,劳动力有权分享利润。无论是按劳分配还是按要素分配,社会化大生产是它们共同的分配平台,直接而明确的要素所有权是它们共同的分配依据,各种要素的贡献大小是它们共同的分配标准,产品和劳务是它们共同的分配对象,货币价格是它们共同的实现形式。正是这些共同点构成了二者相结合的坚实基础。

生产要素所有权是马克思主义利益分配理论的核心基础,因此对利益分配的研究需要引入权利和权力要素,劳动及生产要素依据被个人权利控制的程度在市场中被定价,进而决定分配及其收入或收益。权利不平等实质上意味着个人对生产要素所有权的控制权力不同,这是导致收入分配不公平的背后重要原因。而权利不平等直接与权力分配有关。收入分配问题远不仅是一个经济问题,而是非常重要的政治问题和社会问题,它涉及社会生活中每一个人的方方面面。利益分配问题揭示了人类的一种共同本性,即对物质利益与自身生存、生活条件的关心和美好追求,而这一切的最终获取都要落实到分配理论与制度政策的研究上来。马克思利益分配理论的基本观点是生产决定分配,但又和政治、经济、文化制度及其发展程度密切相关。这一利益分配规律也印证了马克思主义所揭示的人类社会历史

[①] 张华.马克思主义利益分配理论的核心基础——生产要素所有权研究[D].西南大学,2008:7.

发展的基本规律——生产关系由生产力水平决定,同时又受上层建筑制约。

1.4.3 新古典学派关于利益分享的研究

新古典学派关于利益分享的研究,与19世纪70年代发生的边际理论革命密切相关。这是经济学方法论的一次重要转变,一方面,对价值(价格)的理解和分析从成本角度转向需求(效用)角度;另一方面,边际生产力理论将资本、劳动和土地作为同等的生产要素纳入生产函数中。在新古典经济学家所构建的生产函数中,所有生产要素获得的报酬由该要素的边际生产力决定;商品价格同要素价格一起被纳入一般均衡理论体系中,并由市场力量同时决定①。

新古典经济学家将注意力集中到总产出如何在各生产要素间进行分配以及分配法则与经济增长的关系等问题上,得出以下结论:

第一,在完全市场竞争条件下,要素价格由其边际生产力决定,要素收入份额等于要素价格与要素数量的乘积,产品价值完全被耗尽。19世纪20年代,经济学家道格拉斯和数学家柯布在实证研究的基础上提出了柯布-道格拉斯生产函数。道格拉斯通过对劳动份额的观察值与边际生产力理论的计算值进行比较,发现二者极为接近。19世纪30年代,希克斯和罗宾逊引入替代弹性概念,用来分析要素价格相对变动与收入份额相对变动的关系。在利用替代弹性概念分析柯布-道格拉斯生产函数时,由于该函数是线性齐次函数,因而替代弹性是唯一不变的。这一性质决定了函数的指数就是要素的收入份额,且这一份额是不变的,即要素分配份额不受要素投入量变动的影响②。

第二,当市场存在垄断力量时,垄断方获得的报酬大于其边际产品价值,而竞争方获得的报酬将小于其边际产品价值。因此,罗宾逊认为具有市场垄断力的一方将获得一部分剩余③。

第三,新古典学派虽然视技术进步为外生变量,但仍然详细讨论了技术进步对要素收入份额的影响。概言之,技术进步能够影响要素的分配份额,但作用机制是复杂的和多方向的,技术进步既可能提高也可能降低劳动的份额④。

20世纪30年代,资本主义国家发生了历史上最大的一次经济危机,市场经济能够自动实现均衡的理论破产。凯恩斯认为市场机制并不能自动的使经济恢复均衡,政府必须通过各种手段主动对经济进行干预才能走出经济危机的陷阱。他给经济危机开出的治疗药方是增加社会有效需求。为论述自己的理论,凯恩斯对资

---

① 琼·罗宾逊,约翰·伊特韦尔.现代经济学导论[M].北京:商务印书馆,1982.
② 蒋中一.数理经济学的基本方法[M].北京:商务印书馆,1999.
③ 琼·罗宾逊.经济学论文集[M].北京:商务印书馆,1984.
④ 琼·罗宾逊.经济学论文集[M].北京:商务印书馆,1984.

本主义社会鼓吹的完美的自由市场经济进行了分析,认为发生危机的原因在于有效需求不足,而有效需求不足的产生是财富与所得之间的分配有欠公平合理造成的。因此要采取财政税收政策来缩小收入分配差距,重新分配社会财富,进而提高消费倾向。凯恩斯认为要克服经济危机,必须致力于解决失业,而有效需求不足也是造成失业的根本原因①。

新古典经济学家关注的是既定资源的最优配置问题,价格及分配都围绕着这一核心而展开,并且将分配问题完全转化成要素的定价问题。在"经济人"追求效用极大化的行为模式下的交易过程中,生产要素的边际产量之比等于它们的市场价格之比(或者说使用在两种要素上的最后一个单位的货币的边际产量相等),同时,商品之间的价格比正好等于它们的边际效用之比(或者说消费者用于这些商品的最后一个单位的货币的边际效用相等)。这时,消费者的消费行为停留在边际效益和边际成本相等的水平上,厂商的生产行为停留在边际收益等于边际成本的水平上。由此,竞争市场将在市场出清的价格水平下达到均衡,厂商和消费者都不会进一步生产和消费,因为他们都达到了效用的最大化,任何进一步的行为都会给自己带来损失,从而也会给社会总福利带来损失。福利经济学家会认为此时已达到了帕累托最优。显然,在新古典经济学的王国里,交易即意味着效率——交易双方的福利都会得到最大改善,社会总福利也会得到最大改善。

新古典分配理论可以用一句话予以概括:一个人所得到的,恰恰就是他所应得到的。新古典分配模型是对资本主义私人占有制基础上的自由市场经济体制的理论解释,而且由于逻辑上的清晰与简练以及极具数学上的美感,因此备受推崇。新古典经济学所阐述的帕累托最优是一种效率优先的分配标准,即效率最优点也是分配最优点,但要实现帕累托最优有很多隐含的前提,如完全竞争、无外部性、完全信息等等,而这些假定在现实中往往是无法实现的。

1.4.4 发展经济学关于利益分享的研究

发展经济学是20世纪40年代后期在西方国家逐步形成的一门综合性的经济学分支学科,主要研究贫困落后的农业国家或发展中国家如何实现工业化、摆脱贫困、走向富裕的经济学问题。20世纪50年代,作为发展经济学理论流派之一的刘易斯和库兹涅茨指出了收入分配在经济发展中的重要作用。刘易斯通过"无限劳动供给"增长模型指出,经济增长是生产要素从低生产率部门向高生产率部门流动的过程,在这个过程中,由于收入分配的差异,导致劳动要素从低收入的农业部门

---

① 约翰·梅纳德·凯恩斯.就业、利息和货币通论[M].重译本.北京:商务印书馆,1999.

向高收入的城市工业部门流动①。库兹涅茨的研究则表明,如果两个部门之间的不平等远远超过各个部门内部的不平等时,那么不平等首先会上升,然后随着人们跨部门之间的流动,在各部门之间的流动收益区域相等的新经济情况下,收入分配不平等会逐步下降,也即所谓的库兹涅茨"倒 U 形"曲线理论②。刘易斯模型和库兹涅茨"倒 U 形"曲线理论的一个基本共同点就是认为经济增长会影响收入分配,收入分配也会对经济增长产生积极作用。

发展经济学对收入分配与经济增长关系问题的探讨,使经济学对于物质利益分享问题的研究回到了古典主义的道路上来,而新古典经济学中有关收入分配与经济增长的关系问题的研究,实际上走向了只研究经济增长或只研究收入分配的思想道路。发展经济学的探索为研究收入分配差距问题提供了新的视角,为新的发展观的提出以及利益分享理论的发展提供了理论渊源。

1.4.5 利益分享理论的兴起与发展

利益分享理论的产生是西方资本主义国家对经济危机反思的理论成果。西方资本主义国家的经济学家和思想家希望通过利益分享来改良资本主义社会,从而缓和社会矛盾。在这个过程当中他们提出了新的公平正义观来矫正传统功利主义的分配原则,注重提高社会弱势群体的福利水平。利益分享理论与发展观相结合,使世界各国逐步改变了片面追求 GDP 的单一目标,更注重可持续发展,更注重发展过程中利益的分享和人的发展。

1) 利益分享理论的兴起

从 20 世纪 60 年代中期起,在新一轮经济危机的冲击之下,西方国家的经济陷入经济停滞与通货膨胀并存的困境之中,特别是美国在经历了第二次世界大战后的辉煌时期之后,陷入滞胀的泥潭之中步履维艰,失业率和通货膨胀率都居高不下,凯恩斯理论的财政和货币政策措施在这种"停滞膨胀"面前无济于事。在这样的背景下,美国经济学家威茨曼提出了分享经济理论。威茨曼认为企业薪酬制度不合理是造成经济滞胀的根本原因,应当实行工资水平与企业经营状况挂钩的薪酬制度。威茨曼指出必须通过微观经济改革才能战胜滞胀,即在企业建立利益分享制度,让工人的工资报酬与企业的经营状况相联系,从而自动抵制失业和通货膨胀。因为分享经济制度旨在提高薪酬的可浮动程度,与传统的固定工资制度相比,利润分享制下的薪酬水平要随着市场变化而变化、随着经济增长周期波动而变化,就业规模的扰动幅度就会缩小,经济危机时的失业水平就会下降③。威茨曼的利

---

① 阿瑟・刘易斯.经济增长理论[M].北京:商务印书馆,1983.
② 西蒙・库兹涅茨.各国的经济增长[M].北京:商务印书馆,1985.
③ 马丁 L 威茨曼.分享经济——用分享制代替工资制[M].北京:中国经济出版社,1986.

益分享理论表达了用利益分享改革资本主义经济的愿望,该理论也被誉为"自凯恩斯理论以后最卓越的经济思想"①。

此后围绕威茨曼的利益分享思想,出现了一系列的研究成果。如根据人力资本理论提出的"员工持股计划"制度安排,使得企业员工可以凭借其人力资本投入分享企业股权②;日本经济学家伊敬丹之的"人本主义"企业理论认为,员工拥有企业主权,企业应当构建以人为中心的管理体制,应当使员工享有企业产权③;斯蒂格利茨在多重代理理论中提出了企业目标函数不只是股东利益的最大化,还包括所有利益相关者利益的实现,利益相关者同样也应该分享企业剩余索取权;斯蒂格勒和弗里德曼认为企业的股东、经理和一般员工都是企业的利益相关者,都应分享企业的剩余收益④。

2) 罗尔斯的收入分配公平原则

随着对西方功利主义分配原则的反思,西方思想家提出了新的公平正义观,成为了利益分享理论的重要思想基础。1971年美国哈佛大学教授约翰·罗尔斯的著作《正义论》一经出版就引起了理论界的热烈讨论。罗尔斯的理论克服了福利经济学的功利主义倾向和技术化的倾向,更加注重提高社会弱势群体的福利水平,他主张"社会上状况最差的人福利最大化"。罗尔斯认为市场竞争的结果常常与社会正义相偏离,这需要有相应的制度安排来不断进行矫正。

罗尔斯提出了两条正义原则。第一原则是平等自由原则,也就是每个人都拥有与其他所有人的自由相容的平等权利,这也是最广泛的基本自由的平等权利。第二原则是经济平等原则,罗尔斯针对社会和经济的不平等,认为应该这样安排:既要与正义的储蓄原则相一致,又要满足于最少受益者的最大利益;在平等的条件下有公平的机会时,职务和地位应向所有人开放。在罗尔斯的正义原则中,有两个条件严格限制了不平等,一个是要符合最少受益者的最大利益,另一个是机会的公平。罗尔斯认为,人们之间的不平等既要受到人与生俱来的自然禀赋的影响,也要受到政治、经济、社会条件的限制和影响。机会公正平等原则和第一原则只是把其中的一个因素——造成人们之间不平等的社会差别因素排除了,并没有排除人与人之间的自然差别因素。而这种自然的不平等是个人无法选择和逃避的,也是在任何现实社会中都不可避免的。正因为人在能力、性格、志向、天赋等各方面是千差万别的,就算是在同一水平起跑线上,一旦开始运动,就会自然而然地产生出差

---

① 罗后清.分享经济在西方的发展及其启示[J].现代经济探讨,2007(7).
② 詹姆斯·爱德华·米德.分享经济的不同形式[J].经济体制改革,1989(1).
③ 伊敬丹之.日本企业的"人本主义"体系[J].财经问题研究,1997(4).
④ 王雅俊.分享经济理论:西方演进轨迹与我国的发展方向[J].江淮论坛,2010(4).

距。也正因为有这样的差别存在,如果强求绝对的一致和平等,肯定会打击一部分人的积极性,这将违背社会经济发展追求效率的要求,所以罗尔斯不主张刻意消除这种由自然因素造成的不平等,而要通过制度安排将这种不平等限制在为人们接受的范围内[①]。

3) 新发展观与利益分享理论的发展

新的发展观使得经济学家不再仅仅关注经济增长的问题,而更为关注经济结构问题,即发展中国家的低收入阶层如何脱离贫困的问题,并把这个问题同社会的制度安排、权利的赋予、实现与保护,经济社会结构变革等因素联系在一起,形成了关于社会利益分享的理论研究成果。

在发展问题研究的初期,将经济发展等同于经济增长具有明显的物质主义倾向,此时的发展观把发展单纯地认为是物质财富的积累。在理论上认为物质资本的匮乏是制约经济发展的主要问题,要想实现较快的经济增长,就必须解决物质资本积累的问题。早期的这种发展观是以工业化发展为摹本、物质资本积累为核心的,其忽视了人类社会发展的复杂性和多样性,从而造成了对资源的疯狂掠夺,使环境遭到了严重破坏,导致人类逐步丧失赖以生存和发展的环境条件,也促使了人们开始反思发展的真正意义。

美国经济学家、诺贝尔经济学奖获得者舒尔茨在20世纪60年代提出了人力资本论,该理论强调劳动力要素具有非同质性,素质低可能成为经济发展的负担,素质高则会成为经济发展的条件[②]。这一理论为新发展观的形成提供了重要的理论依据。在现代经济的发展中,科技的作用日益增强,而在科技进步的条件下,人力资本又发挥着非常重要的作用。舒尔茨的人力资本论突出了人力资本开发在经济发展过程中的决定性作用,与以往过分强调物质资本作用相比,这是一个重大的修正和进步。

面对20世纪50年代到60年代人们在经济增长、人口、城市化、资源等方面所受到的环境压力,著名的学术组织罗马俱乐部发表了一份有名的研究报告《增长的极限》,明确提出了两个概念——"持续增长"和"合理的持久的均衡发展"[③]。它使人们更深刻地认识到,经济发展是要受到资源和环境强烈制约的,如果毫无节制地破坏环境,必然会使人们失去其赖以存在的自然基础,最终使发展失去意义。1987年联合国世界环境与发展委员会发表了一份题为《我们共同的未来》的报告,里面正式提出了可持续发展的概念,并以此为主题对人类共同关心的环境与发展问题

---

① 约翰·罗尔斯.正义论[M].北京:中国社会科学出版社,1988.
② 西奥多 W 舒尔茨.改造传统农业[M].2版.北京:商务印书馆,2006.
③ 丹尼斯·米都斯,等.增长的极限——罗马俱乐部关于人类困境的报告[M].长春:吉林人民出版社,1997.

进行了全面论述,在1992年的联合国环境与发展大会上得到了与会者的普遍共识①。

作为可持续发展观的进一步深化,联合国开发计划署从1990年开始,每年发表一份不同主题的"人类发展报告"。人类发展的目标就是为人创造一个能享受长寿、健康和有尊严生活的充满活力的环境。人类的发展是一个扩大人的选择范围的过程,这一过程不仅仅是增加收入,人们着重关注的应是整个社会,而不仅仅是经济。因此,人类的发展必须把人置于所关心的一切问题的中心地位。人类发展既与扩大人类能力(通过对人的投资)有关,也与保证充分利用这些能力(通过能使其变为现实的结构)有关。

随着发展观的变化,发展经济学家考察收入分配与经济增长关系的视角也在发生变化。在20世纪70年代,美国发展经济学家阿德尔曼在分析发展中国家经济发展的问题时指出,发展中国家并没有随着经济增长实现收入差距的缩小,占人口大多数的社会低收入阶层并没有随着GDP的增长和工业化的发展而实现收入增长,相反是社会富人阶层的收入增长更快,衡量整个社会收入是否公平的基尼系数不断上升,也就是说库兹涅茨所预测的"倒U形"曲线并没有出现。他在研究中发现,发展中国家除了存在人均收入低、资本稀缺、技术落后等不利于经济发展的因素外,还存在各种社会制度因素阻碍着经济发展。发展中国家会出现所谓的有增长无发展的状况,即GDP得到了高速增长,但是人的自由扩展、社会福利水平的提高、经济结构的优化变迁却难以实现②。

20世纪80年代诺贝尔经济学奖获得者阿马蒂亚·森在其著作《以自由看待发展》中指出,人的自由是发展的目标,同时自由也是实现发展的手段。发展的过程就是扩展人们享有的自由的过程。而人们获得的自由越多——包括获得权利、机会、利益等等,就越能为发展做出贡献。因此,发展要求清除限制人们自由的因素,如权利的缺失、社会机会的缺乏、收入的低廉、公共品获得的忽视等等③。阿马蒂亚·森对发展中国家的饥荒与贫困问题的研究也具有非常重要的理论意义。他在《贫困与饥荒——论权利与剥夺》一书中提出了赋权的概念。在他看来,每一种体制在其运行过程中都会形成一种赋权体系,其中包含两种不同的赋权:一是市场赋权(相当于产权),另外一种是社会赋权。所谓社会赋权,是一种凭借地位、身份或头衔,而不是凭借直接的经济产出来分享经济中的权利。市场赋权的交换一般只要权利主体认可就行,但社会赋权需要通过国家权力才能实现,不能随意交换。

---

①世界环境与发展委员会.我们共同的未来[M].长春:吉林人民出版社,1997.
②马颖,陈波.爱尔玛·阿德尔曼对发展经济学的贡献[J].经济学动态,2009(5).
③阿马蒂亚·森.以自由看待发展[M].北京:中国人民大学出版社,2002.

赋权的思想为研究贫困以及收入分配不平等提供了一个新的视角和分析方法,即用权利的方法来分析贫困,贫困的本质是权利的剥夺,利益分享不平等的本质是权利分配的不平等[①]。阿马蒂亚·森的思想成果对利益分享问题的研究具有非常重要的理论意义,使得人们后续的研究站到了新的理论起点上面,不再局限于从收入分配的角度来分析社会阶层的分化与差距,而是以收入分配为观察点,透过收入分配来分析社会利益分享机制的问题,包括赋权的问题以及权利的实现与保障等等方面的问题。

1.4.6 国内利益分享理论研究的基本状况

国内对于利益分享问题的研究可以追溯到 20 世纪 50 年代。毛泽东在其发表的《论十大关系》一文中就提出了协调城乡利益关系的思想[②]。其后人们主要围绕按劳分配理论进行研究,包括按劳分配理论的内涵、意义等问题,如研究究竟什么是按劳分配,按劳分配存在的条件是什么,按劳分配中的"劳"究竟指什么,按劳分配的依据是什么,为什么必须坚持按劳分配,按劳分配与生产资料公有制之间是什么关系等;同时还展开了对社会主义物质利益原则的讨论,主要分析按劳分配与贯彻物质利益原则之间关系如何,以及劳动者个人利益与发展生产之间的关系问题。

改革开放后,国内学界对收入分配问题展开了异常活跃的讨论和研究,在收入分配理论方面提出了一系列极具理论价值的观点和政策建议,主要具有以下几个方面的特点:

(1) 研究的内容更加广泛和深入,研究的主题更加明确。表现在:一是 20 世纪 80 年代初对按劳分配的实现形式问题进行了深入讨论,如对劳动与报酬的关系问题、公平与效率的关系问题等进行了分析,提出了"效率优先,兼顾公平"等崭新观点;二是 20 世纪 90 年代开始对按要素分配进行了深入讨论,围绕按劳分配与按要素分配的关系,对按要素分配的依据、意义及其与劳动价值论的关系等进行了深入讨论,提出了社会主义市场经济条件下按要素分配的观点;三是进入 21 世纪后,随着经济总量的不断增大和对发展中出现问题的反思,开始从新认识"效率优先,兼顾公平"等分配理论问题。

(2) 理论研究与经济政策联系更加紧密,注重为制定收入分配政策提供理论依据和分析。这一时期围绕国家收入分配政策的调整和改革,对"效率与公平"的关系、"先富与后富"的关系进行了深入研究。同时,随着国家对工资制度进行改革,又围绕工资改革进一步探讨了按劳分配的实现形式及工资资金制度如何完善

---

① 阿马蒂亚·森. 贫困与饥荒——论权利与剥夺[M]. 北京:商务印书馆,2001.
② 毛泽东. 论十大关系[M]. 北京:人民出版社,1976.

等问题,为国家推进传统工资分配制度改革提供了理论依据。通过对"效率与公平"及"先富与后富"关系的讨论,最终形成了国家的收入分配政策的基本思路和指导方针,即在改革中"坚持效率优先,兼顾公平"的指导思想和"让一部分人、一部分地区先富起来"的基本政策。

(3) 理论研究更加关注分配现实,更加注重解决分配领域中存在的许多重大现实问题与矛盾,尤其是收入分配差距问题已经成为20世纪90年代以来理论界讨论收入分配理论的一个焦点。应该说,随着市场化改革的逐步深化,居民个人收入分配从传统体制下的平均主义均等化分配向"效率优先,兼顾公平"的非均等化分配轨道转变,收入分配差距逐渐拉大似乎已成为经济发展中的一个趋势。对此,理论界紧紧围绕分配差距这一焦点探讨了差距究竟是在拉大还是在缩小、差距拉大有无合理性、过分拉大差距会带来什么害处等等问题,提出了许多有价值的理论观点。

(4) 分配理论的研究方法更加成熟和科学。从传统的简单逻辑推理和定性分析到逐渐采用现代经济学的研究方法如定量分析、实证分析等等,分配理论研究基本走出幼稚期,研究更加实际和富有生命力。

特别是20世纪90年代以后,随着国内社会收入差距的逐步扩大,收入差距问题成为了经济学者及有关研究人员关注的重点。这一时期大量的现代分配理论和方法如库兹涅茨"倒U形"曲线、边际生产力分配理论、洛伦茨曲线、基尼系数等都被引入到了收入分配理论的研究中来,出现了许多令人耳目一新的收入分配理论观点和研究成果。其中最有代表性的是陈宗胜的研究成果,他运用数学模型和统计分析方法分析了当时中国的收入分配状况,用基尼系数、洛伦茨曲线等工具分析了中国当时收入差距的程度,用库兹涅茨的倒U理论研究了中国经济发展过程中的收入分配状况,并进行了解释和预测,同时他的研究当中还注意到了城乡关系诸变量对收入分配差别的影响[①]。

江苏省委党校李炳炎教授在研究工资制度时,明确提出了利益分享经济学的概念,在其著作《利益分享经济学》一书中系统地阐述了中国特色社会主义分享经济,包括理论逻辑、运行机制和制度创新等方面。他关于中国特色社会主义分享经济理论的核心观点是工资分成制,即提出工资不进成本,用净收入分成制取代工资制。他的理论否定了传统社会主义经济理论中的工资范畴和利润范畴,突破了旧的理论体系,提出了价值构成新公式,认为资本主义商品的价值构成公式可表示为 $w=(c+v)+m$,即商品价值等于资本加剩余价值;而社会主义商品价值构成公式可表示为 $w=c+(v+m)$,即商品价值等于资金加新价值。在社会主义商品中,价

[①] 陈宗胜.经济发展中的收入分配[M].上海:上海三联书店,1994.

值 c 部分归结为社会主义成本价格；价值 $v+m$ 部分在其理论中被称为"需要价值"，表现为社会主义收入，在国家、企业、个人之间进行分成。在这个理论基础上，他提出建立劳动产权制度，让工人参与利润分配制度的设计。[①] 李炳炎的利益分享理论围绕的重点是国有企业改革，是要通过这一理论来阐述他关于国有企业改革的模式设计。

随着城乡差距的日益突出，城乡关系及城乡收入差距问题成为了社会关注的热点问题。除了运用实证的分析方法来分析城乡收入差距问题外，学界也开始从制度的角度来分析造成城乡差距的深层次原因，这当中很多理论分析都涉及城乡利益分享的范畴，为研究城乡利益分享机制打下了理论研究基础。其中，比较有代表性的观点有下面这些：

张定胜和杨小凯[②]、钟礼国和胡仪元[③]等从城乡经济社会发展的非均衡角度论述了城乡差距的原因，在他们看来城乡差距是经济社会发展的必然现象和结果。因为我国目前处在库茨涅茨所说的经济高速增长的起飞时期，而我国的农业还是在半自给自足的阶段，农业生产处于"小而全"的状态，农业所能提供的市场狭小且零碎，这使得我国城乡交易效率存在明显的差异：农村中人们居住分散，相互距离远，所以农村的交易效率低；而城市中人们居住集中，相互之间距离近，因而交易效率高。这种交易效率的差异造成城市劳动分工程度、生产力和商业化水平高，农村则正好相反，于是城乡差距自然出现了。因此，"三农问题"所引发的社会问题其实是内在于现代市场经济发展的逻辑之中，而农民的破产、农业的凋敝、农村的衰落是市场经济在中国展开的必然结果。这一论断能够在一定程度上解释我国甚至是多数发展中国家的城乡差距现象，但容易导致对城乡差距不断扩大的负面影响认识不足。

蔡昉和杨涛[④]、林毅夫[⑤]等人通过对历史资料的分析考察发现，政府选择和推行优先发展重工业的国民经济战略是城乡差距形成的根源。这一战略通过一系列的制度安排形成了城乡分治的二元体制，国家通过建立农产品的统购统销制度、人民公社制度和户籍制度来吸收农业、农村、农民的剩余，为工业、城市和市民提供资金积累和进行各种补贴；通过扭曲产品和要素市场来降低工业化的门槛，形成了对城市居民的倾斜。改革开放以后，在路径依赖的作用下，这一战略并没有得到根本

[①] 李炳炎.利益分享经济学[M].太原：山西经济出版社，2009.
[②] 张定胜，杨小凯.从交易成本的角度看贸易模式、经济发展和二元经济现象[J].武汉大学学报：人文社会科学版，2000(3).
[③] 钟礼国，胡仪元.我国城乡居民收入差距的现状及原因[J].理论导刊，2004(11).
[④] 蔡昉，杨涛.城乡收入差距的政治经济学[J].中国社会科学，2000(4).
[⑤] 林毅夫.制度、技术与中国农业发展[M].上海：格致出版社，2008.

的矫正,反而被不断固化。

赵人伟和李实[1]等人分析了体制变迁对城乡差距的影响。他们把体制变迁的因素划分为有序变化和无序变化两种,其中有序变化主要包括农村价格改革、家庭联产承包责任制、农村劳动力的流动制度和城市住房制度等;无序变化则主要包括寻租活动、内部人控制、垄断行为(部门垄断、行业垄断)和腐败等。通过考察,他们得出一个结论:无序变化扩大了收入差距,有序变化则既可能拉大城乡差距,也可能对城乡差距起到缩小的作用。该结论告诉我们必须尽可能地减少体制变迁无序变化因素的影响。

俞德鹏[2]、郭江平[3]等认为缩小城乡差距,必须改革户籍制度,不仅要把附着在户籍上不合理的身份等级和福利性成分全部剥离出去,还户籍制度的本来面目,而且要逐步取消对城市的户籍管制,让农民自由选择户籍登记地,赋予农民自由迁徙的权利。应取消农业户口与非农业户口等带有等级色彩的划分方法,按常住人口和暂住人口进行户籍登记;国家在农村的义务教育中也必须尽到应有的责任,承担起农村义务教育相关的经费,公平合理地配置教育资源。

周其仁[4]指出,农村土地的集体所有性质和政府征用制度使得城市化过程中市场机制不能在土地资源配置中发挥正常作用,农民的土地权益受到严重侵害,成为制约农民收入增加的一个重要根源。

此外还有学者从内生性收入模式入手,以居民个人因素的差异为出发点,对城乡居民收入差距的产生和变化做出解释。在这方面,人力资本理论是最有代表性的,它认为农村平均受教育水平、进而平均人力资本水平的相对低下是造成城乡收入差距的主要原因。如姚先国和张海峰[5]基于省级混合界面数据的实证研究发现,城乡之间受教育程度的差异显著造成城乡居民收入差距的扩大,并且随着市场化改革的深入,教育对收入差距的影响越来越重要。

邵彦敏和杨帆[6]等分析了劳资关系中的利益共享问题,认为劳动关系作为一种交换关系,体现的应该是劳动关系中作为主体一方的劳动者与作为另一方主体的劳动力使用者之间的平等关系。劳资关系中的利益分享问题表现为在经济利益分享失衡和权利利益分享失衡上面,而利益分享失衡往往造成劳资双方矛盾和冲

---

[1] 赵人伟,李实.中国居民收入差距的扩大及其原因[J].经济研究,1997(9).
[2] 俞德鹏.论现行户籍制度与城乡关系的改革[J].中国农村经济,1995(2).
[3] 郭江平.城乡差距扩大的表现、原因与制度创新[J].华中农业大学学报:社会科学版,2004(3).
[4] 周其仁.农地产权与征地制度——中国城市化面临的重大选择[J].经济学,2004(1).
[5] 姚先国,张海峰.中国教育回报率估计及其城乡差异分析——以浙江、广东、湖南、安徽等省的调查数据为基础[J].财经论丛,2004(6).
[6] 邵彦敏,杨帆.利益共享与和谐劳动关系构建[J].求是学刊,2017(6).

突。他们指出,构建社会主义和谐社会必须明确和谐劳动关系的基点,而利益共享则是构建和谐劳动关系的基点。和谐劳动关系就是在劳动者与劳动力使用者之间构建"和则两利"的双赢关系,让社会成员共享社会共同利益,即利益共享。劳动者与劳动力使用者之间是平等合作、互惠互利、风险共担、利益共享的经济共同体。

杨丽梅①从法律的角度研究了城镇化进程中利益合理分配的问题。她认为在城镇化过程中,随着产业与人口的双向流动,原有利益联结被打破,逐渐形成新的利益分配模式。其中,农民角色转化带来的利益关系的改变显得尤为突出。就我国情况而言,解决农民权益受损问题是城镇化过程中特别需要注意的问题。农民权益受损问题解决得好,不但有助于城镇化顺利完成,而且能促进整个农村社会的发展。她提出从土地权益、财税分配、社会保障、劳动权益等方面完善现有法律制度,实现城镇化进程中社会利益的合理分配。

这些研究与分析已经触及到城乡利益分享的相关命题,揭示了城市偏向的利益分享机制形成的历史过程,探讨了城乡利益分享不公平形成的历史原因和制度原因。利益是人类社会生活中的重要社会现象,利益分配问题既是重大的现实问题,也是重要的理论问题。

经济学对利益分配问题的研究,首先着重于对物质利益或者说经济收入的研究。关于收入分配问题的研究,已经形成了许多理论成果。学界在研究收入分配与经济增长关系的过程中发现,经济增长并不能缩小收入分配差距。收入分配差距形成有其背后深层次的社会原因。收入分配只是社会利益分享框架下的组成部分,收入分配领域许多问题的产生与权利赋予的制度安排有着密切的联系,收入不公平的起因是赋权不公平。收入贫困的背后是权利和权利实现的贫困,要提高社会低收入阶层的收入水平,首先要提升其获得高收入的能力。让低收入者公平的分享社会提供的教育、医疗、社会保障以及其他公共品,才能缩小收入差距,否则低收入阶层永远输在起跑线上,两极分化的鸿沟无法弥合。因为公共品也是利益分享的重要组成部分,社会成员获取收入的能力是同自身素质的提升联系在一起的,而自身素质的提升与对社会发展成果的分享息息相关。要消除社会阶层间发展不平等的现象,必须要矫正社会的利益分享机制。

随着对收入分配研究的深入,有学者透过社会阶层的收入差距及相关问题来分析利益分享机制的问题。从对收入分配的研究转向对利益分享的研究反映了社会发展观念的转变。在较长的历史时期里面,社会重视物质财富的产出,秉承的是一种物本发展观,以经济增长速度为主要追求目标。恰如我国在很长一段时间内将GDP的增长速度作为考核地方官员政绩的唯一标准,反映的就是这种发展思

---

① 杨丽梅.城镇化进程中利益合理分配法律制度研究[J].农业经济,2019(2).

想。随着物质财富的丰富,人们开始反思经济增长中出现的问题,在继承前人公平正义思想的基础上重新审视市场经济的分配价值观,因为市场经济不能自动的实现分配的公平与正义,需要政府和社会通过制度安排进行矫正。随着以人为本发展观的兴起,对利益分配的研究也从关注收入分配转向关注利益分享。

综合国内外对于利益分享问题的研究成果,还存在着这样一些不足。首先,对利益分享问题的研究不够系统,缺乏一个完整的理论分析框架,往往只是从某个角度切入,来论述该领域利益分享不公平的状况及原因;其次,对利益分享问题的研究中定量的研究较多,而定性的研究不是很多,仅流于对表层现象的描述,忽略了理论主体的研究价值;再次,对利益分享问题还是受到传统对收入分配研究思路的影响,基本上还是从收入分配的角度来分析利益分享问题,对利益分享背后的权利平等问题关注比较少。以上这些不足,恰恰是本书需要研究解决的问题。

1.5 主要研究内容和框架结构

改革开放之初我国提出了"让一部分人先富起来"的口号,表明了当时社会对物质财富的渴求。但由于对权利公平问题的认识不够,随着经济的增长,在社会利益公平分享方面出现了越来越大的社会裂痕,尤其是城乡差距矛盾在历史因素及其延续的影响下表现得更为突出和尖锐。针对社会利益分配领域的问题,在总结经验和深刻反思教训的基础上,党和政府在社会利益分配方面先后提出"更加注重社会公平,使全体人民共享改革发展成果""在经济发展的基础上,促进社会全面进步,不断提高人民生活水平,保证人民共享发展成果""尊重人民主体地位,发挥人民首创精神,保障人民各项权益,走共同富裕道路,促进人的全面发展,做到发展为了人民、发展依靠人民、发展成果由人民共享"等重要指导方针,这些方针凸显了权利公平和利益分享的理念。

本书以马克思主义经济学的城乡关系与发展观、利益观以及分配对生产具有重要反作用的基本原理为指导,借鉴发展经济学、制度经济学及政治学等相关理论,主要运用制度分析、博弈分析、比较分析等方法对构建统筹城乡利益分享机制进行了比较系统和深入地探索研究。在对前人关于利益分享及统筹城乡发展的研究成果进行梳理和总结的基础上,对利益和利益分享的涵义进行了科学的界说,诠释了利益的概念、利益的种类、利益的层次,指出利益的基础是物质利益,而收入和公共品是利益基础层面的两个重要维度;利益分享的内核是公平分享,利益分享的元命题是权利公平,而权利公平又包括经济权利公平、政治权利公平、社会权利公平和法律地位公平;要实现利益分享必须建立利益分享机制,利益分享机制又包括了利益分享赋权机制、利益分享实现机制、利益分享循环机制和利益分享保障机制四个有机组成部分。围绕收入和公共品两个重要维度,全面阐述了利益分享机制的理论框架。

在理论分析的基础上,本书对收入和公共品分配逻辑在我国语境下形成的城乡利益分享不公平的原因进行了剖析。通过对我国改革开放前后经济社会发展相关历史资料的分析,结合我国城乡二元结构的形成和演变过程,从收入分配和公共品两个维度阐述了城乡不公平利益格局的状况,并围绕这两个维度剖析了形成城乡利益分享不公平的制度原因,指出城乡二元结构及其基础之上的各种利益制度安排是造成城乡利益分享失衡的体制根源。其后,运用比较分析方法探讨了世界其他国家在解决城乡利益分享方面的成功经验和失败教训,通过正反两方面的对比说明构建城乡融合发展利益分享机制的重要性,并得出可供借鉴的政策经验;针对国内统筹城乡发展做得较好的地区,解析了城乡利益分享不同模式下的案例,总结了这些地区的成功政策经验。最后,根据理论分析的结果,指出了构建城乡融合发展利益分享机制的政策意蕴。

具体来说,本书的研究内容结构安排如下:

第一部分为导论,主要阐述了本书的研究背景、理论价值和现实意义,对国内外研究情况进行了梳理,在总结和提炼国内外研究成果的基础上提出了本书的研究思路、研究方法和研究内容,并对研究的理论框架进行了总体性的描述。

第二部分是关于利益分享机制基本理论的分析,也是本书理论分析的核心部分。本部分全面阐述了利益分享机制的理论框架。首先对利益的概念进行了界定和分析,阐述了利益的涵义、利益的分类、利益关系的构成以及利益的分层,指出收入和公共品是利益基础层面的两个重要维度;其后对利益分享问题进行了理论分析,阐述了利益分享的内核是公平分享,利益分享的元命题是权利公平等核心观点;再在阐述利益分享理论的基础上,围绕收入和公共品两个维度分析了利益分享机制的构成框架,指出利益分享机制由利益分享赋权机制、利益分享实现机制、利益分享循环机制、利益分享保障机制等部分构成。

第三部分是关于中国城乡利益不公平问题的成因分析。首先围绕城乡收入分配和公共品获得两个维度,对城乡利益分享不公平的状况及原因进行了实证描述和理论分析,结合中国城乡二元结构的形成及发展演变过程,根据不同历史阶段的特点揭示了城乡不公平利益分享格局的形成和演变过程;其后在实证描述的基础上,通过收入分配和公共品获得这两个维度对城乡利益分享不公平问题的成因进行了分析,指出建立在城乡分治的二元体制上的不合理城乡利益分享机制是造成城乡利益失衡的制度根源。

第四部分是关于城乡利益分享的比较分析。首先对世界上发达国家成功解决城乡利益问题的做法与经验进行了梳理和总结,作为对比,剖析了解决城乡利益分享问题不成功国家的教训,并从正反两个方面说明统筹城乡利益分享的重要意义和可供借鉴的经验;其后在国内统筹城乡发展的实践案例中选取了东部地区和西部地区的发展案例——东部地区的以城带乡和以工哺农两种模式、西部成都地区城乡一体化改革模式,总结了国内城乡融合发展做得较好的地区的政策措施,得出这些地区城乡融合发展的经验做法是根据各地情况在解决城乡利益分享问题方面进行生动实践的结果,对于构建城乡融合利益分享机制,解决我国体制转轨进程中的城乡利益分享不公平问题,提供了许多有益的启示和借鉴。

第五部分为构建城乡融合发展利益分享机制的政策意蕴。根据前面的理论分析结论可知,不合理的城乡利益分享机制是造成城乡利益失衡的根本制度原因,而城乡经济和社会的二元结构制度安排是形成不合理城乡利益分享机制的基础。要构建城乡融合发展利益分享机制,必须消除不公平的城乡利益分享制度安排。本部分从目前消减城乡差距需要解决的紧迫问题入手,围绕收入和公共品两个重要维度,指出了构建城乡融合发展的利益分享赋权机制、利益分享实现机制、利益分享循环机制、利益分享保障机制等四个方面的政策意蕴。

2 利益分享机制的基本理论分析

造成我国城乡不均衡发展的原因在于城乡利益分享的失衡,体制根源则在于城乡利益分配机制的扭曲。而缩小城乡差距,解决城乡利益分享失衡问题的根本途径在于构建城乡融合的利益分享机制。在本章中,笔者将对利益分享机制进行基本理论分析,包括界定关键的概念、分析利益分享的基础层面、阐述利益分享机制运行的机理等。

2.1 利益与利益分享

利益分享机制的基本理论分析涉及利益和利益分享两个基本概念。在理论分析之前,下文首先是对利益进行了定义,阐述了利益的分类及构成要件;其次阐述了利益分享的涵义,包括其定义、内核和元命题。

2.1.1 利益的涵义

对利益涵义的考察,主要包括利益的定义、利益的分类和利益关系的构成这三个方面的内容。

1) 利益的定义

在给利益下定义前,先考察一下利益范畴的构成要素。利益范畴的构成要素包括五个方面:

(1) 需要是形成利益的自然基础。一定的需要形成一定的利益,需要是利益的基础,特别是物质的自然生理需要是形成物质利益的自然基础。什么叫需要呢?马克思、恩格斯指出:"为了生活,首先就需要吃喝穿住以及其他一些东西。因此第一个历史活动就是生产满足这些需要的资料,即生产物质生活本身。"[①]人的需要体现了人对物质生活条件和精神生活条件的客观依赖,表现为人对物质需要对象、精神需要对象的自觉指向和情欲追求,反映了作为需要主体的人对作为需要客体的社会生活条件的感性欲求。需要的内容是客观的,需要的形式是主观的。人的需要是人们进行历史活动的内在动因,是社会生产发展的基始推动力。正是从上述意义上说,人的需要构成了利益的自然基础。

---

① 中共中央编译局.马克思恩格斯全集[M].第1卷.北京:人民出版社,1960:79.

(2) 社会关系是构成利益的社会基础。人的社会属性不仅使人的需要具有社会性,也使利益的形成必然与一定的社会关系相联系。社会关系作为利益的社会基础有三层涵义:其一,只有在一定的社会关系中,人们才有可能进行社会实践活动,并且首先是生产实践活动,以解决需要主体和需要对象之间的矛盾;其二,一定的经济利益是一定经济关系的体现,并为一定的经济关系所支配;其三,人与人之间的社会关系制约着利益主体之间的关系。需要主体与需要客体之间的矛盾,一方面固然是人与自然的关系造成的,另一方面(也是最主要的方面)是人与人的关系造成的。人不是以孤立的个体形式存在,而是以群体形式的存在为根本特征,正是由于人与人之间的矛盾关系,才使需要主体与需要客体之间的矛盾成为现实的社会矛盾。也正是由于处于不同的社会关系之中的需要主体之间的社会差别,决定了需要主体会因需要对象而产生一种分配关系、分配差别、分配矛盾,从而产生一种利益关系上的矛盾。现实社会中的诸多需要主体都需要一定的需要对象使自身得到满足,这就会造成需要对象的匮乏,形成需要主体和需要客体之间的矛盾关系,形成人与人之间的利益矛盾关系。社会关系作为利益的社会基础的这三层含义表明:只有在一定的社会关系的基础上,才能真正形成社会的利益关系。

(3) 社会实践是形成利益的客观基础。要解决需要主体和需要对象之间的矛盾,就必须拥有足够的和现实的需要对象。只有通过社会实践活动,人们才能寻求到需要对象,才能创造出需要对象。同时,也只有通过一定的社会关系才能对这些需要对象进行分配,使它们进入社会消费领域,满足人们的利益需要。因此,社会实践是形成利益的客观手段和基础。

(4) 人的需要对象是利益形成的实际内容。何谓利益?利益必须给人以某种方式、某种程度的满足。也就是说,利益的实现必须以需求对象的存在为前提,离开了任何实际的需求对象,哪怕是精神的需求对象,也就无所谓的利益了。实际存在的需求对象,即需求客体,既有物质性的东西,如物质产品,也有精神性的东西,如精神产品。而人的需求对象既有人的社会实践活动所创造的劳动成果,如人造产品,也有自然界的物质,如空气、阳光,无论其来源如何,这些需要客体都构成了利益的实际内容,并且首先是利益的物质内容。

(5) 人的欲求是利益形成的主观因素。利益尽管有其自然基础、社会基础、客观基础、实际内容,但利益也反映了人对需求的一种主观追求。这种追求表现为在欲求基础上形成的利益兴趣、利益认识,所以人的感性和理性上对利益的认识是利益形成的主观因素。

以上是构成利益范畴的五个基本要素,但构成利益范畴的要素并不等于利益。要形成利益,上面五种要素还必须有机结合起来,而能够把这五种要素统一起来的正是构成利益的社会基础——社会关系。这是因为社会关系不仅是创造现实需要对象的必不可少的条件,还是把需要主体和需要客体联系起来的中介。社会关系在构成利益的五个要素中具有承上启下、使其互相结合起来的重要作用。

从利益构成的五个要素来看利益范畴,它具有以下三个方面的特点:

一是利益在内容上是客观的,具有客观特性。利益在形式上虽然体现了人的主观要求,但利益的内容却是客观实际的。利益的实际内容、产生的手段和基础首先就是物质的、客观的。比如,人谋求食物的生产过程就是一种物质的生产过程,利益首先是社会的物质生产,进而是物质生产方式的产物。利益本身所体现出来的人与人之间的关系,首先是一种物质的、经济的关系,其次才是思想的、政治的、伦理的关系。正是从这个意义上说利益具有客观性,并且应该把这个客观性首先理解为实物性和物质性。利益的客观性说明了利益的生产、存在、作用和规律是不以人的意志为转移的,利益主体要求的一切利益都是客观的而不是抽象的、空洞的。譬如,利益主体所追求的保证人的生命存在和延续的生活必需品是物质的、客观的,所追求的荣誉、地位、名利、权力等等都是以物质存在为基础的,它们都是客观的。利益是以客观对象为内容、前提和基础,是客观的、具体的,为主体所能感觉到的。

二是利益在形式上是主观的,具有主观特性。利益反映了人在主观上对需求对象的一种追求、兴趣和认识,同时利益的实现过程也离不开人的主观努力,任何利益只有通过人的主体活动才能实现。利益的主观性主要体现为人对利益的主观需要,这种需要表现为人对利益的生理要求、情欲要求、思想认识、主动追求;表现为人对利益的主动谋取、竞取、争夺;表现为人对利益进行有目的的分配活动和有意识的消费活动。利益的主观性还反映为利益的主体对利益客体的感觉有一定的主观差异,即对同样的利益客体,不同的主体感受是不一样的。

三是利益是社会关系的体现,具有社会特性。利益首先是物质经济利益,其本身就是一种经济关系,而一旦脱离了社会关系,也就无所谓的利益。利益的形成需要一定的社会关系,利益的分配也需要一定的社会关系,因此利益的一个重要特性就是利益的社会特性。人的需要有两重性:一重性是人的自然生理需要,譬如呼吸空气、饮水、吃饭,即饮食男女,这种需要是人的自然生理需要,并且除了人之外,动物也具有这种自然生理需要;另一重性则是人的社会需要,应该说人的需要同动物的需要的重要差别就是人的需要具有社会性。实际上,随着人类社会的进化和发展,人的自然生理需要越来越脱离动物式的自然生理需要,人的需要中纯粹的自然生理成分越来越少。譬如饮水,人们越来越少地从自然界直接吸收水分,饮食水也已经成为社会化的产品,如自来水、各种饮料等等;即便是男女之间的性关系也已由原始社会的直接生理性关系逐渐生成为复杂的社会婚姻关系,其中渗透着复杂的社会经济因素、文化因素、历史因素等等。应当说,人的需要就是人的社会需要,只不过还保留着需要的自然生理属性。但是利益就不同了,利益从一开始就是社会经济关系的体现,人们之间的利益关系就是一定生产力基础上的社会产品的分配关系和政治权力的分配关系。从这个意义上,也可以说利益具有社会特性。

利益的内容是客观的,利益的形式是主观的,利益是主观和客观两种因素的辩证统一体,具有二重性。利益的内容、形成和实现既有主观因素,具有主观形式,又有客观性,受客观因素的制约。必须把利益的客观性,即实物性、物质性和社会性摆在第一位,它是实质性的,而其主观性是第二位的,是形式上的。

除以上的几个特点以外,利益还具有向量性、差别性等特点。所谓向量性,是指根据人的需要,利益有一定的方向性和数量性。譬如利益的得与失就是一个利益方向问题,利益的多与少就是一个数量问题。所谓差别性,是指不同的利益主体和客体具有一定的差别。利益主体中无论是利益个体还是利益群体,都是有一定差别的;利益客体也有差别,物质利益与精神利益就不同,经济利益与政治利益也不同。

对利益的定义,从不同的角度有不同的理解与解释。例如,有人从主观感受的角度看,认为利益不过是对人的主观情欲追求的满足;也有人认为利益是主观与客观相统一的东西,利益的内容是客观的,是能够满足人需要的物质,但是表现形式却是主观的,不同的人对利益会有不同的认识;还有人认为利益是纯客观的东西,无论是从形式上还是从内容上看利益都是客观存在的,是实物的东西、物质的东西;还有人从社会关系的角度看,认为利益是人与人之间的一种社会关系,利益关系的基础是物质经济关系。[①] 在借鉴上述观点的基础上笔者认为,利益在本质上是一种社会关系,利益的内容是满足个体需要的社会成果,人的自然和社会需要是利益的前提,主观欲求是利益的形式,即是以某种社会关系为中介使需要主体在需要客体之间获得某种程度的分配,从而使需要主体得到满足;或者说利益是需求主体对客观需求对象的更高理性上的意向追求和认识,利益是需要在经济关系上的体现,反映了人与人之间对社会劳动成果的一种分配关系。简单地说,必须以社会关系为中介才能形成利益,其中关于利益的最基本的社会关系是经济关系。也就是说利益是一定社会关系的体现和反映,而利益关系就是我们常说的人与人之间的一种利害关系。因此,所谓利益,就是一定的客观需要对象在满足主体需要并在需要主体之间进行分配时所形成的具有一定性质的社会关系形式。

要注意区分利益与需要这两个概念。需要与利益既一致又有区别,需要本身不是利益,不能把需要和利益混为一谈。需要是人的生命活动的表现,是人作为需要主体对需求对象的需求和满足,反映了人作为需要主体对需求对象,即人维持生

[①] 王伟光.利益论[M].北京:人民出版社,2001.

命的物质生活条件和精神生活条件的直接依赖关系。利益则是在需要基础上形成的,是人对需要的兴趣、认识、追求、分配和满足,反映了人与人之间对需求对象的分配关系和社会关系。需要和利益的区别主要表现为两个方面:第一个方面,需要反映人对客观需求对象的直接欲求,利益则体现了人对客观需求对象的更高层次即理性上的关心、兴趣和认识;第二个方面,需要反映的是人对客观需求对象的直接依赖关系,而利益反映的是人与人之间的社会关系,即人与人之间对需求对象的一种分配关系。利益要经过社会关系(首先是经济关系)的过滤才能体现出来需要;需要仅仅反映了人与客观需求对象的关系,利益则反映出人与人之间的因对需求对象的依赖而产生的相互关系;需要要转化成利益,必须要经过社会关系(首先是经济关系)的作用。在任何一个具体的社会形态中,人的需要在一定的社会关系中就表现为利益。利益是需要在经济关系上的表现,离开现实的社会经济关系,就不可能理解什么是利益了。譬如人们对食品的追求,构成了人的最基本的物质要求,然而要获得这种物质需要的满足,首先必须占有生产资料,然后经过一定的社会分配方式才能获得。于是,人对物质生产条件的需要、对物的直接需求关系,就表现为人与人之间的一种利益关系。可见,人对物的直接需求关系在经过经济关系这一中介后,就表现为人与人之间因需要而发生的利益关系了。因此,一定的社会经济关系是利益的社会本质。

2) 利益的分类

可以按照不同的分类标准对利益加以分类。譬如,按照普遍性和特殊性的关系来划分,可以将利益分为个别利益和一般利益、个体利益和共同利益、特殊利益和普遍利益;按照利益需求主体的类别来划分,可以把利益分为个人利益和集体利益、个别群体利益和社会整体利益,如果进行细分,还可以将利益分为民族利益、国家利益、地区利益、单位利益、家庭利益、阶级利益等等;从实现范围来对利益进行划分,可以将利益分为局部利益和整体利益;从实现时间的角度来看,可以把利益分为眼前利益和长远利益;根据满足需要的不同情况,可以把利益分为现实利益和理想利益;从利益关系的重要程度来看,可以把利益分为根本利益和暂时利益;从利益的客观内容来看,可以把利益分为物质利益和精神利益、经济利益和政治利益;从是否实现的角度来看利益,可以将利益分为将来利益和既得利益;等等。

从利益的分类可知,利益概念具有多层次性,不同类别的利益之间相互交叉。这种交叉性决定了我们在考察利益范畴时要从不同的角度多维度全方位进行研究。例如讲农民利益时,就包括了农民的物质利益和精神利益、长远利益和近期利益、个体利益与群体利益;同时,由于职业、身份等方面的特征带来的影响,农民利益的利益主体具有自身的特点,使得农民在追求的利益目标、实现利益的方式等方面不同于社会其他利益主体。

3) 利益关系的构成

利益作为一个关系范畴,既包含利益主体,又包含利益客体,是这二者的辩证统一。利益主体是从需要主体转化来的,它们是利益的追求者和实现者。不同形式、不同内容、不同性质的利益关系和利益矛盾要通过利益主体来传递,利益关系、利益矛盾也是利益主体之间的关系和矛盾。

利益主体是社会利益运动的自觉、能动和主观要素,可以分为利益个体和利益群体这两大类。其中,利益个体是作为单个人存在的利益主体,具有以下特点:

(1) 单独性。利益个体是以个人单独形式存在的利益主体,其首要特点是具有单独性。单独性也可以称为个体性,即利益主体是以一个个活生生的个体形式而单独存在的。利益主体可以继续划分下去,但利益个体却不能再分割,它是最小的利益主体单位。

(2) 个别性。既然利益个体是以个人单独的形式存在的,那么利益个体就具有个别性。个别性是利益个体所具有的深刻反映自身独立特点的特性,反映的是一个利益个体与另一个利益个体的本质差别。因为利益个体是单独存在的,所以利益个体表现出千差万别的特性,而有多少利益个人,也就有多少利益个体,因此千差万别的利益个人决定了千差万别的利益个体的个别性。利益个体的个别性决定了利益个体的特殊的利益需要、利益追求、利益兴趣和利益价值。利益个别性也可以称为利益特殊性。

(3) 具体性。利益个体的个别性或特殊性亦决定了利益个体的具体性,因为凡是个别的、特殊的,都是具体的——利益个体都是现实存在的、活生生的、千差万别的个人,所以利益个体又是具体的,有着具体的、实实在在的利益要求。

(4) 差异性。利益个体的个别性和具体性决定了利益个体之间存在着一定的差别,也就是说,它们之间存在着不同的利益需要和利益追求。即使同样的利益要求,在具体的利益满足上,各个利益个体也是不一致的。利益个体的差异性包括质的差异和量的差异两种情况。质的差异是指利益个体之间根本利益的不一致或对立,比如奴隶主和奴隶之间的利益差别是根本对立、不可调和的,这就是利益质的差异;量的差异是指利益个体之间在根本利益一致基础上的利益需求上的差别,比如在社会主义国家,人民内部在按劳分配关系上所体现出来的收入差别就是利益量的差异。我们既要看到利益个体在利益需求上的一致性,又要看到它们之间的差异性,同时还要分清质的差异和量的差异这两种情况。

(5) 依赖性。人具有社会性,每个人都离不开社会,单独的人对他人、对社会都具有依赖性。利益个体也是如此,任何利益个体都离不开对其他利益个体的依赖,离不开对利益群体的依赖。如果一个劳动者离开他人的劳动,离开社会劳动关系,将得不到利益上的满足。当然,这种依赖性还表现为利益个体对需要对象的依赖,如人对衣食住行等物质条件的利益依赖,并且这种依赖性是不言自明的。

个人必须通过一定的社会联系才能实现自己的利益,利益个体基于一定利益的结合形成共同利益的集合体——利益群体。也即利益群体是结合起来、组织起来的利益个体的集合体。利益群体具有追求和维持本利益共同体成员利益的强大力量,在利益冲突和利益角逐中,它具有比个人更为强大的竞争力和追逐力。个人往往是以参与利益群体的方式来参加利益竞争的,也往往是通过利益群体来实现个人利益的。社会学上常用的群体概念是指一般意义的群体,而不是特指利益群体。社会学一般把有严密组织和相对稳定的人群称之为集团,把组织松散、变动性和流动性较大的人群称之为群体。社会学意义上的群体类别很多,如根据群体的组织程度,可以分为非正式群体和正式群体,其中组织化程度比较高的称为正式群体(如社团和社会组织),而在一定场合下偶然形成的、时间短暂的、组织化程度不高、松散性的称为非正式群体(如钓鱼协会、气功协会等);根据群体的规模、状况、范围,又可以分为高级群体、中级群体、次级群体和初级群体,其中高级群体是全国性的甚至国际性、国际地域性的组织(如联合国、欧洲共同体以及全国性的社团组织),中级群体是地域性的组织(如我国某个省的青年联合会、工会、妇联等),次级群体一般指跨地区、跨行业的群体组织(如工厂、企业等),初级群体一般指人们相互熟悉的小范围的、社区性的小群体(如某个地区的专业协会等);根据群体形成的直接原因,又可以分为血缘群体、族缘群体、地缘群体、趣缘群体、志缘群体,如部落、家族、美术家协会、集邮协会等;根据群体的社会功能,可以分为生产性群体、服务性群体、精神性群体、政治性群体等;根据群体的社会性质,可以分为阶级、阶层、政党、政治集团、政治团体等。

这里所讨论的利益群体与社会学所讲的群体既是一致的,同时也有一定的区别。社会学所讲的群体比这里讲的利益群体涵盖面更大更宽,也就是说,社会学上的群体涵盖了这里所讨论的利益群体。实际上,任何群体都有相对共同的利益基础,而利益群体的利益纽带要连结得更紧更牢,对它定义上的限制要更为严格。首先利益群体必须要基于某种共同的利益;其次利益群体内部成员的联系要相对稳定;再次利益群体的组织性要比较强。因此,所谓利益群体,就是指以一定社会关系为基础,具有大体相同的利益要求,持相对共同的利益态度而结合在一起的个人的利益集合体。不同的利益群体具有不同的甚至相互矛盾和对立的利益要求。利益群体具有以下特点:

(1)宽泛性。利益群体比阶级宽泛得多,是人们在某种共同利益基础上建立起来的社会利益的共同体。利益共同体是很宽泛的,可以说,凡是具有一定的共同利益基础的社会共同体都是利益群体。它有别于阶级和阶层概念,以共同利益为基础和标志的利益群体可以有阶级性,也可以没有阶级性,该群体中的个人对共同利益有较大认同性和等同性。从广义上讲,凡是基于某种共同利益的个人的集合体都是利益群体,譬如大到国家、民族、阶级、阶层,小到政党、团体、结社、帮会等等都可以称为利益群体;从狭义上讲,利益群体主要指以相对稳定的共同利益为基础的利益集团,譬如阶级社会中的阶级、政党等等。阶级、阶层以下还可以继续划分为利益群体,从更狭窄的意义上来讲,在阶级社会中,利益群体是指阶级、阶层所包含的,但是小于阶级、阶层并从属于阶级、阶层的群体,或是游离于阶级、阶层,但又与阶级、阶层有联系,同时小于阶级、阶层的群体。

(2)历史性。利益群体是一个历史的范畴,在不同的历史条件下利益群体有着不同的历史内容。人类社会最初的利益群体是基于一定的血缘关系和共同活动的地域而结成的原始共同体,如氏族、部落、部落联盟等。随着社会分工、私有制的发展,社会划分为阶级,阶级又划分为不同的阶层,阶级、阶层成为阶级社会中最稳定的利益群体。在社会主义国家,剥削阶级作为一个阶级已经不存在了,因此利益群体的形式和实际内容也相应发生了变化。需要指出的是,在一定的阶级差别下还存在许多不同的利益群体。

(3)交叉性。所谓交叉性,是指社会成员在利益群体中具有双重或多重的地位和身份,利益群体之间在成员的组成上和利益的趋向上存在着交叉、重叠、相容的特点。对于每一个社会利益群体来说,其中的每个成员都具有某种特定的共同利益;而对每个个体来说,一个人同时可以成为若干个不同利益群体的社会成员或参与者,具有不同的社会角色。利益群体的这种交叉性反映出社会各种利益群体相互融合、接近的趋势。譬如,各阶级之间、各阶层之间、各个利益群体之间通过横向的社会联系,形成一些基于某种共同利益要求的相对稳定的大的利益群体,如家族、民族、各种经济实体(如企业、财团、行会),这些利益群体与阶级、阶层及其属下的群体又是重合的。目前,我国社会中交叉性利益群体人数最多的是乡镇企业中的亦农亦工群体。此外,还存在由知识分子与企业家结合形成的企业家群体;工人、农民与知识分子结合形成的工人知识分子和农民知识分子群体;工商业、服务业劳动者和农业劳动者结合形成的亦商亦工亦农群体等等。社会不同群体之间的利益既不是绝对的对立,又不是绝对的一致,而是在基本一致的基础上有时表现为一致,有时表现为差异,某些部分表现为一致,某些部分表现为差异。这些一致与差异打破了原来社会群体之间的界限,使社会不同成员在共同利益的基础上形成新的交叉性利益群体,而这种交叉性利益群体也可以称为界于两个利益群体之间的边缘性利益群体。这种利益群体的交叉性,充分体现了利益群体结构的交容性特点。

(4)集合性。任何一个利益群体都是利益个体基于一定的共同利益而集合在一起的共同体,对共同利益具有一定的内在的凝聚力。集合性也是任何一个利益群体的显著特点。

（5）一致性。利益群体是利益个体基于某种共同的利益集合在一起的利益共同体，在这个利益共同体中，每个利益个体在利益追求上、利益需求上具有利益的一致性和共同性。譬如，在同一阶级共同体中，每个阶级成员都有共同的阶级利益；在一个国家中，每个国家成员都有共同的国家利益；在一个家庭中，每一个家庭成员都有共同的家庭利益。

（6）多样性。所谓多样性，就是指不同利益群体由于特殊利益差别而形成多种多样的群体类型。追求利益的实现是人类活动的永恒动机，人们在追求利益的过程中形成了各种各样的利益关系。由于每个群体所处的具体条件不同、所处的利益关系不同、有不同的利益要求，任何一个社会利益内容都是十分丰富的，利益结构也是十分复杂的，这就必然造成利益群体的多样性。如从劳动方式角度来看，存在着体力劳动者和脑力劳动者两种不同的利益群体；从社会分工角度来看，存在着工人、农民、知识分子、公务员、个体私营劳动者等不同的利益群体；从人们在经济体系中的地位来看，存在劳动者与非劳动者、剥削者与被剥削者等不同的利益群体；从地域、文化、语言等不同角度来看，又存在着许多不同的民族利益群体。这种利益群体的多样性，充分体现出社会群体结构的复杂性。

（7）多元性。在整个社会中，利益群体的多样性必然决定利益群体的组成呈多元性结构，而多元性利益结构是多元性社会结构的重要内容。多元性利益结构分两个方面，一是不同的利益群体之间，即群际结构呈多元化；二是一个利益群体内部构成呈多元化。从物质、经济利益上看，可以分成多种利益群体，如工人阶级、农民阶级、知识分子等；从政治利益上看，可以有不同的政党集团存在；而在社会生活的各个方面又可以分成许许多多的利益群体。这许许多多的利益群体互相联系、互相矛盾，构成了复杂的、多元性的社会利益群体结构。

（8）矛盾性。在同一社会内部，各个利益群体相互联系所组成的大的利益群体在结构上存在着复杂的矛盾关系，不同的利益群体由于利益需求的不同，它们之间存在着一定的利益矛盾，甚至同一利益群体内部的成员之间也存在不同的利益差别和利益矛盾。大体利益一致的不同利益群体之间的矛盾是非对抗性的、可以协调的，但在阶级社会中，利益根本对立的利益群体之间的矛盾是对抗性的、不可协调的。

从最一般的哲学意义上说，主体是指从事社会认识和社会实践的人，客体则是指人的社会认识和社会实践活动的对象，即主体所指向、所实践的对象世界。相应的，利益主体就是进行利益追求和利益满足的人，利益客体就是利益主体追求和满足的对象。利益关系包括三层含义：一是利益主客体关系，即利益主体与利益客体之间的对象关系；二是利益主体关系，即利益主体之间的利益分配关系，实际上是不同利益主体之间的社会关系;三是利益客体关系,即利益客体之间物质利益与精神利益、经济利益与政治利益等等的关系。

4) 利益差别

考察利益关系,首先是考察利益差别关系。差别就是关系,没有差别就没有关系。基于一定的利益差别才能形成不同的利益主体,基于一定差别的利益主体之间则构成了一定的利益关系。要认识利益关系和利益矛盾,必须认识利益差别。

利益矛盾和冲突是基于利益差别而存在并发生变化的。具体的各人、各个社会集团(氏族、部落、阶层、阶级、民族、团体、党派、企业等)之间所存在的利益差别是社会利益矛盾和冲突的基础。在原始社会,每个氏族部落都有着稳定的社会组织形式、固定的生活地域、特有的生活方式、专有的生产资料和生活资料,这就形成了与其他部落相异的利益。这种利益差别越是悬殊,引起利益矛盾、纠纷和冲突的可能性就越大,它既可能造成贫穷部落掠夺富裕部落的战争,也可能造成富裕部落抢劫贫穷部落的战争。野蛮、落后的游牧民族武力掠夺先进的、富裕的农耕民族几乎成为世界历史上的定例。在阶级社会中,因种种历史原因和社会经济、政治原因,个人利益、阶层利益、阶级利益、民族利益和国家利益之间都存在一定的差别,而这些利益差别就是阶级冲突、民族矛盾、国家矛盾等一切社会矛盾存在的原因。例如侵略成性的殖民帝国为了掠夺他国人民的财富,可以发动非正义的侵略战争。自鸦片战争以来,我国频繁遭受西方列强的掠夺和侵略,我国人民为了维护民族利益和国家利益,进行了百余年的可歌可泣的抗争。又如剥削阶级为了攫取更多的物质财富,残酷地压迫剥削劳动人民,而劳动人民为了争得自身的利益,总是一而再、再而三地揭竿而起,奋起反抗。

利益差别构成了利益矛盾和冲突的基础。之所以会存在利益差别,归纳起来有以下方面的原因:

(1) 人的自然需要和社会需要的差别是决定利益主体之间利益差别的基本原因。由于自然界物质生活条件等因素是千差万别的,所以人的自然需要也是千差万别的,男性同女性、老人同儿童、青年同壮年的自然需要差别就很大。更重要的是,人的千差万别的社会生活条件决定了阶级、阶层和不同利益群体需求的差别,不同民族、不同国度社会需求的差别又导致了社会个人发展的个体性、多样性,从而决定了人的社会需要是多样的、复杂的和因人而异的。自然需求和社会需求的差别是利益差别的客观基础。当然人的需求差别是受社会关系制约的,所以利益差别最终要受占有关系差别的制约。

(2) 社会劳动分工是利益差别存在的根本原因。社会劳动是满足人类利益需求的基本条件,社会劳动分工则是社会劳动发展的决定性前提。劳动分工是社会劳动的划分和独立化,正是劳动分工从根本上决定了利益差别的存在。人类最先出现的是原始氏族公社内部的自然分工,它是根据性别和年龄的差别,在纯生理基础上产生的劳动分工——成年男子外出狩猎,妇女管理家务和从事种植业,儿童则帮助妇女干活。自然分工决定了男女分别是自己活动领域的主人,决定了男女之间的利益差别和地位差别。随着生产力的发展,社会出现了三次大分工,即畜牧业和农业的分工、农业和手工业的分工、商业同其他行业的分工。三次社会分工促进了私有制的形成,产生了对立的阶级,促使劳动由自然分工发展到旧式分工,社会总劳动分解成为互相对立、互相分离的私人劳动。旧式分工使具体的特定的劳动永远固定在特定的个人身上,使劳动带有强制性、单纯的谋利性,并且私有性质的劳动还决定了私人利益的差别和对立。当然,随着生产的发展和公有制的完善,旧式分工一定要为新式分工所代替。虽然新式分工消除了旧式分工给劳动带来的固定性、强制性、私人性和单纯的谋利性,但仍然使个体劳动本身具有一定的差别,从而决定了个人利益的差别,当然这种利益差别是非对立性的差别。

（3）由旧式分工造成的社会差别是产生利益差别的直接原因。除了由生产资料占有所决定的阶层、阶级和社会集团之间的差别外,旧的分工所造成的城乡差别、脑体差别、工农差别等社会差别是利益差别存在的直接因素。在社会主义条件下,阶级对立消灭了,但是阶级差别、不同社会群体的差别依然存在,旧的三大差别还存在,因此由这些差别所决定的利益差别也还存在。例如,工人阶级与农民阶级这二者同生产资料的结合方式、获取生活资料的方式是不同的,这就决定了工人和农民在日常生活方式、文化需要等方面有着各自不同的利益需要;城乡差别使得城市居民和农村居民在经济生活、政治生活、文化生活、福利生活等方面存在很大的差别,这些差别也造成了不同的利益需求;体力劳动和脑力劳动的差别使得劳动者在劳动性质和劳动内容、文化技术水平、劳动报酬、文化修养、文化生活方面等存在一定的差别,这些差别又决定了脑体劳动者不同的利益要求。

（4）人们对生产资料进而生活资料占有的差别是造成利益差别的决定性因素。人们对利益的占有归根到底是受生产关系制约的,而对生产资料占有的方式、占有的多寡决定了生活资料占有的方式和多寡,从而决定了人们之间的利益差别。马克思说:"同一氏族内部的财产差别把利益的一致变为氏族成员之间的对抗。"①在原始社会财产公有,同一部落内部人们的利益从根本上讲是一致的,利益差别是非对抗性的。然而私有财产的出现,财产占有上的差别使根本利益一致变成了具有对抗性质的利益差别。所以,生产资料的占有决定了生活资料的占有,从而决定了人们利益占有的差别。如若说生产资料占有差别是利益差别产生的主要原因,那么可否说在生产资料公共占有的社会内,人们利益之间就不存在差别呢？答案

---

①中共中央编译局.马克思恩格斯全集[M].第4卷.北京:人民出版社,1958:165.

是否定的,生产资料公有制仅仅决定利益差别的非阶级对抗性,但并不能消灭利益差别。这是由于公有制不是消灭个人所有制,而是真正实现个人所有制。马克思在《资本论》中说道:"资本主义生产由于自然过程的必然性,造成了对自身的否定。这是否定的否定。这种否定不是重新建立私有制,而是在资本主义时代的成就的基础上,也就是说,在协作和对土地及靠劳动本身生产的生产资料的共同占有的基础上,重新建立个人所有制。"[1]私有制是对原始共产主义社会占有制的否定,而资本主义的社会化生产是对自身私有制的否定,这种否定不是重建私有制,也不是恢复原始公有制,而是在新的公有制的基础上建立个人所有制。在这里,个人所有制有两层含义:一是指每个人作为联合劳动的一员对生产资料和全部生产力总和的真正占有。马克思认为,在共产主义社会,"许多生产工具应当受每一个个人支配"[2];它是"联合起来的个人对全部生产力总和的占有"[3]。在原始社会,人是受自然力支配的,人不可能真正成为生产力的主人,只有生产力高度发达的公有制社会才使个人成为社会生产力的主人。二是个人对生活资料的占有和支配。在公有制的高级阶段,生产力高度发达,每个人都可以获得充分满足个人全面发展所需要的社会生活资料。因此,公有制不是消灭个性,而是发展个性;不是取消个人需要,而是充分满足个人需要;不是否认个人利益,而是更多地承认个人利益。公有制社会的个人利益不仅从联合生产者共同占有生产资料的经济关系中产生,而且从个人消费品的分配关系中产生。在公有制高度发展的社会中尚且存在个人利益和利益差别,更何况公有制发展不完善、多种所有制并存的社会主义初级阶段。当然,在社会主义初级阶段,生产资料占有的差别是造成利益差别的决定性因素,但不是唯一的因素。

从以上几方面的原因可以得出结论:一切社会都存在着利益差别。所不同的是,在私有制社会中,生产资料占有的对立性决定了利益差别的阶级对立性质;而在公有制社会中,利益差别仅仅是在根本利益一致基础上的差别。社会主义社会是由不完全、不完善的公有制向完全公有制过渡的社会,还存在着旧的分工带来的社会差别所决定的利益差别,还存在着不同所有制关系所决定的利益差别,还存在着按劳分配关系及其他形式的分配方式所决定的利益差别,如果处理不好,在这些利益差别基础上还有可能出现暂时对立的利益冲突。由于利益差别的存在,使得不同的利益具有不同的社会内容,具有不同的力度和强度,具有与其他利益不同的利益实现途径。

---

[1] 中共中央编译局.马克思恩格斯全集[M].第2卷.北京:人民出版社,1957:832.
[2] 中共中央编译局.马克思恩格斯全集[M].第3卷.北京:人民出版社,1956:76.
[3] 中共中央编译局.马克思恩格斯全集[M].第3卷.北京:人民出版社,1956:77.

在我国现阶段,人民内部不同利益群体之间既有利益上的根本一致性,也有具体利益的差异性,这种差异性必然会使不同的利益群体之间产生一定的矛盾。改革时期也是各个利益群体之间矛盾容易激化的时期,由于群体之间利益分配关系的不平衡,必然会造成经济、政治和精神上的冲突。我国现阶段人民内部不同利益群体之间的冲突主要是由经济利益上的矛盾导致的,经济利益矛盾是现阶段社会不同群体之间的主导性矛盾,无论是工农之间的矛盾、党政干部同群众之间的矛盾,还是私营企业主同其他社会群体的矛盾,往往都集中表现在经济利益方面。这种利益矛盾的冲突充分体现出社会主义初级阶段社会群体结构具有不稳定性。比如,现阶段存在着私营企业主和雇工之间在剥削和被剥削上根本对立的矛盾现象。尽管这种对抗性矛盾是非本源性、非主导性的矛盾,它在整个人民内部矛盾体系中,不仅数量上是少数,质量上还处于次要的支配地位,并不能反映社会主义利益矛盾的本质特征,但是,如果我们处理不好,这种矛盾也会发展成为对抗性的冲突。当然,随着社会主义不断地由低级阶段向更高级阶段发展,人民内部存在的个别对抗性矛盾会越来越少。

2.1.2 利益分享的丰富内涵

利益分享这一命题具有丰富的内涵,利益分享与利益独占相对立,并且承认利益的多元性和追求利益权利的正当性。利益分享的内核是公平分享,利益分享的元命题是权利公平,利益分享是和谐发展观的基本要求。

1)利益分享的定义

目前经济学界对利益分享概念进行定义的是李炳炎教授,他提出利益分享是一种与利益独占相对立的经济观。利益独占的经济观否认经济个体的差异性,否认经济个体的自主性和特殊经济利益要求,从而否认利益分享的必要性。在传统的社会主义计划经济模式下,把公有制的大一统作为整个社会经济活动的基础,并进一步将其绝对化,片面地强调整体利益的必要性,否定个体利益存在的必要性。由于片面地认为整体利益高于一切,个体利益是微不足道的,因而形成了高度集中统一的经济组织方式和单向的个体服从整体的利益结构模式。这种传统的"否定个体,保证整体"的利益追求方式,由于抑制了经济个体的活力和利益冲动,窒息了经济个体的生机和活力,致使整个经济发展动力不足。与利益独占的传统经济观相反,利益分享的新经济观是以社会主义经济主体和经济利益的多元性为其认识基础的。它强调经济个体的差异性,承认各经济个体有其独立的经济利益,并进一步肯定它们追求这种经济利益的权利。利益分享的新经济观要求建立一种新的协调的利益分配机制①。

笔者在借鉴李炳炎教授对利益分享定义的基础上将利益分享定义如下：利益分享是在对社会成员公平赋权的基础上，实现社会成员对经济社会发展成果的共同享受和使用。首先，公平赋权是利益分享的基础，利益分享作为与利益独占相对立的经济观的前提是承认并尊重个体的权利。权利公平是利益分享的前提，要实现利益分享首先必须实现公平赋权，关于这一点，在后面对利益分享元命题的分析中还将详细阐述。其次，利益分享的内容是经济社会发展成果。经济社会发展成果包含了一个国家创造出来的物质财富和精神财富的总和，因此利益分享所针对的对象既包括物质层面的利益，也包括了精神层面的利益。再次，利益分享是一个动态的过程。分享本身就是一个动词，利益分享的概念描述的是利益分配的过程；同时利益分享是与相应的社会制度安排联系在一起的，通过社会制度安排形成动态机制来实现利益分享。

2）利益分享的内核：公平分享

社会是一个利益共同体，利益存在于以分工为基础的社会成员的相互依存关系之中。社会的冲突和矛盾主要表现为利益冲突和利益矛盾，因此利益关系是否和谐是决定社会和谐程度最根本的因素。与利益分享相对的利益独占就是社会某个阶层利用权利安排上的优势完全占有经济社会发展的成果，否认利益分享。利益独占会造成经济和社会结构的不平衡，导致尖锐的经济矛盾和社会矛盾，最终影响经济社会的发展。利益独占违背了社会公平原则，最终遭到社会各阶层的反对。利益分享则是一种贯彻公平理念的利益分配模式，利益分享的内核是公平分享。

从字面上讲，公平就是公正平等，就是指处理事情合情合理，不偏袒任一方面。公平不是一个纯粹的经济学概念，它还含有伦理学的意义，涉及价值判断。不同的人对同一件事情，由于立场和价值观的不同，对其公平与否的判断也是不一样的。但是并不是说公平就完全是一个主观的价值判断，一个社会在一定的历史时期总是存在着普遍接受的公平标准。

早在原始社会就已经有了原始的公平观念。原始社会时期人类征服自然、改造自然的能力还非常有限，面对自然的压迫，只有依靠群体的力量协作互助才能维持生存。在这种低下的生产力水平上形成了原始的共产主义所有制，原始部落的成员共同占有生产资料、共同劳动、共同分配、共同消费，形成了原始的公平观念。在人类社会出现私有制和阶级后，伴随着利益差别的出现开始有了真正意义上的公平观。古希腊奴隶社会遵循的是建立在不平等的自然正义观基础上的公平原则，认为自由人和奴隶应各守其位，每个人得到应得的即为公平；古罗马试图将这

---

① 李炳炎.应将利益分享作为构建和谐社会的一项基本原则[J].民主,2007(6).

种理念在法律下用权利义务关系确定下来,以维护统治者的利益。到欧洲封建社会时期,新的社会生产形式下对公平又有了新的理解:农奴无条件为地主耕种土地,学徒在学习期满后无偿为业主工作若干时间,这些都认为是公平的体现①。进入资本主义社会后,对私有财产的保护激发了人们追求自身经济利益的热情。在等价交换的市场交易过程中,人格公平、缔约公平、机会公平等观念不断得到强化和发展,这些公平的原则通过资本主义的宪法、民法、经济法等法律形式确定下来。进入后工业化的现代社会,人们发现市场机制虽然可以刺激经济发展,但市场经济的负面效应会带来社会难以接受的两极分化和利益分配不平等问题。因此除了追求形式的公平之外,公平的涵义中还要注入实质公平的内容。政府要制定政策干预社会的两极分化,以满足人们对经济福利、生活幸福的需要。在此背景下,发展、就业、身心健康等等一切与人的尊严和实质公平有关的利益都以权利形式在宪法中得到体现,并以法律制度进行保护。

西方思想家在不同的历史时期对于公平提出了不同的观点。古希腊时期以亚里士多德为代表的思想家们所持的是一种自然正义观,认为每个人天生适合某种身份和工作,否认普遍平等的权利和义务。亚里士多德把公正分为总体的公正(包括守法与平等)和具体的公正。其中,具体的公正又分为两类,一是分配的公正,意指根据人的才能和身份来分配政治职务和财富;二是矫正的公正,是在私人交易中起矫正作用的公正,如出现纷争时人们通过法院的帮助来寻求权利救济。② 在欧洲的封建社会时期,主流的思想提倡人们放弃世俗的财产去寻求永恒生活,所体现的是一种禁欲主义价值观,表达物质利益要求的公平理念难以张扬③。文艺复兴后,随着资本主义启蒙运动和资产阶级革命的兴起,人性意识的复苏和对私有财产权利的保护意识使得公平价值重新受到思想家的重视。如爱尔维修认为,公民之间势均力敌是公正的前提,而保持这种平衡应当以立法来实现④;葛德文认为,正义的原则就是一视同仁,因此,如果对于某些人施惠过多,就等于是从总的利益中减少了那么多,也就发生了那么多的非正义⑤;包尔生把正义看作一种道德习惯,它能够制止人们对他人生命和利益的干扰,而且,只要可能,也可阻止他人进行这种干扰⑥。近代学者对于公正依据的研究已经深入到人的基本权利层面,他们把公正作为永恒的社会价值目标来看待,这对现当代西方公平理念的构建产生了直

---

① 周谷城.世界通史[M].石家庄:河北教育出版社,2003:489.
② 亚里士多德.尼各马可伦理学[M].北京:商务印书馆,2003:128.
③ 梯利.西方哲学史[M].增补修订版.伍德,增补.北京:商务印书馆,1995:123,221.
④ 周要.略论爱尔维修的利益学说[J].重庆社会科学,2005(7).
⑤ 洋龙.平等与公平、正义、公正之比较[J].文史哲,2004(4).
⑥ 弗里德里希·包尔生.伦理学体系[M].北京:中国社会科学出版社,1988:27.

接的影响。

在现当代,由于西方世界各种经济、社会问题层出不穷,人们开始在更加广泛的范围内思考公平问题,形成了如下具有代表性的学说:

第一个方面是功利主义的公平理论[①]。该理论主张,社会整体的福利水平越高,社会公平程度就越大。当社会中某一部分人的所失能够补偿另外一些人的所得还有余时,这种变化就是"好"的,社会就将朝着收入"公平"的目标发展。而要做到这一点,需要政府对收入实行再分配。这一公平观体现了对结果公平的重视。

第二个方面是罗尔斯的公平理论[②]。罗尔斯在提出"作为公平的正义"时,强调这样两个正义原则:其一是平等自由的原则,其二是机会的公正平等原则和互惠互利的差别原则相结合。通过这两个正义原则,社会成员能够平等地分配权利和义务以及由社会合作所产生的利益和负担;同时,在社会中,各种职务和地位平等地向所有人开放,分配制度应当给最少受惠者的利益带来补偿。这一公平观体现出以某种补偿或再分配使所有社会成员都处于平等地位的愿望。

第三个方面是诺齐克的公平理论[③]。诺齐克主张,只要个人的基本权利得到尊重,就可认为任何分配都是公平的。在不考虑个人效用的情况下,这些权利包括生存权、获得个人劳动产品的权利以及自由选择权。他认为,这些权利是不可剥夺的,除了有义务尊重他人的基本权利之外,人们的行为不受任何约束。该理论强调了程序公平以及个人的自由权利在公平中的重要地位,相应地忽略了结果公平和社会成员间的不合理差距。

第四个方面是阿马蒂亚·森的公平理论。森指出,较之于收入上的不平等,"可行能力"的不平等更值得关注。所谓"可行能力",是指人们能够过有价值的生活的"实质自由",它包括免受贫苦的能力和掌握知识、参与政治等方面的自由。在森看来,只有帮助贫困者提高"可行能力",获得增加收入的机会,才能使其获得充分的发展,进而实现公平。森的理论为当今世界消除贫困发挥了重要的作用。[④]

在我国经济转型期,面对利益格局的调整,学界对与之相关的公平问题也进行了充分的探讨和研究。学者们关于公平问题的探讨主要从以下几个方面展开:

一是关于公平的内涵。学者们基于不同的学科立场,往往强调公平不同层面的特质。如厉以宁从经济学角度把公平理解为收入分配的协调,即通过协调把收入差距控制在合理的范围之内[⑤]。强以华则从伦理学角度指出,公平应该同时包

---

① 赵苑达.西方主要公平与正义理论研究[M].北京:经济管理出版社,2010:50-56.
② 赵苑达.西方主要公平与正义理论研究[M].北京:经济管理出版社,2010:117-121.
③ 赵苑达.西方主要公平与正义理论研究[M].北京:经济管理出版社,2010:186-190.
④ 吴忠民.社会公正论[M].济南:山东人民出版社,2004:50-51,338.
⑤ 唐斌尧.20世纪90年代以来关于社会公正问题研究述评[J].教学与研究,2005(1).

含主观和客观两个方面。在主观方面,公平就是人们的公平感;在客观方面,主观上的公平感是以客观上是否适中、是否不偏不祖为条件的。因此,公平是以客观为基础的主客观相统一的概念。①

二是关于公平的分类。吴忠等从伦理学角度划分出公平的类型,认为公平包括经济公平、政治公平、伦理公平,其中,经济公平主要与物质财富的分配相联系,政治公平主要与非物质的社会价值分配相联系,伦理公平则与人的生存权利相联系②。茅于轼则指出了经济领域内不同类型公平之间的关系,认为真正的公平既非起点的公平,也非终点的公平,而是竞争规则的公平,即每个人在实现自身价值的过程中应遵守同样的制度规则。但实施公平的规则政策可能带来不良的后果,即引起另一类不平等和使有能力做出贡献的人心灰意懒③。

三是关于公平与效率的关系。李培林等指出,收入分配秩序的安排应当是初始分配继续坚持主要由市场调节,注重效率,再分配要强化政府调节,注重公平,这两种分配都要依靠法律和制度建立秩序④。吴忠民则提出,"效率优先,兼顾公平"的提法在计划经济向市场经济体制过渡的初始阶段具有积极的历史意义,但是随着中国市场经济体制的逐步完善,这一提法在进行现代社会的制度设计方面就显得力所不能及,因此应当对这一提法做出必要的纠正⑤。高尚全认为,效率与公平不能厚此薄彼,市场要讲求效率,也要强调公平竞争,政府要强调公平,也要提高效率,正确的做法是使公平与效率有机地结合起来,而不是简单地说效率优先或者公平优先⑥。

四是关于实现公平的法制保障。吕世伦等指出,在法制系统中公平价值体现在两个方面,即"法律体系中的公平要求及体现"和"法制运转中的公平要求及体现"。前者主要是从法律内容方面体现公平价值,也即"法律中的公平";后者主要是指在立法、行政、司法等过程中的公平要求,也即"法制公平"⑦。

上述的公平学说反映了学者们对当代中国社会转型中所需解决的利益分配问题的思考,可以得出下面的结论:公平价值在当代受到关注得益于改革开放之后个人利益正在被视为真实而合法的要求这一客观条件。正是在改革开放之后,个人利益的取得及其保护受到较之于传统社会和计划经济时代更多的重视,从而唤醒

---

① 强以华.经济伦理学[M].武汉:湖北人民出版社,2001:157-158.
② 吴忠,等.市场经济与现代伦理[M].北京:人民出版社,2003:59-60.
③ 唐斌尧.20世纪90年代以来关于社会公正问题研究述评[J].教学与研究,2005(1).
④ 李培林,李强,孙立平,等.中国社会分层[M].北京:社会科学文献出版社,2004:54-55.
⑤ 吴忠民.社会公正论[M].济南:山东人民出版社,2004:33.
⑥ 高尚全.社会再分配是实现社会公平的重要环节[J].理论参考,2006(3).
⑦ 吕世伦,文正邦.法哲学论[M].北京:中国人民大学出版社,1999:506-508.

2 利益分享机制的基本理论分析

了公民主张利益公平分配的权利意识;并且,随着这一时期利益格局的变化和利益冲突的上升,各个阶层迫切需要以公平理念来表达自己的利益要求。在此背景下,对于公平理念的研究就获得了充分发展的空间。学者们对于公平的探讨主要集中在公平的基本内涵、基本类型、公平与效率的关系以及公平在制度中如何实现等方面,这反映出中国在改革开放过程中为实现经济与社会协调发展、化解经济发展中的社会问题正在进行着不懈的探索和实践。

由前面的研究可知,公平是一个具有多维度内涵的范畴。因此,对于公平理念内涵的界定最好采用描述式的方法。第一,公平是一个主客观相统一的范畴。这就是说,公平是一个以现实的利益分配关系为客观基础,并在主观上形成对此利益关系的意识和感受的概念。由于公平反映了人们的主观感受,因此某一利益分配格局在不同阶层的人看来是不一样的。第二,公平是一个关系范畴。在此意义上,公平意味着以一定的社会正义原则来选择决定利益分配的制度安排,进而在人们之间形成社会合作中利益和负担的适当分配关系。第三,公平是一个社会历史性范畴。不同社会形态下的公平内涵总是由这一时期的社会经济条件以及由此所决定的社会经济关系来说明的,也总是反映了具体的社会历史条件下的利益分配关系。正因为公平具有社会历史性和相对性,故而永恒的公平观念是不存在的。

从公平的实现来看,公平包含公民参与经济、政治和社会其他生活的机会公平、过程公平和结果公平。公平正义是现代社会孜孜以求的理想和目标,公平分享则要求社会成员对经济社会发展成果的共同享有。

利益分享的内核是公平分享,这里所说的公平可以追溯到启蒙思想家所提出的"人生而自由平等"中内涵的公平之意。维护社会公平不仅仅是对弱者的一种施舍,也是对那些由于社会的存在而使其权利受到剥夺的个人的一种补偿。要实现社会公平,必须抛弃主流经济学中同质人的假设,关心社会弱势群体的福利。社会中有一部分人由于起点不公平或者机会不公平而导致了最终结果的不公平,更为重要的是,如果现有体制不发生相应的改变,他们摆脱弱势困境的机会将十分渺茫。利益分享意味着不同层次的人都可以平等的分享社会进步的利益,在经济社会发展的同时发展自己。利益分享的概念内涵了起点公平、机会公平、结果公平等内容。

第一,利益分享内涵了起点公平。所谓起点公平,是指社会成员能够站在同一条起跑线上竞争。个人先天的天赋基本上是难以改变的,后天的受教育水平成为决定个人素质高低的重要手段,因此平等地享有受教育的权利是实现起点公平的重要社会制度安排。利益分享的涵义是指社会成员共享经济社会发展的成果,其中包括了对教育资源的分享。隐藏在共享社会教育资源背后的是受教育权利的平等,因此利益分享能够为社会成员提供公平的受教育权利,公平的分享社会的教育资源,使每个社会成员能够得到公平的发展,在其进入社会时能够站在一条平等的起跑线上竞争。因此,利益分享内涵了起点的公平。

第二,利益分享内涵了机会公平。机会公平是指社会成员在使用生存与发展资源和空间方面拥有公平的机会。从经济方面讲,人们在生活、自由和追求幸福的权利平等的基础上,有平等的机会选择和从事不同的经济活动,在经济活动中有平等的机会按其贡献获得相应的报酬,有平等的机会消费社会产品、积累私人财富和取得经济成就。也就是说社会向一切人给予同样的对待,提供相同的机会。利益分享的背后是权利分配的公平,在权利平等的基础上才能够实现利益的共享,而权利平等就是要求每一个社会成员能够得到社会平等的对待。机会公平表现为个人所取得的经济及发展成就取决于个人的努力和主动性,而不取决于个人的家庭、种族、阶层等因素。利益分享是社会成员共享经济社会发展的成果,这个共享在初次分配领域是通过市场来实现的,就是要按照个人的贡献来获得经济收入,多劳多得,少劳少得;在再分配领域则是公平的分享社会发展的成果,能够公平的享受社会发展带来的教育、医疗、交通等公共事业的进步成果,实现个人的公平发展。按照个人对财富创造的贡献来获得回报,体现出社会对个人努力的承认;公共品获得的公平则实现了个人的公平发展,保证了个人发展机会的公平。因此,利益分享体现了机会的公平。

第三,利益分享内涵了结果公平。结果公平是通过一定的平等原则使参与市场活动的主体各得其所。结果公平相对于起点公平和机会公平而言被关注得较少,因为即使社会实现了机会公平,通常也会出现结果的不平等。在经济活动中,每个人的努力程度、才能甚至运气不同,即使面临平等的机会也会出现获得收入和财富方面的较大差异,这符合市场经济的规律。但是,经济生活中出现结果的普遍不平等在很大程度上是由起点不公平和机会不公平造成的。同时,我们也不能任由市场机制的"马太效应"肆意发展。因此结果公平非常重要,它与每个人的切身感受息息相关。结果公平在市场经济下难以实现,因为市场经济强调竞争,但是人的社会性决定了人类社会不能够实行物竞天择的丛林法则,每个社会成员都有生存和发展的权利,都应分享到社会发展的成果。成果本来就是一个结果,是经济增长、社会进步、科学发展、文明前进的直接果实。一个社会除了按照个人提供的要素的数量和质量给予其报酬外,还要截留一部分国民收入用于公用事业的发展,或者说为社会提供公产品,而公产品本身对社会的经济发展和文明程度的提高有着重要的作用。利益分享所论及的共享经济社会发展的成果,就是在公共品的获得方面取得公平的权利,而不是限定具有某种身份的人才能享有公共品,不具有这种身份的社会成员则不能享有。因此,利益分享也包含了结果公平。

3) 利益分享的元命题——权利公平

利益分享的元命题是权利公平。权利是道德和法律赋予人们实现其利益的一种力量,与义务相对应。对于一项权利来讲,必不可少的要素有五个[①]:

第一个要素是利益。一项权利之所以成立,是为了保护某种利益。利益既可能是个人的,也可能是社会的;既可能是物质的,也可能是精神的。

第二个要素是主张。一种利益若无人提出对它的主张或要求,就不可能成为权利。而一种利益之所以要由利益主体通过意思表达或其他行为来主张,是因为它可能受到侵犯或随时处在受侵犯的威胁中。

第三个要素是资格。提出利益主张要有所凭籍,就是要有资格提出要求。资格有两种,一种是道德资格,另一种是法律资格,其中道德资格是近代人权思想的核心,即所谓人之作为人所应有的权利。

第四个要素是权能。权能即权威和能力,它首先是从不容许侵犯的权威或强力意义上讲的,其次是从能力的意义上讲的。权威由道德来赋予的称为道德权利,由法律来赋予的称为法律权利。除了权威的支持外,权利主体还要具有实现其利益的能力或可能性。

第五个要素是自由。作为权利构成要素的自由指的是权利主体可以按个人意志去行使或放弃该项权利,而不受外来的干预或胁迫。

从权利的构成要素看,权利与利益是紧密相连的,离开利益则权利空无所有。因此利益分享实现的前提是权利的公平分配,利益分享的实现过程就是相关权利的实现过程,对利益分享的保障就是对相关权利的保障,权利公平是利益分享的元命题。

我们在建立社会主义市场经济体制的进程中,十分重视对西方发达国家经验的借鉴,但有些人对发达国家早已解决好的理论前提或实践基础却视而不见,权利公平问题就是一例。西方历史上长期的市民社会培育了民间强大的个人权利意识,使得现代西方社会的公民权利平等意识已基本不成问题,在此基础上,公共权力受到权力制衡原则的指导,并在实践中遵循有限权力的原则。因此在西方发达国家,权利公平是作为一个社会的大前提而存在的。我们在看到西方发达国家实现社会利益较为公平分享的现实结果的同时,切莫忽视这些国家历史上为构筑这一社会基石所经历的艰难过程。

经济学家阿马蒂亚·森在其经典著作《贫困与饥荒》中提出:贫困的本质是权利的剥夺。社会的某个阶层之所以会陷入贫困的境地,与他们拥有的权利以及权利的实现有着密切的关系。对这个观点进行引申,社会不同阶层之间差距的扩大、

[①] 夏勇.人权概念起源[M].北京:中国政法大学出版社,1992:45.

利益分享的不公平,其根本原因也在于权利的剥夺。

这里我们假设 E_i 表示一个社会中第 i 个人的权利集合,在特定情况下,这一权利集合就是可供选择的商品组合所构成的集合,其中每一个组合都是这个人可以拥有的。在一个私有制经济中以及存在着交换(与其他人的交换)和生产(与自然的交换)的情况下,E_i 取决于两个参数,即个人的资源禀赋(所有权组合)和交换权利映射(为个人每一资源禀赋组合规定他可以支配的商品组合集合的函数)。其中,交换权利映射取决于一个社会中的法律、政治、经济、社会特征以及人们在社会中所处的地位。

如果满足第 i 个人对食物的最低需要的商品组合所构成的集合记为 E_i',那么给定这个人的资源禀赋和交换权利映射,当且仅当他无权得到 E_i' 中的任何一个时,他才会因不利的权利关系而遭受饥饿。

由上面的分析可知,某一个群体贫困或富裕同两个因素息息相关,一是与这个群体成员拥有的资源禀赋有关系,二是与他在交换中的社会地位有关系。也就是说导致贫困的原因可能是由于自身的产量太少,也可能是由于能够交换来的东西减少。阿马蒂亚·森将前者称为"直接权利失败",将后者称为"贸易权利失败"。直接权利失败是因为社会成员拥有的资源禀赋太少,贸易权利失败则是由交换过程的不平等造成的。权利贫困是物质贫困的根源,而权利分配不公平是利益分享不公平的根本原因。

一个人支配任何一种他希望获得或拥有的东西的能力,都取决于他在社会中拥有的权利和实现权利的制度安排。例如,关于资源权利的制度安排,决定了他拥有的资源的多少;关于个人发展权利的制度安排,决定了资源转换能力的大小;关于社会地位的权利安排,决定了交换能力的大小。总而言之,关于经济、政治、社会权利的种种制度安排决定了社会成员资源的多少和能力的大小。因此,社会弱势群体的相对贫困,不同社会阶层利益分享不公平问题的背后是各阶层之间权利的失衡。而失衡的权利对资源禀赋、直接权利集、交换权利集全面进行压制,导致了弱势群体的贫困以及社会群体之间差距的扩大(如图 2-1 所示)。

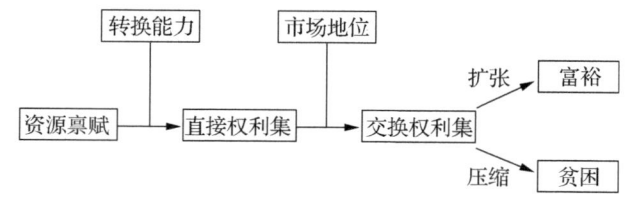

图 2-1 权利失衡与贫困和富裕的关系

利益分享的实现要求权利的公平,具体而言包括经济权利的公平、政治权利的公平、社会权利的公平以及法律的公平。

（1）经济权利公平是利益分享的前提。经济权利是指经济主体依经济法律、法规的规定或约定而享有为或不为一定行为，或者要求他人为或不为一定行为的权利。经济权利包括所有权、法人财产权、经营管理权、占有权、收益权、处置权等。市场经济体制下，经济权利的平等是市场经济健康运行的基础。经济权利的平等要求要素的所有者可以按照向市场提供的要素的数量和质量，享有平等获取收入的权利。对于普通劳动者而言，最基本的经济权利就是劳动权利和工资权利。即可以凭借自己的劳动平等的从市场获取收入，并且这种收入的水平仅由劳动的数量和质量来决定，而不由这个人的身份、种族、性别等外在因素来决定。利益分享的实现意味着首先要实现经济权利的公平，而利益分享最直接的表现就是对收入的分配，因此经济权利公平是利益分享的前提。

（2）政治权利公平是利益分享的实现基础。利益分享得以实现的基础是社会各个阶层都有平等的利益表达权利，而利益的表达权利正是政治权利的重要构成部分。因为利益表达的对象是政治权利机构，表达的内容是利益主体的需求，所以利益分享要求社会各阶层都能够参与政治的运作，在政权中有自身利益的代表，能够平等的发出自己的声音，表达自己的利益诉求。一个社会政治权利的不公平会导致相关阶层的利益诉求无法表达，其利益需要被忽视、被损害，无法实现对经济社会发展成果的共享，从而造成尖锐的社会矛盾。当这一群体的利益诉求只能以一种现行政治框架以外的非正常的方式表达出来时就会酿成群体性事件，带来社会的动荡不安。

（3）社会权利公平是利益分享的表现。社会权利是指从事社会活动，获取和占有社会资源的权利，包括能力权利、机会权利、分配权利、保障权利、补偿权利等。利益分享的内涵要求社会成员共享经济社会发展的成果，在现实中就表现为社会成员获取和占有社会资源的权利的平等。如享有公平的受教育的权利，实现自我能力的提升和自我发展；享有公平的医疗卫生服务，提高自己的身体健康水平；享有公平的社会保障，抵御各种风险。社会权利公平是社会地位平等的基石，也是利益分享的表现。享有公平的社会权利，就是能够公平的享有社会提供的公共品，就是能够分享社会发展和进步所带来的利益。

（4）法律公平是利益分享的基本保障。利益分享的实现需要法制为其提供最基本的保障，法律则是对社会行为最基本的约束。应通过法制建设，实现法律公平，为矫正社会不公平提供法律条件和保障。如利益分享的核心是公平分享，包括起点公平、机会公平和结果公平，而起点公平、机会公平和结果公平的实现都要依靠法律来保障，同时法律公平可以为实现社会成员的起点公平、机会公平和结果公平提供法律途径；又如可以通过立法来保障社会全体成员都能够公平的享有受教育的权利,对这种权利进行保护,对破坏平等受教育权利的行为进行制裁,从而保证这一权利的实现。由此可见法律公平是利益分享的基本保障。

2.2 利益分享的基础层面:收入与公共品两个维度

利益分享是社会成员对经济社会发展成果的公平分享,其所包括的范围十分广泛,既包括对经济社会发展所创造的物质财富的共享,也包括对精神财富的共享,涵盖了经济社会进步带来的有利于人的发展的所有要素。因此对利益分享机制的研究必须首先进行利益分享层面的划分,从基础入手,向更高层次推进,逐步建立起全方位多维度的社会利益分享机制。

2.2.1 利益分享层面的划分

由前面的分析可知,从不同的维度可以对利益进行不同的划分,进而概括出不同的利益类别。从人的需求层次上看,人在不同层面有着不同的利益要求,因此要在不同层面实现利益分享。

美国心理学家亚伯拉罕·马斯洛提出了人的需求层次理论①。他将人的需求分为五种,分别为生理需求、安全需求、社交需求、尊重需求、自我实现需求,并像阶梯一样从低到高按层次逐级递升(如图2-2所示)。

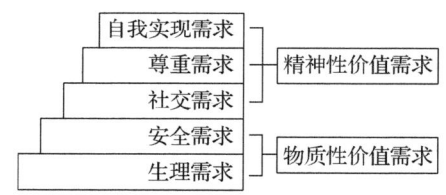

图2-2 需求层次理论示意图

生理需求是人们最原始、最基本的需求,如吃饭、穿衣、居住、医疗等等,若不满足,则人们会有生命危险。因此,生理需求是最强烈的不可避免的最底层需要,也是推动人们行动的强大动力。安全需求包括劳动安全、职业安全、生活稳定、能免于灾难、未来有保障等,它比生理需求高一级,当生理需求得到满足以后就要保障这种需求。社交需求是指个人渴望得到家庭、团体、朋友、同事的关怀、爱护和理解,是对友情、信任、温暖、爱情的需求。社交需求比生理需求和安全需求更细微、更难捉摸,它与个人性格、经历、生活区域、民族、生活习惯、宗教信仰等都有关系,而且这种需求是难以察悟、无法度量的。尊重需求可分为自尊、他尊和权力欲三

---

① 亚伯拉罕·马斯洛.动机与人格[M].3版.北京:中国人民大学出版社,2007:28-29.

类,包括自我尊重、自我评价以及尊重别人。尊重需求很少能够得到完全的满足,但基本上的满足就可产生推动力。自我实现需求是最高等级的需求,满足这种需求就要完成与自己能力相称的工作,最充分地发挥自己的潜在能力,成为所有人期望的人物。这是一种创造性需求,有自我实现需求的人似乎都在竭尽所能使自己趋于完美;同时,自我实现意味着充分地、活跃地、忘我地、集中全力全神贯注地体验生活。

按照人的需求层次的划分,利益分享也可以分为相应的维度。物质利益是人类活动的基础,是满足人基本需求的手段,物质利益也是首要的根本利益,其他利益都是在物质利益的基础上延伸出来的,因此物质利益分享是利益分享的基础维度。在解决了基础层面的物质利益分享问题之后,才可能逐步实现更高层次需求的利益分享。本书在研究解决利益分享不公平问题时,着重关注基础层面的利益分享,更高层次需求的利益分享问题留待后续研究解决。

2.2.2 利益分享的基础维度之一:收入分配

在马克思主义政治经济学中,生产关系包括相互联系和影响的三个方面,即生产资料的所有制形式、人们在直接生产过程中所处的地位和关系、产品的分配关系。其中,生产资料所有制是整个生产关系的基础,它决定着生产关系中的其他两个方面;同时生产关系中的其他两个方面对生产资料所有制形式又具有反作用。物质资料生产的总过程,是一个由生产、分配、交换、消费四个环节组成的有机整体,其中生产是起点,消费是终点,分配和交换是连接生产和消费的中间环节。生产、分配、交换、消费互相制约、互相依赖,构成生产总过程的矛盾运动。分配可以包括生产资料的分配和消费品的分配。生产资料的分配是说明生产资料归谁所有的问题,是进行物质生产的前提;消费品的分配是确定个人对消费品的占有份额。通常所讲的分配主要是指个人对消费品的分配。生产决定分配,首先分配的对象是生产的成果,生产的水平决定了可分配产品的质量和数量;其次生产的社会性质决定了分配的社会形式。分配对生产也有反作用,与生产相适应的分配制度会推动生产的发展,反之则会阻碍生产的发展。

马克思主义政治经济学认为,劳动是价值的唯一源泉。同时也应看到,价值的创造和价值的分配是两个不同的过程。工资、利润、利息和地租是劳动力、资本、土地等生产要素所有权表现出来的分配形式,尽管这些生产要素不创造价值,但由于存在要素所有权而获得收益,这是由生产关系的私人所有权的历史性质决定的。在社会主义初级阶段的市场经济条件下,生产要素多种所有制形式的存在和生产要素同一种所有制的不同实现形式,决定了我国现阶段按要素所有权分配的客观必然性。按生产要素分配就是按财富创造中要素所有权的贡献分配,社会根据各生产要素所有权在商品和劳动生产服务过程中投入的比例和贡献大小给予相应的报酬,共同参与收益分配。生产要素所有权是生产要素所有者索取劳动成果的直接依据,分配实际上就是各个要素所有权的一种实现。生产要素的所有权是按生产要素分配理论的核心和基础,它决定着分配收益最终如何被占有、支配、使用。建设有中国特色的社会主义的历史过程也是发展和创新马克思主义的过程,构建当代中国分配原则的理论基础需要将要素所有权、劳动价值论与要素贡献结合起来,其中要素所有权是理论核心。特别说明的是,劳动力要素也像其他要素一样要参与剩余价值的分配。

收入分配是实现需求主体占有满足自身需要的物质资料和劳务的根本途径,因而是利益分享的基础维度之一。现代经济学理论所讨论的收入分配的概念可以包括相互联系的两个方面。一个方面被称为功能收入分配。功能收入分配阐述的是生产要素与收入之间的关系,研究的是生产投入要素如资本、劳动、土地、管理者才能等获得的收入份额是多少,研究的角度是从收入来源入手进行分析。另一个方面被称为规模收入分配,也就是我们通常所讲的个人收入分配或家庭收入分配。之所以被称为规模收入分配,是因为所研究的对象是某个阶层的成员从社会获得的收入份额。我们平时常讲的收入分配不公平问题基本是指规模收入分配。比如讲社会收入分配差距问题时,指的就是某个社会阶层获得的收入份额高于或低于一般水平,并用各种分析工具(如基尼系数、洛伦茨曲线等)来描述规模收入出现差距的程度。

我们描述社会各阶层收入分配的差距常常用到的是规模收入分配的概念,但实际上我们所看到的规模收入分配问题仅仅是表象,规模收入分配与功能收入分配有着密切的关联。功能收入分配决定着规模收入分配,功能收入分配差别越大,则规模收入分配差别越大。这是因为某个阶层的社会成员及其家庭获得收入份额的高低是由其拥有的生产要素的质量和数量决定的。

在市场经济条件下,要素收入分配方面是根据要素对财富创造的贡献大小来进行利益分配的,可以用如下的模型来描述:

假定一个社会的生产函数是柯布-道格拉斯生产函数,其形式为

$$y=f(x_1,x_2)=Ax_1^\alpha x_2^\beta$$

令 $x_1=L,x_2=K$,其中 L 指劳动投入,K 表示资本投入;A 表示给定的技术水平对总产出 y 的效应,一般假定 $A=1$,且 $\alpha+\beta=A$。这样 $\alpha+\beta=1$,可得

$$y=f(L,K)=L^\alpha K^{1-\alpha}$$

假定是在完全竞争的要素市场上购买劳动(L)和资本(K),设劳动要素的单位价格为 w,资本要素的单位价格为 r,则生产的总成本(C)由下面方程式给定:

$$C=wL+rK$$

2 利益分享机制的基本理论分析

假定 C 为常数,而生产的目标是要实现成本约束下的产量最大化,于是有

$$\max_{L,K}\{f(L,K)\}$$
$$\text{s.t.} \quad wL+rK=C$$

运用拉格朗日乘数法,相应的函数为

$$V=f(L,K)+u(C-wL-rK)$$

其中 $u\neq 0$,是未定的拉格朗日乘数。令 V 对 L,K 与 u 分别求偏导,可得

$$\frac{\partial V}{\partial L}=\frac{\partial f}{\partial L}-uw, \quad \frac{\partial V}{\partial K}=\frac{\partial f}{\partial K}-ur, \quad \frac{\partial V}{\partial u}=C-wL-rK$$

则由方程组

$$\begin{cases}\frac{\partial f}{\partial L}-uw=0,\\ \frac{\partial f}{\partial K}-ur=0,\\ C-wL-rK=0\end{cases} \quad 可得 \quad \frac{\frac{\partial f}{\partial L}}{\frac{\partial f}{\partial K}}=\frac{w}{r}$$

即

$$\frac{MP_L}{MP_K}=\frac{w}{r}$$

即劳动的边际产量与资本的边际产量之比等于工资与利率之比。

根据此结果又有

$$u=\frac{MP_L}{w}=\frac{MP_K}{r}$$

即 u 是单位要素价格在最优时所获得的边际产量。最优化的含义是指最后一单位货币投入,不论是投在资本上还是投在劳动上,其对产量的贡献相等。分析可知,要素的边际生产力在收入分配中起着决定性和支配性的作用。

一般来讲,要提高某产业部门的收入水平,其途径是提高该产业的要素边际生产力水平。而产业的要素边际生产力水平是同该产业要素权利的实现联系在一起的,该产业要素权利得以实现以及保护得越充分,则边际生产水平越高。例如,国家对某产业的科技投入越多,其产业技术越发达,生产可能性边界越向外扩展;某产业劳动者人力资本积累越多,其产出水平越高;等等。

2.2.3 利益分享的基础维度之二:公共品

前面在考察收入分配时发现,收入水平的高低与要素的边际生产力水平以及要素权利的实现与保护有着密切的关系,而要素的边际生产力水平及要素权利的实现与保护是和社会公共品的获得紧密联系在一起的。如某个产业的基础设施越发达、科技推广体系越高,其要素产出水平越高;而公共卫生、义务教育条件越好,

人力资本的积累水平越高,则收入水平就越高。相关研究也证明了上述观点。如何菊芳在《公共财政与农民增收》一书中指出:国家财政资金对农村和农业的低投入造成了农村公共品供给总量严重不足,如农田水利设施老化失修严重、农村基础设施建设滞后、农村各项社会事业发展缓慢等,而农村公共品供给不足又影响了农业生产的发展和农民收入、生活水平的提高,制约了农村经济社会的进步,成为导致城乡差距不断扩大的重要因素①。

因此,公共品②的获得也成为利益分享的一个基础维度。在公共品获得方面,公共选择理论认为社会不同利益群体会利用集体行动影响其他利益群体和政府的决策,以实现本群体利益的最大化。政府是公共品的主要提供者,政府的决策决定了公共品的分配格局,但政府的目标是获得最多社会成员的支持,因此其决策行为受到利益群体行动的影响。

假定:(1) 社会中有 n 个利益集团,影响力分别为

$$F_i \quad (i=1,2,\cdots,n)$$

(2) 政府在某种公共品提供方面可进行的政策选择为

$$P_j \quad (j=1,2,\cdots,m)$$

(3) 某一政策 P_j 会使 $q(q \leqslant n)$ 个利益集团受益,即

$$U_i(P_j) \geqslant 0 \quad (i=1,2,\cdots,q)$$

则政府制定政策的最优行为策略是

$$\max T(P_j) = \max \frac{\sum_{i=1}^{q} \{F_i \mid U_i(P_j) \geqslant 0\}}{\sum_{i=1}^{n} F_i}$$

式中,$\sum_{i=1}^{q} \{F_i \mid U_i(P_j) \geqslant 0\}$ 表示在政府制订的政策 P_j 中受益的 $q(q \leqslant n)$ 个利益集团的影响力之和;

$\sum_{i=1}^{n} F_i$ 表示社会中全部利益集团影响力的总和;

---

① 何菊芳.公共财政与农民增收[M].上海:上海三联书店,2005:107.
② 公共品包括公共产品和劳务,刘诗白将社会主义市场经济中的公共品及其生产特征概括如下:一是产品具有满足公共需要,特别是社会公共需要的性质;二是在生产与提供中发挥机构、团体特别是政府的职能,及依靠财政资金;三是动员社会力量,充分运用市场机制;四是实行公共参与决策。这是一种超越市场决定但又利用了市场力量的生产机制,实现公共品的有效供给,不能听从市场机制调节,但应该允许利用市场的作用。公共品供给改革的潮流和方向是对一些公共品特别是准公共品的供给引入竞争机制,通过政府服务外包等方式引入民间供给力量,以降低成本和提高效率。(参考文献:刘诗白.市场经济与公共产品[J].经济学家,2007(4))

$T(P_j)$ 表示受益的利益集团影响力之和与社会中所有利益集团影响力的总和的比率,它代表了该政策的受支持程度。

根据上述假设,在政府制订公共品政策的过程中各方按如下过程进行博弈:

根据最后通牒模型,假设有一个值为 c 的正数要按以下程序在 X 和 Y 之间进行分配:X 先提出一个分配方案 (x,y),其中 $x+y=c$ 且 $0 \leqslant y \leqslant c$;$Y$ 可以接受或拒绝。如果 Y 接受这个方案,则 X 得到 x,Y 得到 $y=c-x$;如果 Y 拒绝,则两人均得零,实验不重复。

分析可知:Y 认为得到 y 总比得不到 y 好,所以分配的结果就是 $(c^-, 0^+)$。但实际博弈的结果却很接近于 $\left(\frac{c}{2}, \frac{c}{2}\right)$,经济学家给出的解释是 X 之所以提出上述方案,除了害怕因 Y 的拒绝而一无所获之外,还考虑到 Y 的福利水平。

将这个模型进一步改进:c 要在 X、Y 和 Z 之间进行分配,即先由 X 提出一个分配方案 (x,y,z),其中 $x+y+z=c$ 且 $0 \leqslant x \leqslant c$,$0 \leqslant y \leqslant c$;$Y$ 可以接受或拒绝,Z 没有任何权利。如果 Y 接受这个方案,则 X 得到 x,Y 得 y,Z 得到 $z=c-x-\gamma$;如果 Y 拒绝这个方案,则三人均得零。此时实验结果表明:X 将会以牺牲 Z 的份额为代价来贿赂 Y,以便和 Y 一起来瓜分 Z 的利益,结果也得到了 Y 的默许。

此时政府的决策模型变为

$$\max T(P_j) = \max \frac{\sum_{i=1}^{q}\{F_i \mid U_i(P_j) \geqslant 0\}}{\sum_{i=1}^{n} F_i} = \max \frac{\sum_{p=1}^{m_1} F_p + \sum_{c=1}^{m_2} F_c}{\sum_{p=1}^{n_1} F_p + \sum_{c=1}^{n_2} F_c}$$

式中,F_p 和 F_c 分别为社会不同利益群体的影响力;m_i 为利益群体中受益者人数,n_i 为该利益群体的总人数 ($i=1,2$)。

由以上分析可知,各利益集团的影响力决定了政府的公共品政策,决定了公共品利益在各利益集团间的分配。利益集团影响力的决定因素主要有以下几个:

(1) 利益集团的人数。利益集团人数越多,其影响力越小。因为公共品具有非排他性,利益集团的人数越多,则个体付出努力的成本与获得的利益越不对等,搭便车的行为就越严重。

(2) 利益集团的组织程度。利益集团的组织程度主要受到成员的居住集中程度和利益差异度的影响。居住集中度越低,利益差异度越大,该利益集团的组织程度就越低,组织成本就越高,影响力也越小。

(3) 利益集团在政府决策层中代理人的数量。利益集团在政府决策层中的代理人数量越多,对政府决策的影响力就越大,越能分享更多的公共品和服务。而各利益集团代理人的多少是由制度安排来决定的。

城乡居民对于政府提供的公共品的利益分配也是由各群体影响力所决定的。从以上分析可知,城乡居民对政府决策的影响力实际上是同该群体各项权利的实现联系在一起的。经济权利实现越充分,群体的组织能力就越强,群体利益就越趋向于一致;政治权利实现越充分,在政府决策层中的代理人就越多;社会权利实现越充分,群体的人口素质就越高,就越懂得利用各种资源来维护自身的利益。而现实生活中由于农民的权利实现和保护最不充分,也就成为上述模型中的 Z,其利益被其他集团所瓜分。

2.3 利益分享机制:一个分析框架

利益分享的理念在现实中依靠利益分享机制来实现。"机制"一词最早源于希腊文,原指机器的构造和动作原理。生物学和医学通过类比借用此词,在研究一种生物的功能时常说分析它的"机制",当中"机制"这个概念用以表示有机体内发生生理或病理变化时,各器官之间相互联系、作用和调节的方式。后来,有人将"机制"一词引入社会科学的研究中,表示社会系统内各构成要素之间相互联系和作用的关系及其功能。机制的建立,一是靠体制,二是靠制度。所谓体制,主要指的是组织职能和岗位责权的调整与配置;所谓制度,包括国家和地方的法律、法规以及任何组织内部的规章制度。因此,通过与之相应的体制和制度的建立或者变革,社会发展目标在实践中才能得到体现。

2.3.1 利益分享机制的构成

利益分享要实现社会成员对经济社会发展成果的共享,达到公平分享的目的,必须通过一系列的体制和制度安排来实现。具体而言,一个社会的利益分享机制可以包括利益分享赋权机制、利益分享实现机制、利益分享循环机制和利益分享保障机制。

1)利益分享赋权机制

"赋权"一词是翻译英文中的"empowerment"而来。赋权理论是发展社会学和社会工作领域中的重要理论之一。赋权理论最早的提出是在 20 世纪 70 年代,所罗门于 1976 年在所著《黑人的赋权:受压迫社区中的社会工作》一书中明确提出了赋权的概念。20 世纪 90 年代后赋权理论被广泛使用,其内涵也不断被拓展,呈现出多样性。而导致人们理解差异的关键在于对"权"的阐释。这里的"权"可以解读为是一种个体的自我掌控力和效能感,也可以理解为是一种调适人际或社会环境的能力,还可以理解为是一种获取教育、医疗、工作等方面的社会权力,也可以扩展到政治方面的权力等①。赋权的涵义是帮助个人、家庭、团体和社区提高他们个人的、人际的、社会经济的和政治的能力,从而达到改善自身状况目的的过程②。从其涵义可知,赋权的对象主要是社会上处于无权状态的弱势群体,这些群体由于缺乏权力、资源、能力而处于被歧视或边缘化的地位。赋权的目标是增加弱势群体的权力,协助他们消除自身的无助感和无能感,使其可以采取行动改善自身的不利处境。弱势群体之所以弱势,主要是由不平等的权力关系所致。在实践中,基于性别、年龄、种族、信仰、阶级与阶层、性取向、身体残障等方面的歧视而进行的不合理制度安排,是造成弱势群体失权的原因。赋权理论关注于现存不平等权力分配结构中的歧视和压迫机制,从外部环境层面对不平等的资源分配结构和权力压迫关系进行改革,以实现利益的公正分享,进而在个人内在层面促进弱势群体意识觉醒,提升自我能力,拓展发展空间。

由前面的分析可知,利益分享的内核是公平分享,而要实现社会成员对经济社会发展成果的共享,首先要实现社会成员权利的平等,从外在改变资源分配不公平的局面,从内在提升弱势群体的能力。我们所看到的城乡利益分配不公平现象的背后实际上是权利关系的失衡。权利平等来源于权利的公平分配,利益分享要求社会制度安排对社会成员进行公平的赋权。

首先要赋予平等的要素权利。经济收入是社会成员实现利益分享公平的基本保障。经济收入的获得一般来源于两个途径,一是劳动收入,二是财产性收入。要实现收入分配的公平,首先必须实现要素的平等权利。要素的平等权利要求以统一的市场来实现对要素资源的配置,而不是人为的对市场进行割裂,在不同的市场里以不同的标准来进行资源配置。因为在市场经济中,一个人将自己所拥有的商品转换成另一组商品是通过贸易、生产或两者结合的方式来实现的。

其次要赋予平等的涉及自身利益重大决策的知情权、参与权与表决权。知情权、参与权和表决权是现代社会的基础性权利。市场经济的激烈竞争加剧了社会成员之间的利益冲突与矛盾,在此背景下,社会弱势阶层的权利最容易被忽视和损害。利益分享要求社会成员的权利平等,尤其是要关注社会弱势阶层平等权利的获得。因此应赋予社会成员对涉及自身利益重大决策的知情权、参与权和表决权,使社会成员能够平等的参与社会规则的制定,知悉与自身利益相关的政策信息,建立合理的利益诉求表达机制,从而实现对社会利益的公平分享。

最后要赋予自由迁徙和择业的权利。自由迁徙和择业是最基本的人权之一,

---

① 卫小将.社会工作"充权"的本土诠释[J].学习与实践,2011(3).
② 张欢欢,陶传进."赋权理论"视角下农村妇女参与乡村振兴的路径研究——以S公益项目为例[J].贵州社会科学,2020(3).

是实现人的发展必不可少的条件。自由迁徙和择业的权利可以使社会成员找到适合自我发展和发挥才干的空间。一个人在一个地方找不到适合自己的工作，可以换一个地方，直到找到适合自身发展和能发挥自己才干的机会为止。自由迁徙和择业的权利就是赋予社会成员争取最大限度地发挥自身作用的平等权利，只有自由迁徙和择业才可能真正实现市场对于人力资源平等合理的配置，达到资源最有效率的配置状态。

2）利益分享实现机制

利益分享既包括对经济发展创造的物质成果的分享，也包括对社会发展中产生的非物质成果的分享，但从最基础的层面分析，主要涉及收入分配和社会公共品获得两个重要维度。

在收入分配层面，由前面分析可知收入分配的水平同要素所有者提供的生产要素的数量和质量是一致的。生产要素是生产物质财富所必需的条件或资源。随着社会生产力的发展，生产要素的内涵也越来越广泛，可以包括劳动力、土地、资本、管理者才能、技术、信息等内容。要素所有者取得收入的依据是对要素的所有权，而要素收入的大小则取决于在生产中要素贡献的大小。要素贡献的大小主要应考虑两个方面的因素，一是要素投入的数量，二是要素的质量。实际当中要素的贡献是很难衡量的，一般是通过反映其稀缺程度的市场价格来表示。

要素所有者公平获得收入的实现依靠对要素所有者权利的平等保障。只要要素所有者地位平等，被有效的组织起来进行生产，按市场价格取得公平的报酬，那么初次收入分配领域的分配就是公平的。在这种情况下，如果出现收入分配差距过大的问题，应该通过收入的再分配来进行调节。特别要说明的是，作为社会成员获得收入主要手段的劳动力要素，其对生产活动的贡献是与人力资本的积累紧密联系在一起的，因此劳动力要素获得公平收入还要求实现劳动者公平发展的权利。

在公共品获得层面，公共品的非排他性和政府的社会责任决定了政府主要提供公共品的义务。提供公共品是对市场失灵的弥补，也是化解公共风险的手段。在市场经济的运行过程中，市场竞争必然会带来风险和两极分化[1]。一方面社会成员在经济活动中面临着失业、工伤、疾病等等不可预见的风险，需要社会提供安全网来化解风险；另一方面由于个人禀赋、知识水平、机遇与环境的不同总会出现社会的弱势群体和阶层，需要对其提供救济、扶贫、教育、培训等帮助。利益分享倡导社会成员公平分享经济社会发展成果，要求社会成员公平获得社会公共品，而不

---

[1] 自1986年德国著名社会理论家乌尔里希·贝克的著作《风险社会：新的现代性之路》出版以来，"风险社会"已经成为人们认识20世纪末叶以来人类社会走向的基本视角。在一定意义上，风险成了当代人类的一个基本生存环境。

应有基于身份的歧视性制度安排。

3）利益分享循环机制

要实现利益分享还必须建立利益分享循环机制。利益分享循环机制就是要使利益循环往复地流动，就是要变利益的单向流动为双向流动，由某一社会群体或产业发展的"单赢"变为各个社会群体或产业发展的"共赢"。相反，如果利益循环停滞或者中断，则会造成利益格局的固化、利益差距的不断扩大以及资源的浪费。利益分享循环机制是实现利益循环运动的体制和制度安排，包括利益补偿机制和利益反哺机制。

所谓利益补偿机制，是国家和社会针对在经济结构转型和社会结构变化中因非自身因素造成利益受损的群体，给予一定的利益补偿以提高社会公平程度。市场机制作用的结果会带来资源流动、价格波动以及优胜劣汰，因此市场经济的风险是一个不可避免的客观存在，资源会在不同部门流入和流出，产业的兴旺和衰退会带来就业的波动，有竞争的胜利者就有失败者。特别是在体制改革和社会转型的过程中，旧的制度被打破，新的制度还不完善，由于利益格局的调整，社会群体中会出现利益受损者，他们为改革和社会转型付出了代价，承担了改革的成本，但换来了经济社会的发展。利益补偿机制就是对社会弱势群体或弱势产业在发展过程中利益受损后进行补偿的体制和制度安排。

利益分享循环机制的第二个构成部分是利益反哺机制。反哺是一个仿生概念，有反哺首先有哺育，二者之间存在着前后因果关系。在经济社会的发展过程中，总是遵循辩证唯物主义的基本运动规律，先是不平衡的发展，然后由不平衡到实现均衡，再在新的水平上又出现新的不平衡，进入下一轮的发展。因此总会有一部分产业为经济发展做出牺牲，支持新兴产业发展，从而使不同产业的劳动者在利益分配方面出现差距。但在社会发展过程中不能任由这种差距变成不可弥补的鸿沟，而是在经济社会发展到一定程度后，曾经接受哺育的产业要对做出牺牲的产业进行反哺，带动其发展。

利益反哺机制是利益分享循环机制的重要组成部分，通过反哺可以实现利益从先进产业向落后产业、从先进地区向落后地区的回流。利益反哺机制包括收入反哺、要素反哺和权利反哺。在这当中，权利反哺概念是比要素反哺、收入反哺更深层次、更加触及问题实质的概念。所谓"权利反哺"，其内涵应理解为，赋予农民群体在正常的市场经济社会和公民社会应该具有的基本权利束（即权利体系），改变长期以来农民权利缺失的状态，通过赋权于农民，还权于农民，来增强其自我发展的机会和能力，最终实现农民的发展和生活的改善[①]。即应采取有力措施实现

[①] 郭家虎.我国工业反哺农业的重点应放在权利反哺上[J].经济纵横，2008(4).

被反哺产业的劳动者的收入。同时还要通过减免税收、财政项目支持、提供公共品和服务、消除制度障碍等措施来支持被反哺产业的发展，提高生产要素报酬，带动该产业劳动者收入与自身素质的提高，获得公平的发展机会，从而公平的分享经济社会发展的成果。

4）利益分享保障机制

实现公平的利益分享，需要有相应的保障制度安排来保证社会成员经济权利、政治权利、社会权利的平等，同时保障这些权利得到充分的实现，从而确保社会成员对经济社会发展成果的共享。

（1）在经济权利方面的利益分享保障。要注重对要素所有者权利的保护；要建立健全财产权利制度，保障财产权人的各项经济利益不受侵犯；要重视对劳动者权利的保障，如对劳动者就业权利的保障、收入权利的保障、安全权利的保障，实现劳动者同工同酬，不能因为劳动者身份背景的不同而对劳动者进行歧视；在产业政策方面，要建立对弱势产业的补贴机制、应急救济机制，保障相关产业经营者和劳动者的经济利益。

（2）在政治权利方面的利益分享保障。要建立通畅的利益表达机制，通过利益表达机制使社会弱势群体的利益诉求能够得到充分地表达，与政府就利益分享的问题提出建议和意见，与政府有关部门进行交流和沟通，发出维护自己利益的呼声；要有相应的政治制度安排来保障不同社会阶层在政策决策层有自己的利益代表，在政府制定各项经济社会政策时充分表达自己的诉求；政府在决策过程中应该建立更为科学民主的决策机制；政府在施政过程中、在司法和执法过程中要有相应的激励和约束机制，保证行为的公平公正。

（3）在社会权利方面的利益分享保障。要建立公平的公共品提供机制，如建立公平的教育制度，保障社会成员平等受教育的权利，因为教育是提高自身素质、增强发展能力的最有效手段，保障社会成员公平的接受教育是实现起点公平以及机会公平的最基础的要求；建立公平的医疗制度，保障社会成员能公平的分享社会医疗资源；建立公平的社会保障制度，保障劳动者无后顾之忧；建立公平的基础设施投资建设机制，保障社会成员都能享受现代物质文明所带来的健康便捷生活，共同提高生活质量与水平。同时，要消除各种社会歧视的制度安排，实现社会权利的平等。

（4）在法律方面的利益分享保障。要通过立法保障社会成员平等的经济权利、政治权利和社会权利，修正法律条文中不合理的规定，依法保障各社会成员的平等权利。同时，要建立和健全司法保障机制，使侵犯社会成员合法权利的行为受到法律的制裁，确保法律规定的各项权利得到实现并切实受到法律保护，保障执法的效果，实现社会成员对经济社会发展成果的公平分享。

2.3.2 利益分享机制结构关系分析

如前所述,利益分享机制包括利益分享赋权机制、利益分享实现机制、利益分享循环机制和利益分享保障机制。利益分享机制的四个构成部分分别实现利益分享的不同功能,同时又相互联系、相互支撑,共同组成了一个有机整体。

1) 利益分享赋权机制是前提基础

获得相应的权利是利益分享的前提,而对某项利益的分享实际上就是关于这种利益的权利的实现过程,因此赋权机制是利益分享机制的前提基础。通过权利来发展自己,从而获得更多的自由,是以人为中心的发展观的要义。以人为中心的发展观的最高价值标准就是自由,即人们享受自己所珍视的那种生活的可行能力。自由是发展的目的,而发展的过程就是扩展人们享有真实自由的过程。人类的各种类型的自由都具有独立价值,都是发展不可或缺的内容。自由也是发展的重要手段,每扩展一种自由都会对发展做出贡献。"自由的工具性作用是关于各种权利、机会和权益如何为扩展人类一般自由,从而为经济发展做出贡献的"[①]。因此,自由的程度越高意味着发展的程度越高。人要获得自由,必须具备人的基本权利,通过权利来谋求发展,以使自己免受贫困和剥夺。

在市场经济中,个人能够有所成就依赖于经济机会、政治自由、健康保障、基本教育等等方面,因此人们的经济、政治、社会和文化权利都构成发展的方向。权利的扩展既是发展的目的,也是人的自由全面发展得以实现的必要制度条件,因为发展就是要消除传统制度对人、对资源、对经济活动的束缚、限制和干预。发展的过程就是赋权的过程,是人的基本自由和权利充分实现的过程。权利的本质是自由,就是指权利主体可以按个人意志去行使或放弃某项权利,而不受外来的干预或胁迫。人们只有具备基本权利,才能获得控制自身生活的机会,才有能力在正式的非正式的制度安排框架内争取和维护自身的利益。

权利的获得与经济资产的获得有着显著的不同。经济资产的获得是通过市场交换,付出货币而获得某项经济资产;权利的获得则不需要为之付钱。同时权利是广泛分配的,无法遵守经济学的比较利益原则。权利的分配强调公平,权利禁止交换,不能进行买卖。这些都是权利所具有的特征。[②] 权利的特征决定了赋权机制的建立必须依靠政府来完成。计划经济体制下的中国是一个以行政权力支配社会的国家,政府权力几乎覆盖了所有的社会经济生活领域。20世纪80年代初开始的分权化改革以及90年代有限度的产权改革,都呈现出一种政府权力向民众回归

---

① 阿马蒂亚·森.以自由看待发展[M].北京:中国人民大学出版社,2002:3-9.
② 阿瑟·奥肯.平等与效率——重大的抉择[M].北京:华夏出版社,1987:5-13.

的趋势,其基本特征是政府对产权的控制逐渐减少,个人得到越来越多的决策主权。正是公民权利结构的改变使人们有可能通过自发的制度创新来捕捉潜在的获利机会,从而带来了这一时期社会的繁荣。转轨过程中政府权力的"退出"或"还原",意味着个人和企业拥有更多的发展权利。与此同时,政府要能够承担宏观调控、提供公共品和法律保障等职能,因此也有可能产生更多的政府行为。正是这种既要建立市场经济又要推动经济发展的"双重逻辑",使得不同转轨时期由政府主导资源配置仍然是我国经济发展和经济增长的制度基础。因此,要建立公平的利益分享机制,首先必须重新确定政府与市场的利益关系,改变政府权力对资源配置深层次介入的社会权利结构。

2) 利益分享实现机制是渠道路径

权利需要有能够实现的渠道和路径。利益分享赋权机制的功能是赋予利益主体获得相应利益的权利,然后通过利益实现机制安排落实赋予利益主体的权利。

由前面的研究分析可知,利益分享可以分为不同层面和不同维度,因此利益分享的实现机制随利益分享的层面和维度的不同而各不相同。如作为利益分享基础层面的重要维度之一的收入分配,它的实现机制主要是通过市场来完成。我国还处于社会主义初级阶段,社会主义市场经济体制是资源配置的基础手段。目前我国的生产资料所有制形式是生产资料公有制与其他所有制形式共同发展,生产要素多种所有制形式的存在,以及公有制在市场经济条件下的不同实现形式,决定了我国现阶段的分配形式是按劳分配和按要素分配相结合,并在按要素所有权分配的基础上进行统一。生产要素的所有权是按生产要素分配的核心和基础,它决定着分配收益最终如何被占有、支配、使用。而与收入分配相关的是各种要素权利的实现。

按生产要素分配就是按财富创造中要素所有权的贡献分配,社会根据各生产要素所有权在商品和劳动生产服务过程中投入的比例和贡献大小给予相应的报酬,共同参与收益分配。生产要素所有权是生产要素所有者索取劳动成果的直接依据,分配过程实际上也是各个要素所有权的实现过程。根据要素收入分配模型分析可知,要素的边际生产力在收入分配中起着决定性和支配性的作用。即假定要素市场是运行良好的完全竞争市场,每一种要素的收入取决于它的边际生产力。各种要素的收入代表着这些要素在边际对生产总价值的贡献,各种要素的边际生产力决定了收入分配格局。

根据福利经济学第一定理,在完全竞争的条件下资源最优配置的条件都能够得到满足,实现一般均衡,使经济达到帕累托最优。因此在收入分配领域,利益分享实现机制就是要保证市场的充分竞争,而实现充分竞争就要消除各种影响市场公平竞争的壁垒、管制和垄断,同时还要充分实现信息的对称。现实当中我们常常看到的是对市场的各种人为割裂,造成要素的权利无法公平实现。劳动力市场状况就是如此,城乡劳动者由于身份的不同而不能享受平等的就业待遇。

而作为利益分享基础层面的另一个重要维度公共品,主要是通过非市场的方式来实现利益分享。要素收入水平的高低与公共品的获得有着密切关系。公共品是与私人产品相对立的产品形式,是对满足社会公共需要的公共产品和服务的总称,具有不可分割性、非竞争性和非排他性。非竞争性是指此类产品的边际成本为零,此类产品增加消费者不会减少任何一个消费者的消费量,增加消费者不增加该产品的成本耗费,在消费上没有竞争性,属于利益共享的产品;非排他性是指产品投入消费领域后任何人都不能独占专用,要想将其他人排斥在该产品的消费之外,不允许他享受该产品的利益,几乎是不可能的,因为这样需要付出高昂的费用,是不合算的,所以不能阻止任何人享受这类产品;纯公共品还具有非分割性,对它的消费是在保持其完整性的前提下,由众多的消费者共同享用的。公共品是具有社会性的物品或服务,是社会正常存在与发展所必需的,但其特性决定了市场无法提供,而必须由社会最具权威和影响力的公共机构(如国家或政府)负责组织提供。政府提供的公共品受到很多因素的影响,包括政府的发展目标、社会不同利益集团的影响等等。建立公共品的利益分享实现机制就要求政府在公共品政策的制定方面坚持公平的原则,均衡考虑不同利益群体的利益诉求。

3)利益分享循环机制是均衡方式

利益分享循环机制包括利益补偿和利益反哺两个方面。利益补偿是对经济发展导致利益受损的阶层进行补贴,弥补其因经济发展遭受的损失;利益反哺是经济社会发展过程中优先发展起来的产业和地区对落后产业和地区的经济社会发展进行支持,帮助其共同发展。利益补偿和利益反哺所构成的利益分享循环机制是利益分享机制中的均衡方式,通过利益补偿和利益反哺实现利益要素的循环流动,保证了经济社会发展过程中的利益均衡,使不同阶层的社会成员共享经济社会发展的成果。同时,利益均衡并不是搞大锅饭式的平均主义,单纯追求结果的平等,而是要实现统筹兼顾、和谐发展,协调各阶层、各地区之间的利益关系,实现共同富裕。

从利益分享基础层面的两个重要维度——收入分配和公共品看,利益分享循环机制的构建各有其特点。在利益补偿方面就是要给予经济发展过程中利益受损者以补偿,既有从收入分配方面给予的补偿,又有从公共品方面给予的补偿。如我国城市在发展过程中从农村获取了大量的土地,土地资源支撑了城市经济的发展和规模的扩张。农村为城市的发展提供了宝贵的土地资源,应该从城市经济社会发展所获得的利益中分出一部分用于补偿农民的损失。但在现行的农村土地征用制度安排下,由于城乡土地市场的割裂,农民的利益难以得到相应的补偿;同时,由于就业及社会保障制度的不健全,使得很多失地农民变成无土地、无工作、无社会保障的"三无"农民,进而引发很多社会矛盾。利益分享循环机制就是要通过制度安排给予失地农民以利益补偿。这种利益补偿的实现从收入分配方面看,就是要通过市场给予失地农民更多的经济补偿。而要通过市场给予失地农民以经济补偿,就需要健全农民土地产权制度,从财产权的角度对农民土地进行保护;同时要统一城乡土地市场,革除政府垄断土地市场的痼疾,通过市场配置资源使农民获得应有的利益补偿。从公共品方面看,在给予失地农民补偿的同时还需要及时为失地农民提供相应的公共品来保障失地农民的生计。如政府应当组织针对失地农民的教育培训和就业指导,为失地农民积极提供就业机会,使其能够迅速进入第二、第三产业就业;政府还应对失地农民提供相应的社会保障,保障失地农民教育、医疗、生活福利等方面的权利。

  在利益反哺方面,以帮助农业和农村发展,实现城乡统筹协调为例。从收入分配的角度看利益反哺的实现,就是要鼓励各种生产要素从城市和工业向农村和农业流动,延伸产业利益分享的链条。如通过农工商一体化运作,由工商业带动农业的发展,具体形式包括:工业与农业有关部门以合同形式联结起来组成农工综合体;农民在自愿、互利、平等互惠原则基础上兴办农资供应和农产品收购、加工、包装储运等流通领域的合作社,以及资金、技术、智力等服务领域的合作社;国有或私有的工商业、金融资本和农业企业以互利控股投资形式组成混合公司,如龙头企业加农户、龙头企业加合作组织加农户、合作组织加农户等等。而农工商产业体系通过利润、股份分红、内部价格等方式实现对农业的反哺,成为利益反哺的载体和平台。针对收入分配的这些反哺方式都是基于农工商资源的互补性,通过政策引导,以市场为基础来实现对农业的反哺。

  而从公共品的角度看利益反哺,政府应从农村公共品提供的投入和制度安排两个方面入手进行。要通过增加支农财政投入,理顺体制机制,为农村和农民的发展提供更多的公共品,从而提高农业的产出水平和要素素质。如我国农村义务教育的落后现状严重制约了农村经济的发展,而落后的根源在于农村义务教育财政体制没有理顺,农村义务教育的投入机制问题没有解决。以县为主的农村义务教育财政体制,在目前县乡财政困难,尤其以农业为经济基础的广大中西部地区县乡财政条件下,是无法解决好农村义务教育问题的。因此,要调整农村义务教育财政投入体制,将农村义务教育的投资主体上移,增加中央财政、省级财政对于农村义务教育的投入比重,其中农村教师的工资和校舍建设费用应主要由中央财政和省级财政承担,县级财政主要负担相关配套费用、校舍维护费用和日常管理费用。要增加财政投入,为农村中小学引进高水平的师资和高质量的硬件设施,加快农村义务教育全免费改革的步伐,从根本上改变目前农村义务教育落后的局面。

4) 利益分享保障机制是保护手段

利益分享机制的运行需要有保障机制来提供支撑,以保护赋予利益主体权利的实现。由于利益的种类很多,相应利益分享保障机制也各不相同,有对经济权利的保障,有对政治权利的保障,还有对社会权利的保障等等。从利益分享基础层面的两个维度看,对利益分享的保障主要是理顺政府和市场的关系。政府应减少对具体市场活动的干预,而将工作重点放在保护市场参与主体平等权利、维护市场公平、规范市场秩序等方面;同时政府应针对市场失灵的公共品提供问题,切实担负起公共品提供的职责,并在公共品提供的制度安排上面,从维护社会成员权利公平的立场出发来实现对社会共同利益的共享和使用。

以我国城乡利益分享保障为例,从利益分享基础层面的两个重要维度出发,构建利益保障机制,主要就是要政府通过制度建设实现市场对资源配置的基础功能,维护合理的市场秩序,同时实现城乡公共品的公平提供。如政府可以通过保障要素权利来充分发挥市场机制的作用。以土地要素为例,一是应颁布法律保障农民的土地产权。按照城乡统筹的原则,通过法律的强制作用规范我国的土地管理和保障农民的土地产权,保障集体和农户权利,实现更合理的产权界定,这样就可以使土地更好地在不同产权主体之间进行交易,实现土地资源的优化配置。二是遵循市场原则,制定合理的补偿标准。征地补偿的一个重要目的是确保被征地农民的生活水平不降低,即确保农民失地后所得到的保障不低于拥有土地时的利益。应借鉴大多数国家和地区的做法,提高征地补偿标准,以市场价格作为基础,综合确定土地补偿标准。三是按法定程序征地,保障农民的切身利益。当农民的土地遭受不合理的征用时,他们可以通过司法救济程序保障其财产权利。

在公共品提供方面,政府应推动立法切实保障城乡居民对公共品的公平享有,而国家通过法律手段扶植农业和不发达地区的发展也是世界各国的一贯做法。解决农村和农业问题,实现城乡融合发展是一项系统工程,政府在这项工程中所要做的就是完善法制、制定政策、强化服务。如政府应推进农村基层民主法律制度建设,改革农村公共品供给决策程序,建立由内部需求决定公共品供给的机制,使农民的意见得到充分反映;实行民主选举制度,村级和乡级领导真正由本区域居民民主选举产生,使他们真正对本区域选民负责;加强农村社会保障立法,从法律上保障建立和完善农村养老保障制度、农村基本医疗保障制度、农村居民最低生活保障制度等社会保障制度,使农民老有所养、病能就医,享有最低生活保障。

通过以上分析,最后笔者给出利益分享机制的理论框架(如图2-3所示):

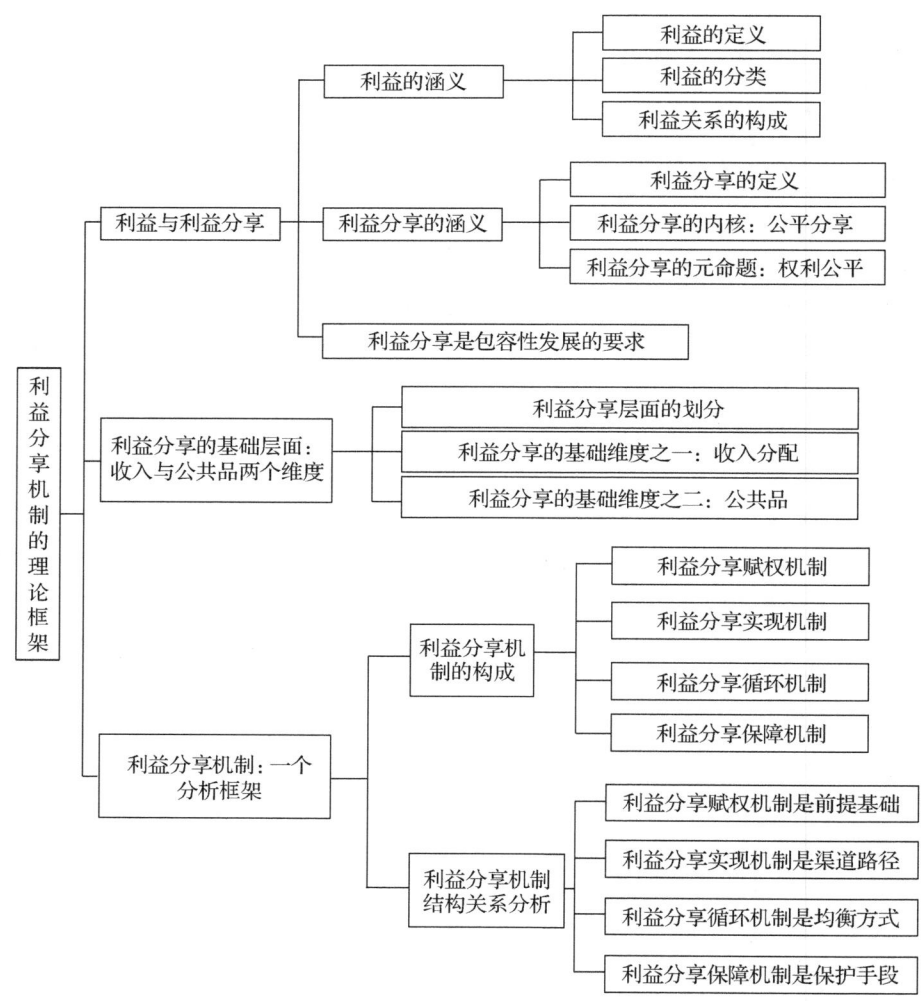

图 2-3 利益分享机制的理论框架

3 中国城乡利益关系的变迁：问题成因分析

中国经济在改革开放后得到高速发展，期间城乡差距在很长一段时间内呈现不断扩大的趋势，农村居民在收入水平及教育、医疗、社会保障等公共品的获得方面大幅度落后于城市居民，中国城乡利益分享呈现极度不公平的态势。党的十八大之后，随着城乡融合发展战略的不断推进，城乡发展不均衡现象得到遏制，特别是党的十九大之后，国家提出建立健全城乡融合发展体制机制和政策体系，将乡村振兴战略作为国家战略进行部署，这是对城乡关系认识的重大转变，是对城乡关系政策方向的重大调整。但是我们也应该看到，城乡发展不均衡不是一天形成的，要改变这个局面还需要较长的历史时期，需要有更深入的体制机制改革。要构建公平合理的城乡利益分享机制，必须总结和把握中国城乡变迁的历史进程和规律。在本章中，笔者将从历史的视角分析城乡利益分享的变迁过程，揭示城乡利益分享不公平的制度原因，从中印证构建城乡融合利益分享机制的重要意义，并通过总结历史规律，为构建城乡融合利益分享机制提供经验指导。

3.1 中国城乡利益关系的演变过程

中国城乡利益分享格局的形成经历了历史的演变过程。从前面利益分享理论的研究可知，利益格局的形成是围绕权利分配及权利实现的制度安排的结果，因此利益分享的不公平总和权利分配及权利实现的制度安排有着密切的联系。制度安排的形成有其变迁的历史逻辑。在中国城乡利益分享变迁的历史过程中，政府之手起着决定性的作用，不同的历史时期，政府的发展目标主导着制度变迁的轨迹。为了研究的方便起见，先对下面几个问题进行说明。

首先，对中国城乡利益分享演变过程的研究以完成了社会主义三大改造为起点。因为社会主义三大改造的完成，标志着社会主义公有制的经济基础得以确立。社会主义生产资料公有制是城乡利益分享格局演变的大背景，也是政府能够主导利益格局调整的重要条件。

其次，利益是一个包含内容很丰富的范畴，从不同的角度可以将利益划分为不同的种类。但从人的需求满足的角度看，人总是在满足了基础层次的需求后才会去追求更高层次需求的满足。利益分享也是如此,物质利益和与物质利益获得有着密切联系的公共品方面的利益是利益分享的基础层面,其他如精神方面的、文化方面的利益都是建立在物质利益的基础之上的,要解决利益分享不公平的问题,我们首先应该解决利益分享基础层面的分享不公平问题。因此,对城乡利益分享格局的描述主要从城乡利益分享的基础层面——收入和公共品两个重要维度入手。

最后,改革开放是社会主义中国经济社会发展进程中的重要分水岭。中国城乡利益分享的演变过程以改革开放为转折点,从宏观的维度可将其分为两大阶段,第一个阶段是从完成社会主义三大改造后到实行改革开放前,第二个阶段是实行改革开放后。两个阶段不同的时期又可分为各具特点的小的阶段,特别是改革开放后,中国体制改革不断推进,制度安排的变化相应更为迅速,同时也带来了利益分享格局的变化调整。在改革的大背景下,不同的时期城乡利益分享格局有着不同的特点。

下面笔者将从上述两个大的阶段入手,详细阐述中国城乡利益分享的演变过程。

3.1.1 改革开放前城乡利益分享失衡格局

新中国成立不久,中国仿效"苏联模式"选择了一条优先发展重工业的工业化道路。对于建国之初的中华人民共和国而言,优先发展重工业战略的实施面临着资本缺乏的困难,要解决这个困难,只有依靠农业的积累来为工业的发展提供资金支持。服务于这个战略的实施,国家实行了一系列城市偏向的制度安排,形成了城乡二元经济社会结构。这个历史时期的城乡利益分享的格局是牺牲农村、农业和农民的利益来支持工业和城市的发展。

但新中国选择优先发展重工业的策略不是新政权的领导者闭门造车或者轻率仓促做出的决定,而是对当时国际国内形势综合考虑的结果,主要是基于以下三个方面的原因:

第一,从国际竞争的出发点来考虑。当时世界上发达国家的经济结构显示,重工业意味着现代化的大工业,较高的重工业比重,代表着国家经济的高度发展水平和强大的经济实力。一个国家要在国际经济发展的竞争中获胜,迅速跻身于世界强国之林,必须优先发展重工业。

第二,受到国际政治经济环境的逼迫。朝鲜战争爆发后,美国对中国大陆实施政治孤立、经济封锁等措施,美军第七舰队甚至入侵我国的台湾海峡,形成军事对峙。这种国际政治、经济、军事形势,使得新中国迫切需要建立自成体系的工业结构,而重工业是其中的关键一环。

第三,面对工业化资本形成的限制。在当时的中国经济结构中,农村人口占总人口的80%以上,而且大多数的农村人口处于贫困状态,若实行优先发展轻工业的战略,将会遇到市场狭小、有效需求不足的限制,无法取得工业化所需的资本积累。选择优先发展重工业的策略可以克服农民无法为工业发展提供有效需求的不利条件,迅速达到赶超的战略目的。

重工业优先发展的策略首先反映在国民经济发展的第一个五年计划中。"一五计划"的制定是从1951年开始,其实施期间为1953~1957年。在"一五计划"中正式确定重工业为重点发展项目,在基础工业方面包括电力工业、煤炭工业、石油工业、钢铁工业、有色金属工业及化工业等,在制造业方面则包括大型金属切削机床、发电设备、冶金设备、采矿设备以及汽车、飞机等机械制造。"一五计划"的工业建设核心是前苏联帮助设计和兴建的156项重点工程,全部都是重工业。第一个五年计划的投资结构也充分反映了优先发展以重工业为核心的工业化战略方针。在427.4亿元的基本建设投资中,各部门的分配比例如下:工业占58.2%,农林水利占7.6%,运输邮电占19.2%,贸易银行和物资储备占3%,文化教育和卫生占7.2%,城市公用事业建设占3.7%,其他占1.1%。投资总额中,工业的比重占第一位,而前苏联帮助设计的重工业建设单位的投资就占到44.3%,再加上直接配套的基础设施建设投资,达到51.5%。这样的投资结构突显出重工业与基础设施建设的重要地位。[①]

重工业是一个资本密集型的产业,而当时中国经济条件具有三个弱点:一是资金短缺而利率偏高;二是外汇短缺而汇率偏高;三是资本形成不足,资金动员能力弱。这些弱点与发展重工业所要求的条件刚好背道而驰,所以无法借助市场机制的作用来实现发展重工业的目标,只得以行政权力来压低重工业发展的成本,即压低资金、外汇、能源、原料、农产品和劳动的价格,降低重工业资本形成的门槛,实行了一系列以全面扭曲产品和要素价格为主的宏观经济政策。这些政策包括调低利率和汇率政策、外汇管制政策、统一规定的低工资水平政策、实行农产品和其他生活必需品及服务的低价政策。为了最大限度地调动国内资源优先发展重工业,中国建立了一套高度集中的计划经济体制,并在此基础上围绕优先发展重工业的目标形成了城乡分治的二元体制,使大部分重工业的高增长成本转嫁给农业和农民承担。城乡分治的体制安排着重体现在以下几个方面:

1) 农产品统购统销制度

为了解决重工业优先发展与落后农业的矛盾,保障工业化建设和市场稳定,国家实行了粮油棉等农产品统购统销政策。统购统销具有双重职能:一是通过工农业剪刀差为工业化提取积累,二是保障城镇人口的粮油供应。要承担这两种职能,

---

[①] 董志凯."一五"计划与156项建设投资[J].中国投资.2008(1).

都必须严格控制城市人口规模,以缓解计划供应的压力。中国的户籍管理制度一开始就是与粮食供应关系紧密挂钩的,而统购统销不仅以城乡分割为前提,它的实行又有效地限制了农村人口的流动和迁移。国家通过国营商业和农村供销合作社两大系统掌握了90%以上的剩余农产品,基本控制了全部商品化粮油。国家对城镇居民实行成品粮油定量供应的制度,每户拥有一个"粮本",粮油关系附着在户籍制度之上,跟着户口走,城镇居民户籍变动必须随之迁移粮油关系。凡是实行计划供应的地区取消集市贸易,农民想进城必须先要换到粮票,出省还要换到全国粮票。没有粮油供应关系,加上无法获得住宅、副食品、燃料供应、教育、医疗、就业、保险等福利保障,农村人口即便自发流入城市,也无法在城里长久生存。

以粮食供应为例,大规模的工业化建设带来了城市人口的大量增加,为了保证发展重工业的战略目标得以实现,保证城市的粮食供应,1953年国家开始实行粮食统购统销制度。粮食统购统销制度由计划收购、计划供应、市场管理和中央统一管理四个相互关联的部分组成。粮食的统购统销一方面对农村生产的粮食实行统一收购,另一方面通过取缔私营粮食商业、改造私营粮食零售店,对城市居民与工商业用粮进行严格的计划管理,也即对城市的粮食消费实行计划供应。它的推行,使国家在当时粮食产不应需、供不应求的状况下保证了粮价乃至物价的平稳,保证了城市居民低水平的粮食消费。通过统购统销,国家从农民手中低价收购粮食来保证城市粮食的低价供应,从而降低了重工业发展的成本。实行统购统销后,过去的粮食自由贸易变成了国家垄断经营,国家因此得以全面掌控粮食的采、供、销诸环节,城乡之间最主要的市场联系被割断。正是在这个意义上,有学者把粮食统购统销看作是新中国成立后实行计划化、建立计划经济体制的第一道门坎,也是使城乡朝着二元化方向运行的第一个制度性安排①。

2)城乡分治的户籍制度

户籍制度是一项基本的国家行政制度。传统户籍制度是与土地直接联系的,以家庭为本位的人口管理方式。现代户籍制度则是国家依法收集、确认、登记公民出生、死亡、亲属关系、法定地址等公民人口基本信息的法律制度,以保障公民在就业、教育、社会福利等方面的权益,是以个人为本位的人口管理方式。

新中国成立后,立即就把户政建设工作作为建设新国家的一项基础性工作。新中国户籍制度的建立过程是按照先城市、后农村的顺序逐步建立起来的。农村的户口工作从1951年开始试建,先从集镇开始,逐步推广。1953年,在第一次全国人口普查的基础上,大部分农村建立起了简易的户口登记制度。1954年12月20日,国家内务部、公安部、国家统计局联合发出通知,要求普遍建立农村的户口

---

①汤水清.论新中国城乡二元社会制度的形成——从粮食计划供应制度的视角[J].江西社会科学,2006(8).

登记制度。

新中国初创的户籍制度,对于支持镇反运动、建立革命秩序、维护社会治安发挥了重大作用。随着经济恢复时期的结束,国家需要为即将开始的大规模经济建设提供准确的人口资料,从而加快了建设全国统一的户籍制度的步伐。

1955年6月9日,国务院颁布《关于建立经常户口登记制度的指示》,开始在全国城乡全面建立统一的户口登记制度。1956年1月13日,国务院决定将内务部主管的农村户口登记工作移交公安部门,从而使全国户口工作实现了统一的管理。同年3月,全国第一次户口工作会议召开,初步确定了户口迁徙审批和凭证落户制度,调整了户籍管理工作的任务,明确了户籍管理的三项基本功能,即证明公民身份、统计人口资料、发现和防范反革命和各种犯罪分子的活动。户籍工作服务于国家建设的作用进一步加强。

在新中国的户籍制度逐渐完备的同时,对人口迁移的限制性管理也开始严格起来。而在新中国成立的初期,人口在城乡之间流动基本上不受什么限制,农民可以向城市自由流动,1952年,市镇人口占总人口的比例由1949年的10.6%上升到12.5%。1953年,国家开始执行"一五"计划,实行优先发展重工业的工业化战略,随即出现了新中国第一次人口迁移的高潮,并且是有组织的计划性迁移和大量的自发性迁徙并存。据统计,从1954到1956年,全国迁移的人数每年递增,3年间高达7700多万[①]。

但伴随着优先发展重工业策略的执行,由于重工业资金投入大,而吸纳劳动力的能力较弱,城市粮食供应出现严重紧缺,国家由此实行了农产品统购统销制度。农产品统购统销制度的实行骤然拉大了工农业剪刀差,又形成了农村人口涌入城市强烈的利益驱动。大量农村劳动力进入工业领域,使城市的人口负荷量骤然增大,城市资源短缺的情况更加严重起来。国家为减轻城市压力,支持工业化战略的实施,开始将控制人口流动的功能引入户籍管理之中,并从户口管理、粮油供应、劳动用工和社会保障等方面对农民盲目流入城市进行控制。

1955年8月,国务院颁布关于农村粮食统购统销和市镇粮食供应的两个暂行办法,将户口与粮食直接联系起来。3个月后,国务院又颁布了《关于城乡划分标准的规定》,将"农业人口"与"非农业人口"作为人口统计指标,按"农业户口"与"非农业户口"进行划分与管理的二元户籍管理体制开始形成。1956年,农业合作化运动进入高潮。而在农业合作化急躁冒进造成农村恐慌的同时,统购统销又购了"过头粮",加上部分地区发生严重灾情,导致农民大批外流,对城市形成巨大冲击,在全国范围内出现了严重的"盲流"问题。1957年,全国职工人数达到2450.6万

---

① 王海光.当代中国户籍制度形成与沿革的宏观分析[J].中共党史研究,2003(4).

人,城市人口增至9949万人,占总人口比重增至15.93%①。在政府的财政压力急剧加大的情况下,中共中央、国务院连续发布指示,劝止农民盲目外流,禁止工矿企业私自招用农村劳动力,紧缩城市人口;同时,要求公安机关严格户口管理,严禁粮食部门供应非城镇户口人员的粮食,遣返自行流入城市和工矿企业的农民。

在城市人口压力剧增,劝止"盲流"难以奏效的情况下,国家迅速出台相应的法规,将限制人口自由迁徙的功能纳入户籍管理制度之中。1958年1月,《中华人民共和国户口登记条例》颁布。《条例》以法律形式规范了全国的户口登记制度,是新中国城乡统一户籍制度正式成立的标志。《条例》明确规定了迁移审批制度和凭证落户制度,对户口迁移作出了约束性规定。原则上,农民向城市、小城市向大城市的人口迁移都受到严格限制。由此,新中国的户籍制度最终引入了严格限制农村人口向城市流动的功能,形成了城市和农村的二元户籍管理方式。由此可见,将限制人口自由迁徙的功能纳入户籍管理之中,建立城乡二元户籍制度,是国家实施计划经济和优先发展重工业的工业化发展战略带来的制度效应,是在短缺经济下的被动选择。

通过户籍制度,国家完全控制住了人口自由流动,农民只能从事农业生产,居住在农村,无法自由流入城市。而农村农业人口要想变成城市人口,只能通过招工、读书等非常狭窄的渠道才能实现。同时,在全国普遍实行的按户籍定量供应生活资料的票证制度以及计划性极强的劳动人事制度和档案制度,也严格控制了农村人口向城市的流动,从而使城乡社会成为相互封闭的二元结构。城乡二元的户籍管理制度保障了重工业优先发展战略的实施和城市的优先发展,国家对城市和工业的投资更为便捷和高效。

然而,城乡分治的户籍管理制度造成了城乡利益分享的不公平,城市居民能够更为方便地享受到国家提供的良好医疗服务、社会保障、教育服务和基础设施等公共品以及各种社会福利,农民却被户籍制度排斥在外。城乡分治的户籍管理制度把城市居民和农村居民分成了不同的利益主体,城市居民和农村居民有了不同的身份等级。因而,我国的户籍制度不仅具有人口登记和管理功能,而且还附着了太多不平等的社会福利和其他社会功能。城乡分治的户籍管理制度成为城市居民和农民权利的"分水岭",农民享受不到作为公民的平等的国民待遇,无法公平分享经济社会发展的各种成果。

3) 人民公社制度

为了突破人多地少、农村生产力落后、城市容纳力不足的发展瓶颈,国家提出"两条腿走路"的方针,而1958年开始的人民公社化运动就包含着促进城乡共同发

---

①王海光.当代中国户籍制度形成与沿革的宏观分析[J].中共党史研究,2003(4).

展、就地转化农民的意愿。在农业改造过程中,加速农业集体化的重要动因,就是寻求解决重工业优先发展与落后农业之间的矛盾的根本途径,而农业集体化为保证国家收购和资金积累,减少统购统销的交易成本和社会震荡提供了有力的组织形式。人民公社有四个主要体制特征:一是"政社合一",人民公社既是农村合作经济组织,又是国家基层政权组织,还是农村社会组织;二是"三级所有,队为基础",虽然规定生产队是基本核算单位,但公社和大队在生产和分配上握有最终决策权;三是"统一经营,集中劳动,评工记分,按工分分配",这是生产队的基本生产经营方式,农民必须在绝大部分劳动时间从事集体劳动,并从集体经济获得主要生活来源;四是"自留地、家庭副业、集市贸易",这是给予农民的小自由,作为集体经济和农民收入来源的补充。

公社作为国家的基层政权组织,主要代表国家的利益,并承担控制农村,为国家提取积累的职能。人民公社把国家权力有力地深入到农村,对农村社会实行高度的组织化和超强控制,在这种体制下,人民公社控制了农村两大基本生产要素——土地与劳动力。人民公社与之前的初级社乃至高级社不同在于,农民完全没有了退出公社的自由。集体之外无土地,公社之外无农民,因而也就获得了对农村社会实行强控制的基本条件,而公社农民只有依附于人民公社集体经济之中。为了巩固集体经济,消除农民的离心倾向,还对农民的"小自由"设置了种种限制,如规定自留地和家庭副业收入不得超过农民收入的一定比例;限制自留地的经营品种;社员经营自留地只能利用早晚工余时间;所有整半劳力都必须参加集体劳动,不得误工,探亲访友赶集要得到干部批准;等等。人民公社化运动的开展,使政府可以通过公社体制直接介入农业生产和农民生活的全过程,限定农村基本生产资料即土地和劳动力的使用方式。

人民公社体制与统购统销制度、城乡户籍制度相互融合,成为维持城乡二元结构的基本制度。通过这样的制度安排,国家实现了对农村资源的全面控制。在计划经济时期,国家几乎掌握了经济发展的一切资源,而资源分配的方式则是行政性的、指令性的计划,政府按照自己的偏好分配一切经济资源。政府对资源的分配决定了城乡之间、行业之间的不同发展速度。在国家的计划安排下,农村的资源源源不断地流向城市,保证了重工业优先发展的工业化战略得以实施。在这里,笔者以政府对工农业基本建设资金的分配(见表3-1)为例,说明我国在资源分配制度上对城市的偏向。

表 3-1　改革开放前工农业基本建设投资情况表①

时期	基本建设投资总额（亿元）	工业		农业	
		基本建设投资(亿元)	占基本建设投资总额的百分比(%)	基本建设投资(亿元)	占基本建设投资总额的百分比(%)
"一五"时期	588.47	250.26	42.53	41.80	7.10
"二五"时期	1206.09	728.30	60.39	135.70	11.25
1963—1965	421.89	210.18	49.82	74.50	17.66
"三五"时期	976.08	541.51	55.48	104.30	10.69
"四五"时期	1763.95	977.97	55.44	173.10	9.81
"五五"时期	2342.17	1231.71	52.59	246.10	10.51

改革开放前，财政几乎是基本建设资金的唯一来源，各行业获得基本建设投资的多少取决于国家对基建资金的分配，因此工农业基本建设投资状况可以较好的体现国家在经济资源分配上的偏好。下面的图 3-1 是对表 3-1 中相关数据的直观反映。

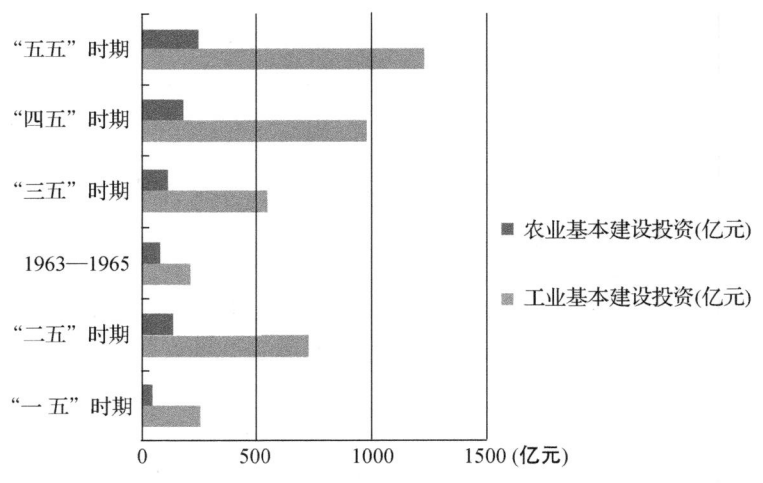

图 3-1　改革开放前工农业基本建设投资对比

但这种制度安排带来的另一个后果就是城市和工业对农村和农业利益的剥夺，造成城乡利益分享的不公平。这种城乡利益分享不公平的格局首先就表现在利益分享基础层面的两个重要维度——收入和公共品获得上面，从表 3-2 所示的

---

①国家统计局.中国统计年鉴 1990.北京：中国统计出版社,1990.

3 中国城乡利益关系的变迁:问题成因分析

统计数据我们可以发现这一时期城乡收入水平方面的差距。

表3-2 改革开放前中国城乡人均收入及城乡人均收入比①

年份	城市人均收入(元)	农村人均收入(元)	城乡人均收入比
1957	235	73	3.22
1958	234	77	3.04
1959	233	80	2.91
1960	232	84	2.76
1961	231	88	2.63
1962	229	93	2.46
1963	228	97	2.35
1964	227	102	2.23
1965	232	107	2.17
1966	238	109	2.18
1967	244	111	2.20
1968	250	113	2.21
1969	256	115	2.23
1970	262	117	2.24
1971	268	119	2.25
1972	274	121	2.26
1973	281	123	2.28
1974	288	125	2.30
1975	294	127	2.31
1976	301	129	2.33
1977	309	131	2.36

以上统计数据显示,在改革开放前城市居民的收入水平的绝对值大大高于农村居民(见图3-2)。但收入差距大体经过了两个阶段的变化,先是收入差距迅速缩小,然后进入一个较为平稳的时期,这从图3-3中可以较为直观地看出。

---

① 国家统计局.中国统计年鉴1990.北京:中国统计出版社,1990.

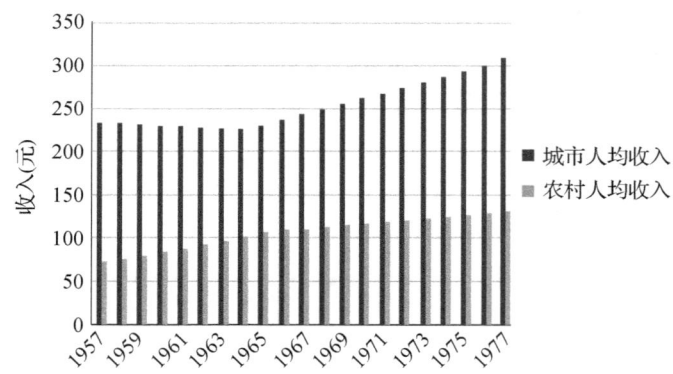

图 3-2 改革开放前城乡人均收入水平对比

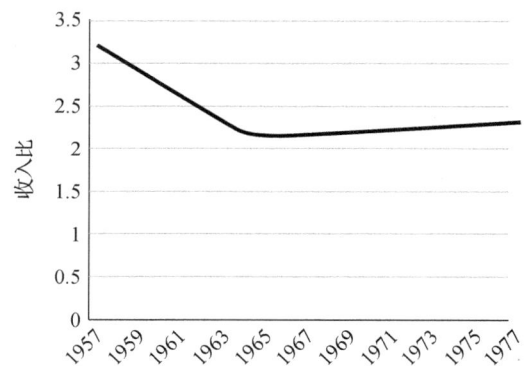

图 3-3 改革开放前城乡人均收入比变化趋势

1957—1963年间,伴随着社会主义三大改造的完成,计划经济体制逐步确立,城乡居民收入差距逐年缩小;1964—1977年间,农村采用以工记分的按劳分配制,城镇国有企业实行统一的八级工资制,因此城乡居民的收入均等化程度较高,城乡人均收入比基本保持稳定。由表3-2中数据可知:1957—1977年,城乡人均收入比基本在2~3之间平稳运行,最低是2.17,最高是3.22。

关于改革开放前城乡公共品获得方面的统计数据较少,根据散见的资料分析,这个时期城乡公共品分享是偏向于城市的,政府在教育、医疗、基础设施等方面的投资建设主要集中在城市。

如1951年2月,政务院(国务院的前身)颁布了《中华人民共和国劳动保险条例》,以解决产业工人的医疗保健问题。《条例》规定:凡铁路、邮电、航运及工矿企业等单位的工人、职员均享有集体劳动保险的权利,职工的医疗费用全部由企业负担。1952年6月,政务院发布《关于全国各级人民政府、党派、团体及所属事业单位的国家工作人员实行公费医疗预防的指示》,在国家机关、人民团体和学校等部门的公教人员中实行公费医疗制度。另外,"一五计划"规定,至"一五计划"完成,城市每千人口有病床由1952年的1.92张增加到1957年的2.98张,增幅高达55%;而农村每千人口有病床由1952年的0.11张增加到1957年的0.14张,增幅仅为27%[①]。根据中央五个工业部门的统计,1953年货币工资比1950年增加了84%,支付的劳动保险费、医药费、文教费、福利费相当于平均工资的17%。在第一个五年计划期间,国家为职工支付的劳动保险金、医药费、福利费共达103亿元,享受公费医疗的人数由1952年的400万人增加到1957年的657.2万人[②]。

同时,国家还专门安排资金用于城市公用事业建设。如在1952年,国家对城市公用事业的投资为1.7亿元,在第一个五年计划期间,国家对城市公用事业的投资达到了14.4亿元,主要用于城市自来水、公共交通、道路、下水管道等的建设;在城市还建立了大量的文化馆和公共图书馆,全国文化馆的数量由1949年的896个增加到1957年的2748个,公共图书馆则由1949年的55个增加到1957年的400个[③]。这些国家对城市投入的公共品,农民是难以享用的。

受城市偏向的国家发展战略的影响,政府把大部分的财政支出都用于城市和工业的发展,几乎没有考虑农村公共品的提供;同时,由于城乡分治户籍制度的严格控制,农民无法自由流入城市,分享政府为城市居民提供的公共产品和服务。为了满足农民在公共品方面的需求,农村形成了由农民自己筹资提供公共品的局面,政府除了负担一部分公共品的成本外,其他大部分公共品的成本由农民自己承担。这种在农村建立的体制外供给的公共品提供制度,具体是由人民公社这一组织形式来完成筹集提供公共品所需资金,并安排公共品的提供。城市居民的公共品由政府来提供,农村居民的公共品只能由自己来承担提供成本,这种公共品提供制度是城市偏向的不公平利益分享机制的直接反映。从人民公社时期公社收益分配比例表中可以看出(见表3-3),在人民公社的纯收入中,除了上缴国家税收外,还有集体提留的部分,而集体提留部分的主要用途就是用于支付农村公共品的成本。

[①] 崔义田.第一个五年计划中的卫生保健事业[M].北京:中华全国科学技术普及协会出版社,1956:4-5.
[②] 曲延春.农村公共产品供给体制的路径依赖分析[J].中共山西省直机关党校学报,2009(3).
[③] 国家统计局.伟大的十年[M].北京:人民出版社,1959:49,181.

表 3-3 农村人民公社基本核算单位收益分配比例(以总收入为 100)①

年份	一、各项费用		二、纯收入	纯收入分配				
	合计	其中:生产费用		国家税收	集体提留合计	在集体提留中		分给社员
						公税金	公益金	
1958	26.64	25.49	73.36	9.51	11.56	9.89	1.52	52.29
1959	26.77	24.89	73.23	10.00	12.53	10.32	1.79	50.70
1960	28.96	27.01	71.04	9.90	4.41	3.00	1.00	56.73
1961	26.70	24.49	73.30	6.41	6.79	4.20	1.98	60.10
1962	28.25	25.90	71.75	6.50	6.52	4.41	1.44	58.73
1963	28.31	26.25	71.69	6.54	7.01	5.15	1.52	58.14
1964	28.88	27.23	71.12	6.78	9.33	7.15	1.69	55.01
1965	28.18	25.05	71.82	5.60	8.93	6.56	1.43	57.29
1970	30.82	27.94	69.18	4.53	9.78	6.54	1.69	54.87
1971	30.13	27.28	69.87	4.44	9.50	5.85	1.70	55.93
1972	32.07	30.08	67.93	4.42	8.56	5.79	1.58	54.95
1973	31.30	29.63	68.70	4.29	9.63	6.53	1.65	54.78
1974	32.22	30.15	67.78	4.12	10.10	7.06	1.68	53.56
1975	33.61	31.23	66.39	4.02	10.93	7.48	1.78	51.44
1976	35.39	32.59	64.61	3.89	10.70	6.82	1.68	50.02
1977	35.59	32.77	64.41	3.80	9.31	6.48	1.62	51.30
1978	34.88	32.31	65.12	3.35	9.30	6.76	1.63	52.47

3.1.2 改革开放后城乡利益分享格局的演变及其不公平惯性特征

1978 年,安徽凤阳小岗村的农民为解决温饱问题,自发开始了包产到户的改革,从而吹响了改革开放的号角。改革开放,首先被突破的就是农村人民公社体制。人民公社的政社合一管理体制、为城市与国有部门"贡献"以及无处不在的平均主义,使得农民普遍缺乏生产积极性,农村长期处于极度贫困状态。家庭联产承包责任制从一开始试点就得到了广大农民的拥护和欢迎,1980 年开始在边远山区和贫困落后的地区实行,很快便在全国得到推广。1983 年 10 月国家正式实行政

---

① 国家统计局.中国统计年鉴 1990.北京:中国统计出版社,1990.

社分离,1985年政社合一的人民公社体制完全被只有行政功能的乡镇体制取代;同时,原有的计划性与行政控制极强的社队企业体制,也完全被走向市场化与弱化行政控制的乡镇企业体制取代。

而随着家庭联产承包责任制的普及,粮食生产出现了越来越多的剩余,统购统销体制所依赖的紧缺经济环境发生变化,体制逐渐松动,首先是逐渐放宽与取消在农村的农副产品统派购制度,农村农副产品市场化机制逐步建立。1978年12月中共十一届三中全会通过《中共中央关于加快农业发展若干问题的决定(草案)》,决定在农村恢复农贸市场,减少农产品统派购的品种和数量,扩大议价收购与市场调节的范围;1982年,二类农副产品收购基数以外的产品由社队和农民自行处理,基数外产品的收购价格允许按照市场供求状况实行一定范围的浮动;1983年,逐步推行购销合同制,对完成统派购任务后的产品(包括粮食,不包括棉花)和非统购派购产品,允许农民多渠道经营;1984年,进一步减少了统派购的品种和数量;1985年,从根本上改革农产品统派购制度,除个别品种外,国家不再向农民下达农产品统派购任务,并禁止任何单位再向农民下达指令性生产计划。这一时期,随着家庭联产承包责任制的普遍实施,使得包罗农民全部生活的农村人民公社体制与控制最重要消费品的统购统销体制解体。

人民公社体制和统购统销体制的解体,使原来控制农村资源的主要制度安排只剩下城乡分割的户籍制度。体制改革的冲击使原来维持城市偏向的城乡利益分享格局发生了变化。概括起来,改革开放后城乡利益分享格局的变化经历了以下四个阶段。

1) 第一阶段(1978—1984年):城乡利益分享格局朝双方有利方向演进

20世纪70年代末,在传统计划经济体制下,城乡二元经济结构几乎不存在通过劳动力、资本等生产要素市场的正常交易实现一元经济结构的途径。因此,改革开放前的城乡二元结构处于低水平的制度均衡状态,农村人民公社的集体化生产因缺乏激励机制,严重压抑了农民的生产积极性。农村的家庭联产承包责任制则形成了新的体制创新,其良好的示范效应也激发起城市国有企业改革的热情,国有企业"放权让利"在全国逐步推行,同时也配套开展了企业劳动合同制的创新;同时,党中央对原来的重工业优先发展的战略思想进行了修正,更加注重人民生活水平的改善。因此,此阶段的改革形成了城乡互动:一方面丰富了市民的菜篮子和米袋子;另一方面又增加了农民收入,实现了国民经济的帕累托改进。

改革开放后,随着人民公社制度在农村的逐步废除,家庭联产承包责任制得到迅速推广。家庭联产承包责任制在最初出现时受到过很多质疑,但党中央最后坚定地支持了农民根据自身发展提出的改革要求,改善了农业生产的内部激励机制,极大地推动了农村经济发展,为化解前一阶段积累的城乡二元社会矛盾奠定了基础①。同时,随着对商品经济的认识转变,农产品市场和价格逐步放开,形成了对农业生产的外部激励,不但解决了粮食供给问题,还带动农民收入快速增长。这一时期,我国的财政政策也不再只偏向城市的发展,而是逐渐增加了对农村农业的支持。农村经济的好转使农村的人口得到相应的增加,随着我国对农村经济发展政策的不断调整,农村居民对农业生产的积极性也有所提高,农民的收入不断增加,生活水平也得到了一定的改善。

这一阶段我国城乡关系处于相对比较协调的状态,经济社会发展状况较为稳定。而城市的改革也随后启动,形成了农村改革为主、带动城市改革启动的局面,城乡差距在不同程度上有所缓和。同时在缩小城乡差距的目标下,又迎来了乡镇企业的快速发展。党的十一届四中全会提出大力发展社队企业,逐步提高社队企业的收入,1984年中央进一步放宽乡镇企业在生产、销售等方面的限制。在一系列改革政策的推动下,1983年全国乡镇企业总产值比1978年增长了104.5%。在1978—1984年的七年间,农民人均收入每年增长16.4%,增长幅度超过城市居民8个百分点②。

总结起来,党的十一届三中全会后,我国开始实施对内改革、对外开放的基本国策,随着改革开放步伐的开启,党的工作重心也从以阶级斗争为纲转移到以经济建设为中心上来,而工作重心的转变,原有的发展战略思路发生了极大的改变,以下三个方面的变化推动了城乡差距的缩小。

(1) 推进农村土地改革,废除人民公社制度,实施家庭联产承包责任制,逐渐摆脱了传统的社会管理体制。这次土地改革,我国将土地产权划分为所有权和经营权两种,所有权归集体所有,经营权则由集体经营组织按户均匀地分配给农民自己经营,集体经营组织主要负责承包合同履行的监督工作,以及公共设施的安排、布置、操作与调用,土地如何调整与分配等,逐步形成一种有统有分、统分结合的双层经营模式。家庭联产承包责任制的实施,有效纠正了我国农村长期以来管理集中与经营方式单一的弊端,使得农民从劳动者转变为生产者和经营者,提高了农民对农业生产的积极性,更好地发挥了劳动者与土地的潜力,使得农村的生产力得到了一次大解放。

(2) 从传统的计划经济逐渐转为市场经济,资源的配置方式得到了一定程度的优化,城乡之间要素的流动变得自由顺畅起来,为商品的平等交换创造了有利的条件,从而也增加了城市与乡村之间的要素流动。伴随着农村改革的不断深化,工

---

① 张海鹏. 中国城乡关系演变70年:从分割到融合[J]. 中国农村经济,2019(3).
② 韩俊. 中国经济改革三十年[M]. 农村经济卷. 重庆:重庆大学出版社,2008:145.

业与农业、城市与农村之间发生了巨大的变化,城乡的二元经济结构特征得到了一定的改变,城乡之间的关系得到了基本的协调,农村经济得到了发展,农业总产值也呈现出上升的趋势。与此同时,我国农村工业迅速发展起来,乡镇企业异军突起,工业生产总值增长迅速。

(3) 对社会管理体制的逐步改革,促进了资源的流动。随着以市场为导向的改革政策的实施,带动了对很多阻碍城乡人口自由流动和城乡交流的社会管理制度的改革。如国家逐步认识到户籍制度对城乡之间人口及要素流动的巨大桎梏作用,阻碍了城乡之间的协调发展,因此通过一系列政策手段逐步打破城乡之间的分割独立关系,加强了城乡之间的互动交流,农村人口开始自发地向城市转移。

2) 第二阶段(1985—2001年):恢复城市偏向的城乡利益分享格局

在前一阶段改革取得初步成效后,我国开始偏重城市导向型的改革。如国有企业改革中因产权软约束,职工的各种补贴、奖金等非工资收入膨胀,机关事业单位的工资收入也不断增加,城市居民的各种价格补贴大大弥补了通货膨胀的损失,同时养老、医疗、失业等社会保障制度也都惠及城市居民。相反,农村的教育补贴被取消,由农民自己负担子女的义务教育,农民的医疗经费补贴也只是杯水车薪,这使得农村的财政资金被削减,农民的利益再次被侵蚀。此阶段城乡利益分享格局的变迁在一定程度上是以牺牲农民的利益来维护城市居民的利益,城乡利益分享的制度安排变得越来越不利于农民,城市利益在利益格局调整中重新占据了主导地位。

特别需要说明的是,1993—1996年期间,政府为实现经济软着陆,一方面,重点应对粮棉等农产品短缺对通货膨胀的推波助澜作用,利益重心向农民倾斜,大幅度提高粮棉等农产品收购价格,探索建立粮食保护价收购制度,出台了减轻农民负担的政策;另一方面,也照顾了城市居民的利益,支持国有企业改革收入分配制度,提高职工工资,增加机关事业单位人员工资,减轻市民所得税负担及发放价格补贴,探索建立城市居民适应市场经济要求的新型养老、医疗和失业等社会保障制度。这一阶段城乡收入和消费差距缩小,使得城乡二元结构的制度变迁具有较高的"帕累托"改善程度,不仅获得了农民的认可,也赢得了市民的广泛赞同和支持,变迁中的摩擦成本比较小,城乡关系较为和谐。

1997—2001年,国内外市场环境发生了深刻变化,国民经济进入通货紧缩时期。国有经济实行战略性调整,下岗职工大幅增加,就业形势严峻,导致城乡利益分享制度再度向有利于城市的方向倾斜。主要措施包括:政府免费培训下岗工人,发放财政贴息小额贷款支持下岗工人创业,提高市民最低生活保障标准;公务员和事业单位人员连续几年涨工资,带动国有企业等经济单位给职工加薪;国债资金大量投入城市或与市民利益直接相关的基础设施建设,增加市民福祉。此外,名义上保护农民的粮食保护价收购制度限制了粮食的自由交易,农民几乎得不到粮食补贴的好处,而好处大部分落到了城市里的国有粮食企业手中,棉花种植的摇摆型政策又将农民的大部分利益转移给了指定收购商和纺织企业,处于弱势的农民利益得不到保障;同时,农村大部分基础设施和义务教育得不到财政投入,要由农民自己集资并承担名目繁多的农村税费负担,严重蚕食了农民的利益。

总结起来,这一阶段我国经济社会发展的工作重心再次进行了调整,由农村转移到了城市。伴随城市改革的全面推进,农村的改革发展基本上处于停滞的状态,城市与农村之间的差距再次扩大,城乡之间的关系又一次失衡。农村经济再次停滞,分析其原因主要有这两个方面:

(1)资源严重倾向于城市和工业。改革开放以后,城市偏向于工业优先发展的战略并没有消失,国家将大量的经济配置资源用于城市经济的发展和工业技术的进步,而对农村农业配置的资源相对较少;在财政方面,虽然国家一直强调中央财政要加强对农村农业的支持力度,加大了对农业的补贴,但从财政资金的占比上看,并没有完全改变偏向城市的政策,对农业的补贴仍然很少,甚至出现下降的趋势;在社会事业方面,中央财政用于农村公共服务等方面的支出也极少,无法与城市相比。在这种继续强化城市优先发展战略和公共资源不平等配置的背景下,造成城乡之间要素的不合理流动,使得农村与农业的发展长期处于相对滞后的状态,最终导致城乡之间的差距越来越大。

(2)城乡二元体制问题突出。改革开放以后,阻止城乡发展的一系列体制机制虽然在一定程度上得到了缓解,但是在制度层面上还存在很多问题。其一是城乡之间的税收制度未能体现出真正的公平公正,农村居民的农业税收负担相对比较重,而城市居民收入相对较高,却没承受与之匹配的税收负担。在这种不平的税收制度条件下,城乡之间的差距越来越大,城乡二元经济结构特征也越来越明显。其二是产权制度方面。改革开放以后,我国为了推动农村经济得到长远发展,开始实行家庭联产承包责任制,并对我国的土地制度进行了改革,将土地分为所有权与经营权两种形式。这种土地制度的改革有效促进了农村经济的发展,但城市的发展远远快于农村的进步,城市的改革也比农村的改革速度要快。例如,城市中的国有企业由传统的股份制转变为现代企业制度,这种转变使城市的国有企业和非公有制经济得以快速发展,城市的经济呈现出繁荣的景象。然而农村的经济发展还处于落后状态,家庭联产承包责任制并没有从根本上解决农民问题,同时农村不完善的土地产权制度阻碍了农村的发展,农村土地的集体经营与规模投入问题仍然没有得到很好解决,导致了工业与农业增长不协调,进而造成城乡之间的差距不断扩大。其三是在城乡户籍制度方面。在计划经济时期,为了社会的稳定发展,国家实行了城乡分治的户籍制度,将城市与乡村的居民严格区分开来。改革开放以后,为了促进城乡之间要素的自由流动,对户籍制度不断进行改革,放宽了城乡居民户口的迁移及管理,使农村剩余劳动力转移到城市。但是这种人口转移具有不稳定性,由于国家的政策方针并没有对转移到城市生活的农村劳动者给予一定的保障,他们仅仅是生活环境发生了变化,并没有因为环境的不同而改变本来的身份,仍然不能享受到与城市居民同等的劳动报酬、福利待遇以及社会保障等等。这种不平等的现象加剧了城乡之间的矛盾,也进一步强化了城乡二元经济结构,阻碍了城乡之间的和谐发展。其四在市场体系方面。在计划经济时期,市场的作用微乎其微,所有的权益都掌握在部分人手里,市场的作用无法发挥。进入市场经济时期,市场对资源配置的作用不断扩大,有效推动了经济的发展,但是从整体角度出发,我国城乡市场体系还存在很多的不足,市场的分割问题仍然很严峻,市场资源不合理的配置使得城乡之间的差距越来越大。与此同时,与市场配置相关的法律法规还不健全,在资源配置方面市场的调节作用没有得到充分的发挥。这种城乡市场分割的现象严重阻碍了城乡之间要素的自由流动,甚至影响到我国整个社会的经济发展。农村农业的发展无法与城市工业相比,农村居民也不能获得与城市居民同等的社会地位以及待遇,农村并没有从根本上改变其服务的地位,城市的要素很少向农村流动,城市的工业也没有延伸农村的产业链,而城市与工业对农业的剩余价值却不断占有,使得农业在改革开放初期迅速发展后又进入停滞状态。工业发展与农业发展之间出现严重的不协调,农业进入了相对滞后的时期,而工业却进入了快速发展阶段。

3) 第三阶段(2002—2011年):力图遏制城乡利益分享失衡的阶段

前一阶段的发展使得城乡收入水平急剧扩大,而农村人民公社体制的瓦解,使得农村的公共事业发展无主体负责,城乡公共品获得的差距也日益扩大,城乡发展矛盾尖锐。同时,2002年后我国正式履行世贸组织成员的义务,国内市场迅速开放,国际市场持续扩张,国家日益融入全球化的国际竞争之中。国内外政治经济环境发生了更为深刻的变化,一是主要依靠低层次生产要素的经济结构正在受到全球化的严峻挑战;二是政府管理能力直接面对世贸组织成员的比较和竞争,公共政策越来越受到世贸组织规则的约束;三是城乡二元结构严重束缚农村市场对国民经济增长的贡献力。为了应对全面开放后的国际竞争,中国必须改变城乡二元的经济社会结构,改造传统农业,提高农业的产业竞争力。

2002年党的十六大提出:要统筹城乡经济社会发展,建设现代农业,发展农村经济,增加农民收入;要加强农业基础地位,推进农业和农村经济结构调整,保护和提高粮食综合生产能力,增强农业的市场竞争力。具体包括:积极推进农业产业化经营,提高农民进入市场的组织化程度和农业综合效益;发展农产品加工业,壮大县域经济;开拓农村市场,搞活农产品流通,健全农产品市场体系;推动农村富余劳动力向非农产业和城镇转移,逐步提高城镇化水平;坚持党在农村的基本政策长期稳定,并不断完善以家庭承包经营为基础、统分结合的双层经营体制;有条件的地方可按照依法、自愿、有偿的原则进行土地承包经营权流转,逐步发展规模经营;尊重农户的市场主体地位,推动农村经营体制创新;增强集体经济实力;建立健全农业社会化服务体系;加大对农业的投入和支持,加快农业科技进步和农村基础设施建设;改善农村金融服务;继续推进农村税费改革,减轻农民负担,保护农民利益。① 同时,由于长期城乡利益分享的不公平,造成许多矛盾累积,如不及时解决会影响到社会的稳定和经济的持续健康发展。在这个阶段,国家制定了统筹城乡发展的战略,公共财政开始更多地投向农村社会事业。2006年1月,《中华人民共和国农业税条例》废止,国家停止向农民征收农业税。从中央到地方,大家都在探索统筹城乡发展的科学道路。

  2007年党的十七大提出进一步统筹城乡发展,推进社会主义新农村建设。十七大报告指出:解决好农业、农村、农民问题,事关全面建设小康社会大局,必须始终作为全党工作的重中之重。要加强农业基础地位,走中国特色农业现代化道路,建立以工促农、以城带乡长效机制,形成城乡经济社会发展一体化新格局。坚持把发展现代农业、繁荣农村经济作为首要任务,加强农村基础设施建设,健全农村市场和农业服务体系。加大支农惠农政策力度,严格保护耕地,增加农业投入,促进农业科技进步,增强农业综合生产能力,确保国家粮食安全。加强动植物疫病防控,提高农产品质量安全水平。以促进农民增收为核心,发展乡镇企业,壮大县域经济,多渠道转移农民就业。提高扶贫开发水平。深化农村综合改革,推进农村金融体制改革和创新,改革集体林权制度。坚持农村基本经营制度,稳定和完善土地承包关系,按照依法自愿有偿原则,健全土地承包经营权流转市场,有条件的地方可以发展多种形式的适度规模经营。探索集体经济有效实现形式,发展农民专业合作组织,支持农业产业化经营和龙头企业发展。培育有文化、懂技术、会经营的新型农民,发挥亿万农民建设新农村的主体作用。② 2008年,党的十七届三中全会提出统筹土地利用和城乡规划、统筹城乡产业发展、统筹城乡基础设施建设和公共服务、统筹城乡劳动就业、统筹城乡社会管理"五个统筹"的战略部署。这些重大方略提出后,农村公共服务和基础设施建设速度加快,农村劳动力进城的制度障碍也被进一步清除。

---

① 共产党员网.江泽民同志在党的十六大上所作报告全文[EB/OL]. http://fuwu.12371.cn/2012/09/27/ARTI1348734708607117_4.shtml.
② 中国政府网.胡锦涛在中共第十七次全国代表大会上的报告全文[EB/OL]. http://www.gov.cn/ldhd/2007-10/24/content_785431_5.htm.

进入21世纪以后,我国经济发展快速,同时伴随着"三农"问题的急剧恶化,农业农村农民问题已经严重阻碍了我国经济的发展和社会稳定。因此,党中央提出将农业农村农民问题作为党中央工作的重中之重,把更多的精力投入到解决"三农"问题上,同时从经济社会发展的全局来统筹城乡发展。党的十七大又进一步提出以工促农、以城带乡的长效机制,形成了城乡一体化的新格局。我国采取一系列方针政策对城乡关系进行调整,扎实推进新农村的建设,利用城市的工业带动农村农业实现现代化,为21世纪城乡关系的转变提供了强有力政治保障。总结起来,这一阶段有以下几个方面的变化:

(1) 城乡收入分配格局得到重大调整。从2006年开始我国取消了农业税,这标志着国家与农民之间的传统分配关系发生了重大转变;同时我国加大了财政支农的力度,对农民进行政策补贴,如粮食直补、农机购置补贴等,加大了对农民的扶持力度。

(2) 城乡的二元户籍制度得到相应调整。城市与农村之间的要素开始互动,城市产业开始向农村产业延伸,有效促进了农村经济的增长,城乡之间的交流也开始变得频繁;小农经营模式慢慢消失,逐步转为现代化大规模的农业经营模式;特色乡村也逐渐发展起来,颇具特色的新型农村第三产业开始出现。

(3) 农村公共服务得到改善。自党的十六大以来,国家对财政支出的政策进行了合理调整,加大了对农村的支持力度,包括对农村的基础设施、公共服务等,在某种程度上缓解了城乡二元经济结构间的矛盾,缩小了城乡之间的差距。目前我国的义务教育、新型农村合作医疗制度与农村最低生活保障制度等在全国农村已开展起来,农村的养老保险制度也在部分有条件的地区进行着探索。同时,加强农村的基础设施建设,开展多种形式的社会活动,完善农村的基本公共服务,让农村的居民可以享受到与城市居民同等的社会待遇。国家正大力推动社会主义新农村建设工作,在公共品的提供上面均衡城乡发展。

4) 第四阶段(2012至今):推进城乡融合发展阶段

2012年,党的十八大提出推动城乡发展一体化,指出解决好农业农村农民问题是全党工作重中之重,城乡发展一体化是解决"三农"问题的根本途径[①]。要加大统筹城乡发展力度,增强农村发展活力,逐步缩小城乡差距,促进城乡共同繁荣;坚持工业反哺农业、城市支持农村和多予少取放活方针,加大强农惠农富农政策力度,让广大农民平等参与现代化进程,共同分享现代化成果;加快发展现代农业,增强农业综合生产能力,确保国家粮食安全和重要农产品有效供给;坚持把国家基础

---

① 中国共产党新闻网. 胡锦涛在中国共产党第十八次全国代表大会上的报告[EB/OL]. http://cpc.people. com. cn/n/2012/1118/c64094 - 19612151 - 4. html.

设施建设和社会事业发展重点放在农村,深入推进新农村建设和扶贫开发,全面改善农村生产生活条件;着力促进农民增收,保持农民收入持续较快增长;坚持和完善农村基本经营制度,依法维护农民土地承包经营权、宅基地使用权、集体收益分配权,壮大集体经济实力,发展农民专业合作和股份合作,培育新型经营主体,发展多种形式规模经营,构建集约化、专业化、组织化、社会化相结合的新型农业经营体系;改革征地制度,提高农民在土地增值收益中的分配比例;加快完善城乡发展一体化体制机制,着力在城乡规划、基础设施、公共服务等方面推进一体化,促进城乡要素平等交换和公共资源均衡配置,形成以工促农、以城带乡、工农互惠、城乡一体的新型工农、城乡关系。

2017年,党的十九大在总结国内外城乡发展经验的基础上,着眼于当前城乡关系发展实际和未来城乡关系发展趋势,提出实施乡村振兴战略,建立健全城乡融合发展体制机制和政策体系[①]。重塑城乡关系,要坚持走城乡融合的发展道路。城乡融合主要包括以下几个方面:其一是城市要素与农村要素之间的融合,既包括劳动力与土地的融合,也包括资源与公共服务的融合,在利益趋同的条件下城乡要素双向自由流动,即农村要素向城市流动,城市要素向农村辐射;其二是区域的融合,城市与乡村之间不存在明显的划分,各自实现其特有的功能,相互影响、相互制约,互补发展;其三是生活方式的融合,在基础设施、公共服务以及医疗保障等各个方面实现城市与乡村的平等。在我国城乡关系发展的过程中,农业与农村问题一直是短板,要想实现城乡融合,就必须注重农业与农村的长远发展问题,加快农村农业的现代化发展。要加快完善城乡之间的公共服务、基础设施等各个方面公共资源的均衡配置,同时通过引用城市的先进技术来完成农村农业的现代化,加强农村的现代化建设,构建具有中国特色的社会主义城乡融合发展道路,最终实现城乡之间的协调发展。

党的十九大报告指出农业农村农民问题是关系国计民生的根本性问题,必须始终把解决好"三农"问题作为全党工作重中之重。要坚持农业农村优先发展,按照产业兴旺、生态宜居、乡风文明、治理有效、生活富裕的总要求,建立健全城乡融合发展体制机制和政策体系,加快推进农业农村现代化。要巩固和完善农村基本经营制度,深化农村土地制度改革,完善承包地"三权"分置制度;保持土地承包关系稳定并长久不变,第二轮土地承包到期后再延长三十年;深化农村集体产权制度改革,保障农民财产权益,壮大集体经济;确保国家粮食安全,把中国人的饭碗牢牢端在自己手中;构建现代农业产业体系、生产体系、经营体系,完善农业支持保护制

---

① 中国共产党新闻网. 习近平在中国共产党第十九次全国代表大会上的报告[EB/OL]. http://cpc.people.com.cn/n1/2017/1028/c64094-29613660.html.

度,发展多种形式适度规模经营,培育新型农业经营主体,健全农业社会化服务体系,实现小农户和现代农业发展有机衔接;促进农村一二三产业融合发展,支持和鼓励农民就业创业,拓宽增收渠道;加强农村基层基础工作,健全自治、法治、德治相结合的乡村治理体系;引导农村居民学习法律,学会运用法律保护自己的合法权益,同时加强农村基层的民主制度,提高农村的法制建设;在文化方面,注重农村文化载体的保护,开展各种形式的具有乡村特色的文化活动;在社会方面,提高教育、医疗卫生以及社会保障等方面的建设工作,使农村居民可以享受到与城市居民同等的福利待遇。当2017年底召开的中央农村工作会议进一步提出,加快形成工农互促、城乡互补、全面融合、共同繁荣的新型工农城乡关系。我国城乡发展战略,由统筹城乡发展、城乡发展一体化上升到城乡融合发展。

我们可以从城乡收入分配的具体数据(见表3-4)分析改革开放后城乡利益分享格局的演变情况。

表3-4 改革开放后中国城乡人均收入及城乡人均收入比[①]

年份	城市人均收入(元)	农村人均收入(元)	城乡人均收入比
1978	343.4	133.6	2.57
1979	522.5	160.0	3.27
1980	477.6	191.3	2.50
1983	619.5	296.4	2.09
1984	689.7	329.9	2.09
1985	739.1	397.6	1.86
1986	783.6	359.5	2.18
1987	800.8	369.0	2.17
1988	783.3	370.4	2.11
1990	1510.2	686.3	2.20
1991	1700.6	708.6	2.40
1992	2026.6	784.0	2.58
1993	2577.4	921.6	2.80
1994	3496.2	1221.0	2.86
1995	4283.0	1577.7	2.71

---

① 国家统计局官网. 中国统计年鉴[EB/OL]. http://www.stats.gov.cn/tjsj/ndsj/.

续表 3-4

年份	城市人均收入(元)	农村人均收入(元)	城乡人均收入比
1996	4838.9	1926.1	2.51
1997	5160.3	2090.0	2.47
1998	5425.1	2162.0	2.51
1999	5854.0	2210.3	2.65
2000	6280.0	2253.4	2.79
2001	6859.6	2366.4	2.90
2002	7702.8	2475.6	3.11
2003	8472.2	2622.2	3.23
2004	9421.6	2936.4	3.21
2005	10493.0	3255.0	3.22
2006	11759.5	3587.0	3.28
2007	13785.8	4140.4	3.33
2008	15780.8	4760.6	3.31
2009	17174.7	5153.2	3.33
2010	19109.0	5919.0	3.23
2011	21810.0	6977.0	3.13
2012	24564.7	7916.6	3.10
2013	26467.0	9429.6	2.81
2014	28843.9	10488.9	2.75
2015	31194.8	11421.7	2.73
2016	33616.2	12363.4	2.72
2017	36396.2	13432.0	2.71
2018	39251.0	14617.0	2.69
2019	42358.8	16020.7	2.64
2020	43834.0	17131.0	2.56

从改革开放后城乡人均收入水平对比图(见图3-4)可以看出城乡居民的收入绝对值上的差距,城市居民的收入在改革开放后的较长时期内的增长速度远快于农村居民,因而二者的绝对值差距较大;从改革开放后城乡人均收入比变化趋势图

(见图3-5)可以看出,改革开放后城乡居民收入差距经历了一个先缩小再持续扩大,然后逐步缩小的过程。

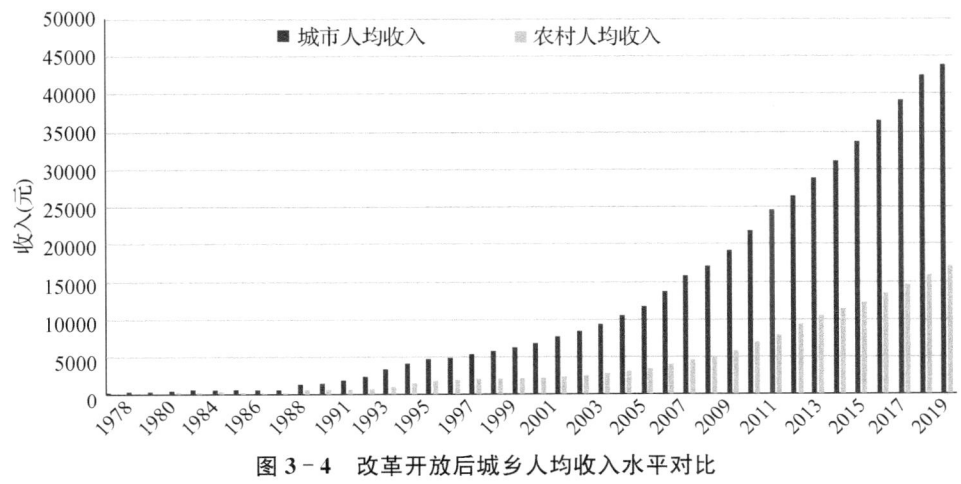

图3-4 改革开放后城乡人均收入水平对比

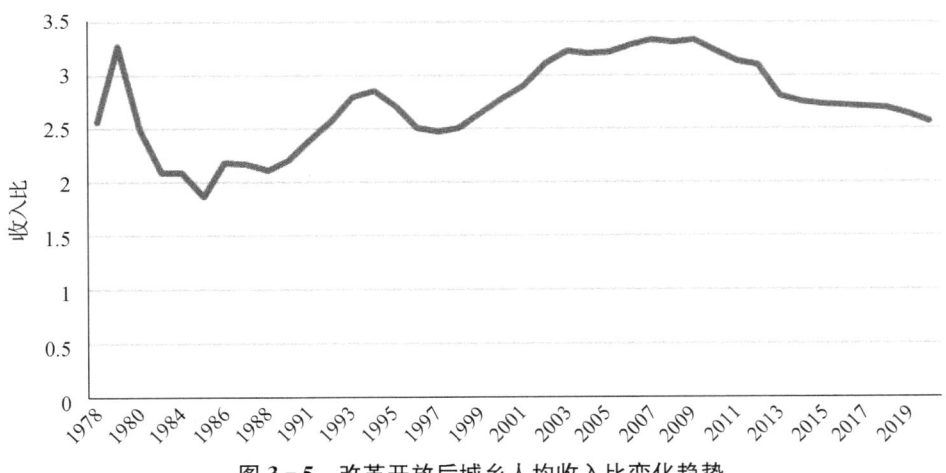

图3-5 改革开放后城乡人均收入比变化趋势

在党的十八大之后,城乡融合发展的进程加快,随着脱贫攻坚任务的全面胜利,中国城乡居民在收入上面的差距有了较大的改观。但是从城乡居民的收入构成上看,近年来农民增收主要源于工资性收入和转移净收入,2013—2018年农村居民人均可支配收入中工资性收入占比由38.7%增加至41%,转移净收入占比由17.5%增加至20%。与城市居民收入构成相比,农村居民财产净收入占比较少,贡献率微乎其微。随着中国已经步入经济新常态,宏观经济增速放缓以及机器人等资本替代,将减少对农民工的需求,农民工资性收入的增长趋势将很有可能面临反转；而农民家庭经营性和财产性收入则受制于农产品价格的"天花板"效应以及集体土地等制度的约束，难以实现大幅增长。由此可见，新常态下农民收入增速连续多年高于城市居民的态势将面临诸多挑战，农民增收空间受到进一步压缩①。

改革开放后，农业生产得到迅速发展。这是因为在家庭联产承包责任制下，土地的所有权虽归集体所有，但经营权归农户，这在一定程度上满足了农民"耕者有其田"的愿望。更重要的是在这种制度下，农民的劳动与收益直接挂钩，农民获得了农业生产剩余的控制权，打破了原来分配上的平均主义，因而极大地调动了农民的劳动积极性。虽然家庭联产承包责任制的实施促进了农业生产的迅速发展，但在农村公共品的供给方面，家庭联产承包责任制却没有体现出制度优势。人民公社制度依靠组织的强大控制力，完成了农村公共品提供的任务，虽然水平很低，但部分满足了农民对公共品的需求。家庭联产承包责任制实施后，人民公社制度瓦解，造成农村公共品的供给水平下降，如农田水利基础建设，农村直到现在仍在使用的水利工程中不少都是人民公社时期修建的，其中很多水利设施由于无人管理而无法使用；再如人民公社时期基本普及的农村合作医疗制度也由于人民公社制度的解体，农村合作医疗的覆盖率由人民公社时期一度达到的90%下降到1989年的4.8%；而原来依托人民公社制度建立起来的县、公社、生产大队、生产队四级农业技术推广体系，现在只保留下了县乡两级。②

虽然家庭联产承包责任制瓦解了人民公社制度，激发了农民的生产积极性，带来了农业生产力水平的提升，同时市场化的改革进一步释放了农村生产要素的活力，促进了农民收入水平的提高，但由于路径依赖的作用，主要由政府主导的城乡利益分配制度安排没有发生根本性的改变，城市偏向的利益分配格局继续被强化，农村居民在公共品获得方面并没有获得显著改善。尤其是随着人民公社制度的瓦解，原有由公社承担提供公共品的职能没有了承担主体，农民在生产和生活领域能够获得的公共品服务减少。

党的十八大召开后，我国开始注重城乡基本公共服务均等化建设，全国公共财政对农村农业的支持力度加大。但在原有城乡二元体制的制度惯性作用下，农村在医疗服务、教育、社会保障、公共基础设施等方面与城市相比仍有较大差距。

改革开放后，农村医疗卫生服务呈现缓慢发展态势，城乡医疗发展严重不均衡现象显著。首先，乡村医疗卫生服务机构设置不规范。目前，我国很多乡村医疗卫生服务机构还是以个人或个体合作出资筹建的私人诊所为主，因此存在大量乡村

---

① 年猛.中国城乡关系演变历程、融合障碍与支持政策[J].经济学家,2020(8).
② 中国社会科学院农村发展研究所.中国农村发展研究报告：聚焦"三农"[M].No 5.北京：社会科学文献出版社,2006:332.

地区医疗设备陈旧、服务水平落后的状况,甚至个别地区仅限于提供诸如听诊器、血压计、体温计等最基础的医疗设备,而且药品种类少,诊室规模小,诊疗设施和医疗规范达不到国家统一标准,医疗卫生服务无法发挥重大疾病预防及居民健康保健功能;乡村卫生室大多没有与城市医院网络一体化服务联结,医疗管理以及医疗资源的弱化程度可见一斑。尽管国家先后出台了一些有关乡村卫生服务一体化管理的政策,在推动农村整个医疗卫生事业进步方面起到巨大的促进作用,然而在乡村卫生室财务、药械等机构设置以及医务人员收入分配、绩效考核、业务管理等制度具体实施过程中存在太多问题;同时,由于缺乏规范的医疗管理体制,县或镇级医院对于个人或个体合作筹建的私人诊所缺乏系统的管理和培训,国家提出的乡村卫生服务一体化管理政策大多流于形式而无法真正发挥作用,呈现"有形无神"的虚无管理状态。其次,农村医疗卫生工作人员综合能力不足,农村医务人员队伍相较于城市整体上呈现出年龄偏大、受教育程度偏低、业务素质偏低、医疗水平偏差等特征。简陋的医疗环境,偏远的地域位置,加上相对缓慢的发展程度,如何能够吸引国家普通高校全日制本科及以上学历的医疗卫生工作人员到农村就业已成为一个大问题;同时,农村地区医务工作者事业编制问题长期得不到解决,政府又无法提供给这一群体与城市医务工作者同等的待遇条件,造成农村医疗工作群体普遍存在工作积极性偏低的现状。如此现象严重制约着乡村医疗卫生事业的发展。再加上缺乏与时俱进的专业技能培训以及对新技术、新理念、新医疗手段的了解,农村医疗卫生工作人员对地方病、慢性病、职业病等常见疾病以及重大传染病的预防和治疗能力较差,严重影响了乡村医疗卫生服务水平。第三,农村医疗保障体制、社会保险制度、救助体系不够健全,地方财政医疗资金缺口较大,导致优质的医药资源和先进的医疗设备很难进入农村。虽然新农合的实施使农民得了大病可以选择去大城市就医,然而昂贵的医疗费用以及"一号难求"现象的频发导致农民常常陷入"看病难、看病贵"的艰难就医境地。农民长期处于"小地方看病看不好,大地方看病看不起"的糟糕医疗环境之中。

在教育方面的差距,首先表现在城乡师资力量方面差距巨大。教育的主客体无疑是最能够反映教育效果的两类人群,其中教育主体即教师队伍,是教育资源优劣的关键所在。城乡教育资源差异突出表现在师资力量配比上的巨大反差。随着中国特色社会主义事业发展速度的加快,国家对教育的重视程度逐年增高,然而在对城市和乡村师资力量的分配上仍未做到均衡。由于发展空间、工资待遇、生活条件、教学设施等诸多因素存在差异,立志做一名教师的优秀大学毕业生普遍选择留在城市任教,在享受到更好的福利待遇的同时,自身业务水平也能得到更好地提升和发展。相比之下,本就贫困落后的乡村在没有优质师资的前提下,教育发展水平可想而知。截至目前,仍然有大量的农村学校缺少专业教师,甚至存在教师队伍涣散现象,有的教师任教期间还要忙于农活,农忙季节甚至雇佣其他人员顶替自己完成教学任务,如此怎么能为学生提供良好的教学服务。工资低、待遇差,加上糟糕的教育教学环境,是导致农村学校师资力量薄弱的重要因素。尽管改革开放以来国家在教育方面的财政投入呈上升趋势,但只是在总体上向教育方向倾斜,却没能在相对滞后的乡村教育上做到足够的政策偏向。其次,城乡教育设施建设差距巨大。良好的教育设施是办好学校、做好教育的关键,也是决定教师课堂教学高效与否的重要条件。随着中国经济由高速发展向高质量发展过渡,国家对教育的关注和投资也在逐年增加。目前,城市的教育设施建设几乎实现了现代化,包括现代化的教育理念、现代化的课堂、现代化的教育设备,而乡村就另当别论了。同时,乡村的学生群体几乎分流为三大部分:一部分跟随父母工作远走他乡,虽然背井离乡但好在有父母陪伴,且能受到较好的教育,显然这部分学生是幸福的;一部分被父母送往临近的镇上或县里接受比乡村要好一些的教育,但是需要住宿,谈不上幸福也谈不上不幸;剩下的这一部分就没有那么幸运了,被留在乡村继续他们的童年生活,也就是我们熟知的"留守儿童"。"留守儿童"接受的是最底层的乡村教育,又由于村子里学生数量急骤减少,学校被撤消,很多地区的孩子们不得不远行几千米甚至几十千米去新的学校上学。这些学校的教育设施建设严重不足,稍微好一点的也只是黑板、粉笔、课本、书桌齐全,高效课堂对于这里而言绝对是遥不可及的概念。第三,城乡家庭教育观念差距巨大。父母是孩子的第一任老师,孩子的第一阶段教育来自于他们自己的家庭,家庭教育会影响孩子一生。城市家庭普遍从出生甚至胎教时期就开始注重孩子的教育问题,在幼儿园期间就已经培养好孩子的基本生活技能和自理能力,对孩子的早期教育已经做好充分准备,报名各种培训班、特长班为孩子智力、能力、习惯的培养打好基础;待孩子到了上学年龄,城市的家长会觉得孩子的教育工作才真正开始,于是转为下一阶段更加精心的培养。而农村的家长则普遍认为,学校才是孩子接受教育的起点,更不必谈对孩子学龄前教育的重视,并从孩子步入学校开始,就把教育孩子的任务全盘托付给学校。由于农村的家长自身文化素质偏低、观念偏守旧,加上相对落后的教育成长环境,农村的家庭教育普遍与国家快速且高质量发展的步伐不协调。

从社会保障的角度看,城市低保和农村低保的人均补助水平存在较大的差异。2016年,城市低保人均标准为494.6元/月,农村低保人均标准为312元/月,差额达182.6元;同时,城市低保人均补助水平为333.4元/月,农村仅为170.8元/月。尽管城乡保障水平日益缩小,但现实仍具较大鸿沟。

从公共基础设施的角度看,农村基础设施建设持续加强,农村人居环境明显改善,城乡差距有所缓解。但是,面对城乡融合发展的新形势和新任务,农村人居环境改善仍然面临较大挑战。2016年,农村集中供水的行政村比例和村内自建集中供水设施的行政村比例分别为68.72%和15.39%,整个城市地区比农村地区供水普及率高33.19个百分点;能源设施、信息基础设施方面,农村地区仅22.52%的行政村开通了燃气,远远落后于城市地区95.75%的燃气普及率,农村地区互联网宽带接入用户数约为城市地区的1/3;在生态环境整治方面,城市污水处理率和生活垃圾处理率达到93.44%和98.45%,而农村地区仅为20%和65%,分别低于城市73.44个百分点和33.45个百分点。[①]

3.2 城乡利益分享不公平的原因分析

前面的研究是从历史的视角考察了城乡利益分配格局的演变过程。城乡收入水平和公共品获得方面的巨大差距在党的十八大后有了显著的改善,但同时也应看到城乡利益分配格局要从根本上予以改观还不容乐观,因为在长期的历史发展中形成了一系列城市偏向的制度,这一套制度形成了不公平的城乡利益分配机制,在路径依赖的作用下,这个机制还保持着巨大的惯性,对未来城乡利益分享仍然会有巨大影响。在此,笔者运用前面利益分享的理论框架,结合历史数据对城乡利益分配不公平的体制机制根源进行理论分析。

3.2.1 缺乏公平的利益分享赋权机制导致城乡利益失衡

从20世纪50年代开始,政府出于优先发展重工业的战略考虑,做出了偏向城市的利益分享制度安排。在利益分享赋权方面,建立了一个城乡不公平的赋权机制,赋予了城市居民更多的经济社会权利,而忽略了农民的各种权利,不公平的权利安排构建了城乡利益分享不公平的基础。这种不公平的赋权机制保证了利益从农村源源不断流向城市,支撑了重工业优先发展的战略。改革开放后,原有的利益分享赋权机制并没有从根本上被废除,而是在路径依赖的作用下依然发挥着作用,造成城乡差距不断扩大。下面从城乡利益分享基础层面的两个维度——收入分配和公共品获得方面分析城乡赋权不公平的制度原因。

1) 在收入分配方面

由前面的分析可知,收入是要素按照经济贡献所获得的报酬,因此收入分配的公平关键在于要素权利分配的公平。在要素配置方面,城乡不公平赋权机制的存在造成了城乡要素权利的不平等,使城乡利益公平分享难以实现。

从作为主要生产要素的劳动力资源来看,在传统的计划经济体制下,政府对不同种类的劳动力资源采取不同的计划分配办法。首先政府用城乡二元的户籍管理制度把劳动力资源人为的分为城市劳动力和农村劳动力。从前面的分析可知,这

[①] 李爱民.我国城乡融合发展的进程、问题与路径[J].宏观经济管理,2019(2).

么做的用意是为了保证城市的优先就业和秩序稳定。其结果是将农村户口的劳动力束缚在户籍所在地的人民公社中,除了非常狭窄的途径如上学外,他们必须且只能在户籍所在地人民公社的生产队中从事农业劳动,按照劳动工分计酬。对于城市中的普通劳动力资源,由政府劳动部门以指令性计划统一安排进国营企事业单位工作;对受过中等及以上程度专业技术教育的劳动力资源,政府将其当作稀缺资源给予干部身份,设立专门的人事部门对其进行统一管理和分配。进入国营企事业单位工作的人员,按照工资等级获得报酬。

改革开放后,劳动力的流动限制逐步放宽,出现了农村劳动力向城市的自由流动,但建立在城乡二元户口制度基础上的权利安排并没有发生根本改变,农村劳动力进入城市后,依然无法以市场为基础平等地进行资源配置。农村人口进城后,一般工作机会都集中在个体私营经济组织及部分集体经济组织,很难进入国有经济成分的单位工作;即使进入这样的单位工作,也不具有正式的身份,只能作为临时工、合同工等编外人员看待,无法享受同等的薪酬和福利。

再从土地资源的配置来看,在传统的计划经济体制下,以国家拥有对土地的终极最高所有权为基础,对土地实行国家所有和农村社队集体所有两种不同的土地公有制度。在这样的土地制度下,一切土地资源的分配使用和再分配都必须服从国家和政府部门的法令和政策规定。国家作为土地的最高所有者,不仅对国有土地享有完全的所有权及相应的各项权利,而且对集体经济组织占有的土地也有依法征收、征用和重新分配的权力。同时还规定集体所有的土地不得买卖和转让,未经国家许可不得挪作他用。也就是说,所有权归集体的土地只能按照国家指定的用途使用。而这种土地资源配置的制度安排,是计划经济体制控制国家经济资源的要求。

改革开放后,计划经济体制逐步被打破,但土地资源的要素权利方面并没有跟随市场经济的改革步伐进行相应的调整,农民对土地这项基本要素的权利安排残缺,对土地权利的法律保护也难以施行。其结果是,土地转让由计划经济体制下的国家无偿划拨变成了市场经济下的有偿转让。在计划经济体制下土地的无偿划拨,农民往往还能按国家的规定得到恰当的补偿,但在有偿转让土地的过程中,由于农民土地权利的缺失和农民的弱势地位,造成了农民利益被大量侵蚀。地方政府由于财权和事权的不对等,希望通过土地财政的方式来弥补财政收入的不足,因此在土地征用时仅仅给予农民很少的补偿金,在土地市场上转让土地时却按照远远高于补偿金的市场价格进行转让,巨大的差价收益变成了地方政府的收入。而失去土地的农民,很多变成无土地、无工作、无保障的"三无"农民。

2)在公共品方面

在计划经济时期,我国采取高度集中统一的经济发展模式和"重工业优先发展"的战略。在当时条件下,我国正处于工业化刚刚起步、资本原始积累匮乏的阶段,为了实现农业支持工业的战略,我国采用政社合一的人民公社制度实行对农村的高度集中统一管理。在人民公社制度框架中,从生产队、生产大队到公社,都是具有政权实体和经济组织双重身份的组织形式。不仅如此,农村的基本生产资料都归公社集体所有,由公社集体进行统一支配,作为农村基本生产建设和生活所需的公共品供给也统一由公社集体进行组织和安排,而农民仅仅是公社集体组织中的一名劳动者。由于当时的重点是优先发展工业,而国家财政的整体财力又非常有限,不得不依靠农业来支持工业发展,在这种背景下,国家财政中可用于农村公共品供给的资金更是非常有限。这就直接造成两种连锁反应:农村公共品制度内供给严重不足和农村公共品的制度外筹资供给,从根本上造成了城乡居民在公共品获得方面的赋权不平等。城市居民可以有权获得政府提供的公共品,而农村居民则没有这方面的权利,要解决对公共品的需求问题,只能靠自己。与其他任何一种制度一样,我国农村公共品供给机制同样具有比较强的路径依赖性,即现行的农村公共品供给机制是对计划经济时期农村公共品供给机制的一种路径依赖。

在人民公社制度中,分配制度是以工分制为基础。在工分制中,公共品制度外供给的成本由两部分构成,即物质成本和人力成本。其中,物质成本由早在公社集体组织分配工分之前已扣除的公积金、公益金和管理费用来支付;人力成本则通过工分支付给农民。事实上,在工分制下,如果劳动总产出(总量)不变,通过农民增加劳动力供给而增加工分总数,无疑就是对工分值的一种"稀释"(即意味着工分的价格不断降低)。因此,当公共品的供给依靠大量使用劳动力、用人力成本代替物质成本时,其实质就是农村公共品是由农民自己来进行供给。事实也正是如此,人民公社时期农村公共品的供给很多都是由人力成本来完成的。在当时条件下,农民被组织起来,投入大量的劳动力,大搞生产建设,建立起农村农田水利基础设施;构筑起在农村普遍实行的以合作医疗和"赤脚医生"为基础的医疗保健网络;推行由民政部门进行管理的社会救济和"五保户"等社区福利制度;普及了农村中小学基础教育制度;实行了农村干部、科研人员等的培训教育制度,从整体上提升农村人力资本的素质。作为一个政治体制和经济体制混合的组织,人民公社最大的特点就是"一大二公"。它将生产资料的所有、分配、交换关系乃至社会的生活资料都统统纳入到公社的统一管理之中,并且在公社范围内实行完全的平均分配、无偿调拨和义务劳动。即使在后来实行的以生产队为基本生产经营单位、农民评工记分、年终结算分配的方式中,也完全体现了平均和供给的特点。可以说人民公社时期的农村公共品供给机制与人民公社的制度框架具有"互嵌"性。从总体上看,这个时期农村公共品供给存在总量不足、结构不合理以及实质上由农民自己供给公共品的问题。

在 20 世纪 70 年代末,我国开始逐步实行家庭联产承包责任制。家庭联产承包责任制,就是在坚持土地、农田水利设施等基本生产资料集体所有的前提下,农户与集体签订合同承包一定的土地或生产任务,并根据劳动成果取得收入的一种制度。它是以集体经济组织为发包方,以家庭为承包主体,以承包合同为纽带组成的有机整体;通过承包合同,把承包户应向国家上交的定购粮和集体经济组织提留的粮款等义务同承包土地的权利联系起来;把发包方应为承包方提供的各种服务明确起来。家庭联产承包责任制在分配上体现出一个明显的特征:交够国家的,留足集体的,剩下全是自己的。这种制度的实行彻底改变了我国农村旧的人民公社经营管理体制,解放了农村生产力,调动了广大农民的生产和经营积极性。在家庭联产承包责任制的制度框架中,农村的基本经营单位和核算单位发生了很大变化:农民不再是纯粹的集体经济组织中的生产者,而是具有相对独立性的,拥有独立的生产经营权、劳动自主权和剩余索取权的生产经营者。显然,在这种制度框架中,人民公社时期农村公共品供给机制就失去了存在的基础——农民对自己的利益的追求与公共品供给集体利益之间存在着根本性矛盾,这就在客观上需要对原先的农村公共品供给机制进行调整。

但是由于缺乏系统的制度设计,农村公共品如农业基础设施、农村基础教育以及农村公益事业等的供给仍然沿用人民公社时期的供给机制。随着农村经济的发展,旧有的农村公共品供给机制的弊端逐渐凸显——相对独立的农户利益追求与公共品供给集体福利之间存在着根本性的矛盾。这就不可避免地带来农村公共品供给严重不足的后果:在许多农村地区,村中的公共事务和公益事业无人关心;农村公共品质量下降,农业投资、土地投资不足,土地大量使用化肥后造成地力下降;农田水利基础建设投资在相当一部分农村地区处于停滞状态,大大降低了农业抵御自然灾害的能力。

2000 年,我国开始在安徽省对农村税费进行试点改革,之后逐步在全国各地推行。在农村税费改革中,国家对农村公共品的供给机制也做了相应调整:农村公共品的供给资金不再单纯是人民公社时期的由农民自己承担,而是由国家财政和农民共同承担。其中,使用国家财政资金提供的农村公共品属于纯公共品或准公共品。《中华人民共和国农业法》(2002 年修订)第 38 条规定了国家财政支付中农村公共投资的范围:加强农业基础设施建设;支持农业结构调整,促进农业产业化经营;保护粮食综合生产能力,保障国家粮食安全;健全动植物检疫、防疫体系,加强动物疫病和植物病、虫、杂草、鼠害防治;建立健全农产品质量标准和检验检测监督体系、农产品市场及信息服务体系;支持农业科研教育、农业技术推广和农民培训;加强农业生态环境保护建设;扶持贫困地区发展;保障农民收入水平等。

由农民承担供给费用的公共品则具有典型的地域特征,也可称其为俱乐部产品。因为农村税费改革中逐步取消了劳动积累工和义务工,所以由村一级供给的农村公共品可采取"一事一议"的办法。所谓"一事一议",就是指对村内农田水利基础建设、村级道路与桥梁修建、村集体植树造林等集体生产和公益事业所需资金或劳务,遵循量力而行、群众受益、民主决策、上限控制、定向使用、财务公开的原则,由村民大会或村民代表大会民主讨论决定,属于本村村民集体所有,是一种由村民委员会负责管理和使用的农村公共品分配方式。从"谁受益、谁付费"的角度来看,这种制度设计似乎可以解决农村公共品供给不足的问题。但事实上,农村税费改革并未从根本上改变公共品获得公平赋权的问题,没有建立起以政府为提供主体的城乡一体的公共品供给机制;涉及农业生产和农民生存环境等方面的公共品提供,实质上仍然是以农民的自我供给为主,农民并未摆脱作为农村公共品供给主体的责任。

3.2.2 缺乏公平的利益分享实现机制导致城乡利益失衡

在优先发展重工业的发展战略主导下,形成了一系列偏向于城市的利益分享制度安排,并逐步固化为城乡分治的二元经济社会体制。如前所述,城乡利益分享赋权的不公平,使城乡居民在权利分配上出现了失衡,如不合理的要素权利安排和公共品获得的权利安排,使得城乡利益分享首先就处于一个不公平的起点上。这些制度安排形成了城乡居民在权利分配上的不平等,造成在利益分享实现方面对农民多"取"少"予"的制度安排:这里的"取"是指国家通过各种制度安排从农业"抽血",攫取农业剩余产品;"予"是指国家通过政策安排以直接或者间接的方式给予农业和农民的补贴和支持。农民的利益被忽视,无法分享到经济社会发展的成果。从城乡差距不断扩大的现实可以看出:城乡居民利益分享实现机制的不合理直接造成农民利益的严重受损。这种利益的损失是在光明正大的政策体制安排下的合法化的流失,虽然明显有失公平公正,但是通过体制安排,从公开的或者隐蔽的渠道,农民的利益由农村流向城市,由农业流向工商业。农民的利益不断地通过各种途径流失,造成城乡差距不断扩大。

1) 收入层面:工农业产品价格"剪刀差"带来的农民利益流失

苏联在第二次世界大战中表现出来的强大的重工业特别是国防工业的实力使"苏联模式"成了社会主义国家竞相模仿的对象。新中国成立以后,由于以美国为首的西方国家对新中国在经济上进行封锁,在政治上进行孤立,使中国难以获得西方的经济发展经验和技术支持。"一五"计划期间,中国启动了重工业优先发展的工业化发展战略,仿效"苏联模式",在完成社会主义三大改造、建立了社会主义经济基础后,通过计划经济体制的制度安排,高速推进工业化的发展战略,通过牺牲农业、农村和农民的利益来支撑工业的发展,使得各种生产要素从农业流向工业,从农村流向城市。其中,工农业产品价格"剪刀差"是从农民那里取得资金积累的重要方式①。

对于由统购统销制度实现的农业资本向工业资本的转移,我国的相关历史资料中并没有明确的统计数据,但根据有关学者的估算,大致在6000亿到8000亿元之间。其中,有代表性的研究主要包括以下几个:农业部产业政策法规司课题组估算,30年来在农产品的价格剪刀差形式内隐藏的农民税负高达8000亿元②;王梦奎认为,从1952年到1986年,国家通过工农业产品价格剪刀差从农业拿走了5823.74亿元③;陈锡文认为,从1953年到1985年,国家通过工农业产品价格剪刀差无偿从农民手中拿走了6000~8000亿元资金④;江苏省农调队课题组认为,通过人为地实行工农业产品的不等价交换,1978年以前国家从农民手中拿走约6000亿元,年均240亿元,就江苏省而言,1978年以前被剪刀差减去农业剩余400亿,相当于这一时期江苏省农民纯收入的1/3⑤;严瑞珍等人根据马克思主义经济学等量劳动创造等量价值的原理,把工农业劳动者折合为可比劳动力,按他们在社会总劳动中所占的比重分配新创造的价值,再加上物质消耗,计算出工农业产品的总价值,然后同按现行价格计算的工农业产值进行比较,得出价格背离各自价值的幅度(所得结果见表3-5)⑥。通过农产品的统购统销实现的工农业产品价格剪刀差对

表3-5 1952—1985年间主要年份剪刀差的变化

年份	工农业产品综合比价指数	剪刀差差幅	剪刀差绝对量(亿元)	剪刀差相对量(%)
1952	237.57	0.579	74	17.9
1957	279.41	0.640	127	23.0
1978	344.30	0.710	364	25.5
1982	141.27	0.292	288	13.4
1983	136.17	0.266	307	12.8
1984	127.26	0.214	276	10.0
1985	129.30	0.188	286	9.2

---

① 韩志荣.工农三大剪刀差及其现状分析[J].经济研究,1996(10).
② 农业部产业政策法规司课题组.统筹城乡和统筹经济社会协调发展研究[J].农业经济问题,2004(1).
③ 王梦奎.中国现代化进程中的两大难题:城乡差距和区域差距[J].山东经济战略研究,2005(1).
④ 陈锡文.资源配置与中国农村发展[J].中国农村经济,2004(1).
⑤ 巴志鹏.建国后我国工农业产品价格剪刀差分析[J].临沂师范学院学报,2005(2).
⑥ 严瑞珍,龚道广,周志祥,等.中国工农业产品价格剪刀差[M].北京:中国人民大学出版社,1988:52-58.

农业剩余进行了过度抽取,在一定时期内加速了工业化的进程,使我国在较低的国民收入水平上实现了较高的工业化水平。据统计,从1953年到1985年,全国预算内固定资产投资为7678亿元,年均240亿元左右,与上述工农业产品价格剪刀差的绝对额相当,因此可以说,新中国成立后我国工业化的投资主要是通过工农业产品价格剪刀差获得的。

工农业产品价格剪刀差不仅直接减少了农村的资本积累,而且也沉重打击了农民的生产积极性,对于农业和非农产业的发展都是一种损害。这也是计划经济体制下促成我国二元经济结构的特殊原因。在计划经济体制下,国家为了实施重工业优先发展的工业化战略,形成农业向工业、农村向城市"输血"的机制,通过计划手段控制农产品的销售渠道和价格,在工农产品之间形成价格"剪刀差",并通过价格手段这种隐蔽的形式使农民的利益合法地从农业流向城市的工商业。改革开放后,特别是在完成价格闯关的改革后,计划定价虽然不存在了,但由于农业和工业的产业发展水平差异,工农业产品价格剪刀差仍然长期存在。

1985年我国取消农产品统购统销,但工农业价格剪刀差并没有随之而消失。由于农村地区长期落后的市场化水平和农业经营方式,以及农产品消费具有低收入弹性的固有属性,再加上国外农产品对我国农业市场的冲击,在市场经济条件下我国农业对于工业的贸易条件仍然难以改观,甚至近些年来还呈现出一定的恶化趋势。数据显示,工业生产中,工业品出厂价格指数与农副产品类原料的收购价格指数之比,在1998年到2006年的9年时间里只有4年的值小于1,其余年份工业品价格的年增长幅度都大于农副产品价格的年增长幅度。2006年后情况有所改善,但是统计数据反映出的只是市场价格的比较,考虑到工业的劳动生产率增长速度要明显快于农副产业,工业产品与农副产品的利润率之间差距的扩大幅度必然要大于统计数据。因此,价格指数对比在现实中最为明显的反映就是农业增产但农民不增收。

我国工农业产品价格剪刀差在长期的历史发展进程中以各种形式存在,至今并未得到有效缩减,这对农业生产的稳定发展及城乡经济的协调发展是极为不利的。作为关乎国家经济安全而又弱质的产业,农业在绝大多数国家中都得到了各种措施的保护,而我国由于长期以来依靠工农业产品价格剪刀差来发展工业和城市,对于农业和农民的保护措施在很长时期内都是空白。近年来虽然这种情况得到了一定改观,但推进城乡融合发展仍然任重而道远。

2) 公共品层面:财税体制不合理带来的农民利益流失

除了工农业产品价格剪刀差这个隐藏的税收以外,国家还通过正式的税收从农业中转移了大量剩余。改革开放后这种形式虽有所好转,但农民的税费负担仍然沉重。我国的农业税直到2006年才被全面取消,而在此之前,我国是世界上少数几个仍向农民征收农业税的国家之一。目前发达国家普遍对农业采取保护政策,例如美国财政收入中来自农业的仅占4%,而对农业的财政补贴却占9%;德国农业税占财政收入1.7%,而对农业投资占7%;很多欧盟国家对农业的补贴已达到每公顷300～350美元,并且这些国家在人均GDP为800美元时就开始反哺农业。[①] 但我国在很长历史时期里对于农业的税收过重,对于农业的投入则过低。国家财税体制不合理,扩大了城乡差距。

财政税收政策对于农业的忽视除了表现在数量上的多取少予外,还表现在对农业扶持结构问题上,财政对于农业投资的内部结构不合理。财政支出中对农业的投入高度依靠中央政府,农村中小型基础设施建设资金缺乏稳定来源。《中华人民共和国农业法》规定了国家和地方政府财政都要对农业投入,但对中央政府和地方政府支持保护农业的具体责任和义务并没有明确划分。由于中央政府和地方政府所处的位置、税收结构等方面的差异,其农业发展的政策目标并不完全相同。对于中央政府而言,保障国家粮食安全是实现经济发展、社会稳定、国家安全的重要基础;而对于地方政府来说,首要目标是促进当地经济发展和地方财政收入增加。显然,农业在中央政府和地方政府的政策目标中的地位和作用有很大差异。中央政府为了更好地实现自己的政策目标,往往试图以自己的资金来引导地方政府的资金分配,要求地方政府给予数额相当甚至更高的配套资金;而地方政府一方面诱导中央资金更多的分配到本地区,另一方面又不去兑现承诺,导致资金配套率实际上很低,农业投入高度依赖中央政府。其结果是负责农村中小型基础设施建设的县乡政府无力进行投入,导致农村的地方小型基础设施建设资金缺乏稳定的来源,很多地方的农田水利设施超期服役,老化严重。

由于财税体制城市偏向的影响,政府在制度上没有对农村公共品的投入做出安排,为了满足对基本公共品的需求,农民不得不承担了很多本应由政府承担的公共品供给成本。乡镇政府作为基层政权部门,在理论上担负着直接为广大农村社区提供公共品的职责,但长期以来这些公共品提供所需的资金是通过向农民收取"三提五统"来解决的。而在城市,水、电、煤气、供暖、交通等等公共品完全由政府供给,一些大城市居民甚至可以享受政府的财政补贴,如电、水、气、公共交通补贴等。这种非均衡的城乡公共品供给制度安排,再加上基层财力拮据的现实状况,其结果必然导致农村公共品供给严重短缺。在我国广大农村,还有许多地区的居民没有喝上符合卫生标准的饮用水;缺乏必要的医疗卫生设施和服务;九年制义务教育的目标亦未能实现;交通网、能源网、信息网等基础设施建设严重滞后。[②] 农村

---

① 程厚思,曹文.发达国家的农业保护政策及其启示[J].云南民族大学学报:哲学社会科学版,2010(4).
② 李燕凌.我国农村公共品供给制度历史考察[J].农业经济问题,2008(8).

公共品供给不足造成了农民的人力资本水平低下,农村劳动力的素质难以提高,传统农业模式无法破除,农民收入增加缓慢,最终导致城乡差距不断拉大。同时,农村公共品主要由基层政府提供,农民无法参与公共品提供的决策安排,这种情况造成基层政府提供的公共品难以真正满足农民需求,从而造成农村公共品供给偏离需求,结构失衡。

3.2.3 缺乏公平的利益分享循环机制导致城乡利益失衡

重工业优先发展的战略形成了由农村和农业向城市和工业"输血"的机制。资源单向度的从农村流向城市,从农业流向工业,而没有在城乡之间循环流动。在工业化的初期,通过农业支持工业,农村支持城市,推进了国家的工业化和城市化的进程。但在工业化达到一定程度以后,我们并没有对这种利益单向度流动的机制进行适时的改革,在城乡差距不断扩大的情况下,没有考虑对为城市和工业的发展做出贡献和牺牲的农村和农业进行补偿,也没有考虑先发展起来的城市和工业向农村和农业进行反哺,形成利益在城乡之间良性循环,共同分享经济社会发展的成果,导致在路径依赖的作用下,资源和利益向城市单向度流动的情况愈演愈烈。因此,城乡之间利益循环机制缺乏是造成城乡利益分享不公平的重要原因。下面笔者按照本书的研究主线,具体分析利益循环机制缺乏对利益分享基础层面的两个重要维度——收入分配和公共品获得的影响。

1)收入分配方面

缺乏公平的利益补偿机制造成了农民经济利益的流失,农民无法分享到经济增长所带来的利益增加,收入水平低下。在经济发展过程中,农业、农村和农民为城市和工业的发展做出了巨大的贡献,以自己的牺牲支撑了中国的工业化和城市化进程,但在城市和工业得到迅速发展后,农业和农村并没有得到合理的补偿。下面先以农村土地征用为例,剖析缺乏利益补偿机制对形成不公平城乡利益分享格局的影响。

从20世纪90年代以来,各地区建设用地需求不断上升,各种公共事业用地、开发区用地、房地产用地需求均呈直线上升趋势。各地政府通过大规模的城市工业开发区建设和商住房地产开发,利用土地资源来进行所谓的"经营城市",走"以地招商、以地换路、以地兴城"的发展道路,导致开发商大量圈地,政府大量批地获得收入。由于土地出让金不上缴中央财政,土地出让收入成为地方政府预算外收入的一个主要来源。特别是在发达地区,土地出让金往往数额巨大,成为地方政府的重要财源。在中国现有的土地管理制度下,农地转为非农用地的责任主体是各级地方政府。《中华人民共和国土地管理法》明确规定:"任何单位和个人进行建设,需要使用土地的,必须依法申请使用国有土地""依法申请使用的国有土地包括国家所有的土地和国家征用的原属于农民集体的土地"。这就是说,农地转为非农业用地必须经过国家征用,先进行土地变性将集体地权变为国有产权,方能用于非农业建设。但作为土地所有者的村集体没有权力直接将农地转为非农用地并在市场上交易,在实际操作过程中由政府的国土部门代表政府征地,农民和用地单位不见面,政府在征地之后与用地单位签订供地协议,从而剥夺了农民与用地单位谈判的权利。而征地的补偿标准主要由政府单方面制定,其结果必然是标准偏低,导致农民的利益大量流失。同时土地被征收后,农民失去土地,由于自身人力资本的限制,就业机会比较少,特别是在一些经济不发达地区,往往出现被征地农民在基本生活和就业方面发生问题,引发社会矛盾激化。

其次,缺乏公平的利益循环机制造成要素资源无法在城乡之间进行良性循环,而是资源向城市单向度集中,城市经济社会发展迅速,农村则由于各种要素资源缺乏,农业产业发展缓慢,经济社会发展落后,农民收入低下。金融要素是现代经济的"血液",从金融要素的流动体制安排可以发现缺乏公平的利益循环机制所带来的农民利益流失。

在城乡二元经济结构和二元社会结构的制度安排下,我国的金融体制也具有明显的二元特征,金融体制的城乡二元制度安排直接影响了农业和农村经济的发展。以城乡二元结构为特征的金融体制导致金融资源大部分流向城市,农业和农村的发展缺乏金融资源的支持,产业发展速度缓慢,水平低下。金融资源向城市和工业倾斜,城市的建设和发展可以很容易获得金融机构的资金支持,而服务于农业发展和农村建设的金融产品很少,这与农业的基础性地位极不相称。章奇等学者对中国各省的银行信贷和城乡收入分配之间的关系进行了实证分析,结果发现以全部国有及国有控股银行信贷水平所衡量的金融中介发展显著拉大了城乡收入差距,原因是国有及国有控股银行信贷大部分投向了城市[1]。农业发展、农村建设缺乏金融资源支持成为了城乡差距不断扩大的重要原因。

同时,与城市丰富金融资源并存的是农村金融资源从农村流入到城市,特别是在国有银行商业化改革后,这种情况更为严重。由于国有银行的商业化改革,各大商业银行为了提高自身的效益,普遍在农村收缩营业网点,并且转移信贷重点,向大城市和大企业集中。其结果是金融机构从农村吸储多、放贷少,农村资金大量流向城市。实际上这也是农民利益的一种合法化流失。农民通过"剪刀差"、税收和储蓄等方式为工业化和城市的发展积累了大量资金,在这三种方式中,"剪刀差"占了绝对比重,储蓄方式其次,税收方式最少。虽然免征农业税的政策确实减轻了农民负担,但如果"剪刀差"等其他方式不改变,那么农民负担就不能真正得以改善,

---

[1] 章奇.中国地区经济发展差距分析[J].管理世界,2001(1).

农民公平分享经济社会发展成果的难度仍然很大。

2) 公共品获得方面

缺乏公平的利益补偿机制,造成城乡之间在公共品获得方面严重失衡。长期以来,国家的发展政策偏向于城市和工业,城市居民可以获得政府提供的较为完善的各类公共品。而农民虽然缴纳了各种税费,却不能和城市居民同等享受政府提供的公共品,大部分公共品还得依靠自己筹资来解决。这种体制外提供公共品的问题长期存在,并且一直无法得到有效解决。同时,由于农民组织化程度很低,利益表达渠道较窄,机制不畅,造成了农民对政府公共财政政策的影响力非常弱小。因此政府在财政政策安排方面,对农村一直是多取少予。国家并没有因为农业、农村和农民对工业化、城市化以至经济社会发展做出了巨大牺牲和贡献而给予其相应的补偿,来帮助农业建设基础设施,帮助农村改善生活环境,帮助农民提高人力资本积累,以摆脱农业和农村不发达的现状,逐渐弥合城乡发展差距的鸿沟。由于缺乏公平的利益补偿机制,政府对农村公共财政投入严重不足,农民一直无法像城市居民一样平等的获得政府所提供的公共品,造成城乡之间利益分享失衡的格局不断恶化,制约了农业、农村的发展和农民素质的提高。

同样,城乡之间缺乏公平的利益分享循环机制造成各种公共品资源要素从农村向城市集中,特别是优质的公共品资源,农村根本无法留住,使得城乡公共品的分享不仅在数量上有很大差距,在质量上更是有天壤之别。以教育和医疗这两种重要的公共品为例,不仅在数量上城市远远高于农村,而且由于农村无法吸引优秀的教师和医疗工作者来工作,同时在农村成长起来的优秀教师和医疗工作者在城市更高收入和更好生活条件的吸引下也会很快逃离农村进入城市,造成农村教育、医疗水平越来越低。利益分享循环机制不合理造成了城乡之间公共品资源分布的不公平和质量上的巨大差异,使得城乡之间的差距难以弥合。

3.2.4 缺乏公平的利益分享保障机制导致城乡利益失衡

利益分享保障机制是实现城乡利益公平分享的制度保障。而现实当中的利益分享保障机制更注重于对城市利益的保护,忽视了对农村、农民、农业利益的保护,当农民利益受到损害和不公平对待时,他们无法获得权利的保护。新中国成立初期,为了保证重工业优先发展的工业化战略的推行,国家通过一系列的体制和机制安排实现农村和农业向城市和工业"输血"来完成所需的资本积累。而这些体制和机制安排赋予了城市居民和农村居民不平等的权利,并在发展过程中不断强化这种不公平的状况,最终形成了城市居民的优越感,在利益分享保障方面更重视对城市居民权利的保障,却忽视了对农村居民权利的保障。改革开放后,原有的计划经济体制逐步被打破,农民利益保障的问题也逐步受到政府和社会的重视,但由于制度的惯性作用,不公平的利益分配制度安排并没有被消除,农民仍然不能公平的分享经济社会发展的成果,并在市场经济竞争中沦为社会的弱势群体,自身利益被忽略,在利益分配格局中陷入更不利的境地。透过收入分配和公共品获得这两个利益分享基础层面的重要维度可以发现,缺乏公平的利益分享保障机制导致了城乡利益格局的失衡。

1) 收入分配方面

改革开放前,农民的收入分配纳入于人民公社的体制之中,在计划经济体制下,为满足国家发展战略的需要,农业和农村要支持工业和城市的发展,农民的利益大量流失。同时,国家通过户籍制度来控制城乡资源,以户籍制度划分城市居民和农村居民,不同身份的公民享有不同的权利,形成城市的优越感和对农民的歧视。在产业发展方面,国家加大对工业的投入,大力发展重工业,并通过农业向工业"输血"的机制完成重工业发展所需的资本积累,导致农业和农村自身积累少,发展速度缓慢,水平落后;又由于优先发展重工业的工业化道路,而重工业本就是资本密集型的产业,使得城市的就业机会很有限,为维持城市的社会秩序和稳定,必须限制人口流入城市,因此农村的剩余劳动力向城市转移的可能性很小,传统农业难以得到突破。这一系列不公平的利益分享保障制度安排,造成农民利益严重受损。

改革开放后,人民公社体制解体,计划经济体制逐步被打破,农村的剩余劳动力开始向城市转移,并且规模越来越大。但在城乡分治的二元社会体制下,基于农民身份的各种歧视性制度安排并没有消除,使得进入城市工作的农民变成了农民工。农民工阶层的出现直接反映了中国城乡之间缺乏公平的利益分享保障机制,进入城市的农民工无法按统一的市场标准获得相应的收入,遭受着不平等的工作待遇。

(1) 农民工就业权缺乏保障。《中华人民共和国劳动法》第三条明确规定了劳动者享有平等就业的权利,这表明平等就业也是农民工的一项基本劳动权利。但在中国城乡分治的二元社会体制安排下,农民工在就业中面临着种种歧视,主要表现在:第一,就业成本高,农民工进城务工后城市的劳动、公安、环卫、计划生育等部门会要求他们办理各种证件,并收取相关费用,导致农民工进入劳动力市场的成本很高;第二,就业渠道窄,一些城市对农民工进入的行业、工种进行了限制,农民工只能在低级劳动力市场就业,或被限制在城市职工不愿进入的行业及工种;第三,就业无保障,农民工多数是单位的临时工,劳动合同签订率低且就业极不稳定,经常面临失业的危险。

(2) 农民工劳动待遇缺乏保障,劳动报酬低且增长缓慢。农民工往往从事着最重、最苦、最脏、最累、最危险的职业,尤其是城里人不愿干的建筑施工、井下采掘、餐饮服务、环卫清洁等工作,享用的却是当地的最低工资标准,工资水平与当地物价和生活消费水平不成比例,且增长极为缓慢。农民工在艰苦的工作岗位上,用自己辛勤的劳动换取微薄的收入,但就是这点微薄的收入还经常被拖欠、克扣,并且拖欠、克扣农民工工资现象在各行各业都很普遍,尤以建筑业中的问题最为突出。同时,农民工劳动强度大、工作时间长,为完成工作任务经常加班加点,满负荷运转,休息权利没有保证;在农民工集中的采掘业、建筑业、加工制造业等劳动密集型产业,由于劳动环境差、危险性高,而又得不到必需的劳动保护,致使其发生职业病和工伤事故的比例高。

(3) 农民工社会保障权益缺失。社会保障包含养老、失业、工伤、医疗、生育五大保险及最低生活保障等内容。在现实生活中,由于体制性障碍导致农民工不能像城市居民那样平等地享受社会保障方面的合法权益。一是农民工工伤保险不健全。农民工主要从事工作环境相对比较恶劣、危险性高、劳动强度大、劳动时间长的工作,这对他们的身体健康和安全构成很大威胁。工伤保险涉及农民工最基本的生命权和健康权的保障,应该是农民工最关心、最直接、最现实的利益问题,但农民工群体参保率很低。二是农民工的医疗保险不健全。农民工作为社会弱势群体,他们参加医疗保险面窄,参保保率低,在大病、工伤后很难进入保险程序,许多农民工生病后不能得到及时治疗,往往是"小病等、大病扛",经常出现因病致贫、因病返贫的现象。三是农民工的养老保险不健全。目前农民工参加养老保险的状况不容乐观,而基本养老保险由于不能跨地区转移,在一些地方已参保的农民工也纷纷退保。如此低的养老保险参保率,给农民工未来的生活以及社会稳定都留下了较大的隐患。四是农民工的失业保险与最低生活保障缺失。失业保险是农民工群体应该享有的合法权益,但由于农民工外来人口的身份、国家对企业失业保险费的征缴监察力度不够,加之农民工群体流动性比较强,权益意识和谈判能力相对较弱,目前数以亿计的农民工难以切实享受失业保险待遇及最低生活保障。许多农民工已在城市中生活工作多年,很难再回农村,这些人失业后如果没有失业保险,无法享受当地的最低生活保障,若仅靠自己的积蓄或亲朋好友接济生活,产生各种社会问题的几率会很大。

人民公社制度的解体和计划经济体制逐步被打破带来的农村剩余劳动力的流动,本来是拓宽农民就业渠道、增加农民收入、实现农民脱贫致富的一个重要途径,但由于城乡之间不公平的利益分享保障机制,造成了农民的各项经济权利得不到应有的保障,无法公平的参与经济社会发展成果的分享,农民的收入水平依然增长缓慢,反过来也阻碍了城市化的进程。

2) 公共品获得方面

改革开放前,城市的公共品主要由政府提供,而农村的公共品主要由农民自己来承担相应的成本,在农村形成的是一种制度外筹资的公共品供给体制。改革开放后,人民公社制度解体,农村的公共品提供的制度安排也相应解体。随着政府财政向公共财政方向的转变,农村的公共品提供在理论上讲也应由政府提供,但由于农民的组织化程度低,缺乏相应的利益表达渠道,使得农村在影响政府公共品供给政策的能力方面十分有限,无法公平获得城市居民能够获得的公共品。

农民作为一个群体在公共品获得利益要求方面具有很大的一致性。比如在农业税负、教育、医疗、基础设施建设以及农村公共事业投资与建设等关系着农民利益的基本问题上,都表现出利益要求高度的一致性。但是,农民利益表达缺乏组织性,绝大多数的利益表达都是以农民个人或小团体的形式自发进行的,意见和行动都比较分散,所以在公共资源的分配以及公共议题的发言上都无法以组织化形式表达出他们统一的声音。同时,由于农民利益表达的成本问题,也往往使个体农民无力承担。我国农民利益的群体性和表达的个体化之间存在着矛盾,这就大大降低了农民利益表达的实效性。

同时,农民利益表达渠道较少。目前农民的利益诉求表达渠道主要有人大渠道、信访渠道和村民自治组织渠道,但是这些渠道本身就存在着不足,不能完全满足农民利益表达的要求。

从人大渠道看,我国是人民民主专政的社会主义国家,人大制度是我国的政体,人民当家做主是我国民主的实质,各个社会层次、各种社会群体都有权利参与国家政治生活、表达自身利益要求、实现当家做主的政治愿望。目前农民主要是通过选举人大代表、国家公职人员的方式以及通过人大向政府提出议案、建议表达自身的利益诉求。人民代表大会制度体现了最广泛的民主,人大也是农民利益表达的基本途径,但农民在人大代表中的比例实际上是很少的。而且,目前我国直接选举的范围只是扩大到县级,县级以上人大代表还是通过间接选举产生,而多层次的间接选举模糊了代表与选民之间的责任关系,削弱了代表与选民的联系,使基层选民无法对人大代表进行直接的监督,也使处于基层的农民难以将利益要求表达到决策层面。我国《选举法》规定,人大代表选举中的候选人可以有两种产生形式:一种是由各政党、各人民团体联合或者单独推荐代表候选人;另一种是由选民或者代表10人以上联名,也可以推荐代表候选人。而在我国现实社会环境中,国家正式组织的权威性对社会的影响非常大,各级党委和政府部门成为有重大实际影响的"选举组织"。选举实践中不安排候选人与选民直接对话的机会,对候选人一般只作书面介绍,内容也只有姓名、年龄、职业等基本情况,对于候选人的道德、品行、能力和水平等方面的介绍缺乏透明度,更难以了解候选人自身的见解和主张。在直接选举中,农民选代表具有很大的盲目性,很难选出满意的代表去为自己争取利益要求。同时,现行的农村和城市每一代表所代表的选民数不同的规则,虽然符合中国的国情,但实际上还是损害了农民的平等选举权,减少了国家机关中应有的反映农民要求的声音。

从信访渠道看,通过信访反映农民的利益要求是一种制度化的渠道,但是这一渠道存在着诸多弊端。我国的信访制度存在着以下缺陷:一是信访机构庞杂,体制不顺,缺乏整体性和系统性。由于信访机构林立,缺少统领机关,且各机构之间互相推诿,导致信访人常常投诉无门,只得在各信访部门之间来回跑动。二是信访功能错位,责重权轻,"人治"色彩浓厚。三是信访程序缺失,立案不规范,终结机制不完善,不断诱发较严重的冲突事件。

从村民自治组织渠道看,村民自治组织是我国农村村民依法自治管理本村经济和社会事务的基层民主组织,体现了对农民价值的尊重。村民自治组织本应该能够真正了解农民群体的利益需求,协调个体利益之间的关系,成为农民利益表达的有力途径。但由于其主要职能仍然是对村政事务的管理,受传统集权型政治治理模式的影响,并没有正确处理好与乡镇政府的权力关系,很多村委会代表并没有履行好为村民服务的宗旨,而是将乡镇政府作为自己的领导,完全听命于上级的安排和指标,以至在某种程度上演变为基层政府的"派出机构",没有成为表达农民利益要求的组织。同时某些地方的村干部对民主监督认识不够,导致监督力度不足,再加上村民的民主意识、法治意识淡薄,不愿意进行积极主动的民主监督,最终使民主监督的相关制度无法得到具体落实。有些村上家族、宗族势力长期存在,哪一家族人口多、势力大,村委会主任就常常在这一家族产生。这些大家族的成员任职后,往往热衷于为自己的家族谋取利益,利益驱动又使得这些家族成员更加紧密地团结在一起,形成更大的宗族势力,甚至结成利益同盟。一些村干部身上滋生了拜金主义、享乐主义、个人主义等不良风气,钻政策空子,搞权力寻租,或直接把目光盯上惠农资金,做一些损害群众利益的事情。[①] 这些问题的存在,严重影响了农民利益诉求的合理表达和实现。

当农民面对公共权力的时候,他们很难获得对等的地位进行表达,同时由于农民利益表达的合法渠道不通畅,导致农民不能通过制度化的渠道及时表达自己的要求,对政府政策的制定的影响十分有限,从而政府在制定公共品供给政策时,往往只是从维护稳定的角度出发,仅仅在较低层次满足农民对公共品的需求,造成了城乡公共品获得方面的利益分享失衡。

---

① 周楠.论农村基层民主政治发展的实现路径[J].学习论坛,2019(11).

4 国内外城乡利益分享实践：一个比较分析

城乡利益关系问题由来已久，不同国家在各自的发展进程中都会碰到。在解决中国城乡利益分享不公平问题，构建城乡融合的利益分享机制的过程中，借鉴成功者的成功经验，总结失败者的失败教训，能够帮助我们在体制改革的道路上少走弯路。在国内各地的城乡融合发展过程中，不同地方对于城乡利益分享进行了各种有益的尝试，对其中的代表性案例进行总结分析，可以为构建城乡融合利益分享机制找到更适合中国国情的模式。

4.1 国外城乡利益分享实践的经验与教训

世界上任何一个国家，不论是发达国家还是发展中国家，在其发展过程中都会遇到城乡利益协调的问题。城乡利益关系解决得好的国家，就会顺利度过发展的瓶颈，实现经济的持续健康增长和社会的稳定进步；而城乡利益关系解决得不好的国家，则会落入"陷阱"之中，经济增长停滞，各阶层矛盾激化，社会动荡不安。因而，世界上其他国家解决城乡利益关系问题的成功经验和失败教训，对于构建城乡融合利益分享机制，解决我国体制转轨进程中的城乡利益分享不公平问题，无疑会提供许多有益的启示和借鉴。

4.1.1 日本解决城乡利益关系的成功经验

在发达国家，农业在国内生产总值中的份额以及农民占全国总人口的比重都是很低的。但能够进入发达国家行列的这些国家无一例外都十分重视解决城乡利益问题，保护农民利益。日本是一个面积狭小的岛国，人口众多且资源稀缺。第二次世界大战结束后，作为战败国的日本经济陷入了瘫痪，国民生活非常困难甚至不得温饱，其中又以农民的生活最为艰苦。然而，经过战后几十年的努力，日本不仅已发展成为世界上最发达国家之一，而且农民利益也得到了较好实现和保护。日本政府通过特定的制度安排和政策保护，在利益赋权机制、利益实现机制、利益循环机制和利益分享保障机制各个方面、各个环节构建起了一个比较公平合理的利益分享机制，使农村居民和城市居民基本平等地分享了经济社会发展的成果。目前，日本农村不仅实现了生产现代化，而且农民生活也实现了现代化，城乡居民的生活水平已达到大体平衡,农村生活环境也已有了根本改善。

1) 平等赋予和保护农民的各项权利

日本在经济发展过程中,不仅赋予农村居民享有平等的经济权利、政治权利、社会权利,同时通过制度建设来保障这些权利得到充分的实现,从而确保城乡居民对经济社会发展成果共享,实现城乡利益均衡。

在经济权利方面,主要是注重对财产权利的保护,要素所有人的各项经济利益不受侵犯;注重对劳动权利的保障,如对劳动者就业权利的保障、劳动收入权利的保障、劳动安全权利的保障,实现劳动者同工同酬,不因为劳动者身份背景的不同而对劳动者进行歧视;同时在产业政策方面,通过各种机制保障相关产业经营者和劳动者的经济利益。在日本,农地制度改革对保障农民权益发挥了重要作用。日本出台《土地征用法》,对城市化过程中的农地征用设立了严格的管理程序,并规定土地征用者必须根据市场情况给予地权人合理、足额的赔偿,以此保护离土农民的合法利益;日本制定《农地法》,从法律上确立农民所有制的永久地位,其后又三次修改《农地法》,废除了对土地保有面积和地租的限制,鼓励农地集中和规模经营;日本还出台《农振法》,允许进行土地短期租借,推动土地使用权流转。日本的经验表明,城市化过程中应适时加强农地制度改革,促进农村土地流转,强化农地征用管理,努力实现农村土地的规模经营,提高农业生产效率和农民收入;同时,要有效保护城市化进程中农民土地财产权,使他们能够通过土地权利分享城市化的发展成果。

在政治权利方面的利益分享保障,主要是建立通畅的利益表达机制,通过利益表达机制使社会弱势群体的利益诉求能够得到充分表达,与政府就利益分享的问题提出建议和意见,与政府有关部门进行交流和沟通,发出事关自身利益的呼声。日本在农民利益表达方面,主要通过建立各种农民组织来提高农民的组织化程度,农民通过这些组织能进行有效的利益表达。日本最有代表性的农民组织是日本农业协同组织。在日本,"农协"作为农村地区的强大组织,所有政党都不敢轻视其政治影响力。拥有近千万成员的"农协"能在国会议员选举中协调农村选民的政治资源(选票),将支持"农协"利益的候选人选进国会,从而增强了农民在国家社会发展和公共事务中的话语权。

日本的宪法当中明确规定公民享有迁徙自由的权利,并建立起相应的社会管理制度切实保护公民迁徙的自由。日本没有像我国这样的划分城市户口与农村户口的"二元结构"户籍管理制度,而是实行户籍随人走的户籍管理制度,以此保护公民的迁徙自由,但是办理户口登记有一套严格的法律程序。公民在搬迁之前要到相应的政府管理部门办理户籍迁出证明,搬到新的住地后,要在规定时间内凭迁出证明、国民健康保险证明等材料到新住地的政府管理部门办理迁入登记,办理新的户籍材料。同时日本政府还实行"住民基本情况网络登记制度",居民在网上登记家庭住址、电话等基本情况,政府管理部门进行查询管理,了解居民的家庭基本情况。通过对公民迁徙自由的保护,确保每个社会成员可以平等享有政府所提供的公共品,分享经济社会发展的利益。

在社会保障方面,日本的农业社会保障建设起步很早,甚至可以追溯到明治维新时期。日本建立起了覆盖农村的全民医疗保险体系,且医疗机构众多,医疗服务便捷,农村居民和城市居民一样持医疗保险卡到医疗机构就诊,诊疗费用的70%由国民健康保险基金支付。在日本农村还建立了多层次的养老保险体系,实现了农民老有所养。日本的《国民养老金法》规定20岁以上、60岁以下的农民、个体经营者等均必须加入国民养老保险,参保者每月定额缴纳一定数额的保险费。凡缴纳有困难者,本人提出申请并经审查属实后,可免缴国民养老保险费,但退休后其免缴期间的养老金只有原来的1/3。日本已成为世界上较早的社会保障体系覆盖全体农村人口、农民享有与城市居民同等保障待遇的国家。

在法治建设方面,日本在城市化进程中后期开始注意城乡发展不平衡的问题,制定和实施了大量促进农村及农业发展的法律,如扶持山区农村及偏远地区经济发展的《山区振兴法》《半岛振兴法》《离岛振兴法》《过疏地区活性化特别措施法》《大雪地区对策特别措施法》《向农村地区引入工业促进法》《农业基本法》《新事业创新促进法》等。日本战败后经济迅速发展,社会结构发生了巨大变化,为保障农民权益和城市化的顺利进行,日本政府在为进城农民提供与城市居民相同的市民身份和社会保障体系建构方面下了很大工夫,先后颁布《劳动基准法》和《工人赔偿法》,建立了劳动者灾害一次性补偿制度(后改为年金制度);建立失业保险,规定雇员单位均需参加保险,之后又相继颁布《最低工资法》《就业措施法》《劳动安全卫生法》《女工福利法》《雇用保险法》《工资支付保障法》等,对包括农民在内的国民权益进行全方位的保护。

2) 重视农业基础设施建设

农业基础设施建设历来为日本政府所重视。早在19世纪末,日本就用法律的形式和财政补贴的方法来推动农田水利基础建设以及农业科研与技术推广工作的开展。战败后,随着经济的发展,日本的农业基础设施建设更得到了进一步的重视和巨大发展。

首先,农田水利基础建设得到了进一步的重视和巨大发展。在日本,农田水利基础建设统称为土地改良事业,主要包括水利建设和土壤改良两个方面。在水利建设方面,普及自动灌排装置,力求灌溉管理的省力化。在土壤改良方面,日本政府曾组织了两次全国性的土壤普查,在此基础上编制了详细的土壤图,从而为进一步改良土壤提供了科学依据。现在,日本每五年就要进行一次全面的土壤营养诊断,测定其有机质和其他矿物成分含量,并以此为依据,制定各类土壤的施肥方法和标准,再由农业科学试验和技术普及机构向农户提供具体建议。在改造低产田的过程中,还采用了因地制宜、对症下药的方法,针对不同性质和类型的低产田,采取相应的改良措施。

其次,农业科研与技术推广工作得到了进一步的重视和巨大发展。日本政府颁布了《农业改良助长法》和《主要农作物种子和土壤保持法》,此外还颁布了其他一系列政策法令来促进农业技术发展,并投入了大量资金。日本在全国建有由国立和公共科研机构、大学、民间三大系统组成的专业设置齐全、设备和研究手段先进的农业科研体系。该体系以国立机构为骨干,紧密结合地方和民间机构,开展强有力的研究开发工作,为农林水产业提供了大量研究成果,极大地促进了农业科技进步。为了与农业科研工作相适应,日本还建立了一套较为完善的技术普及机构和制度。农林水产省设技术普及部,地方农政局和都道府县农林水产部门都设有技术普及科,最后通过"农业改良普及所"把农业技术普及到农民。农协的营农指导员也与普及所密切配合,开展技术指导工作。此外,政府还通过各种信息传播媒介进行大量的农业科技宣传和普及工作。

日本的农业科研与技术推广工作搞得比较好,是同农业教育的发展与普及分不开的。从明治时期日本就十分重视农业教育,战败后更是付出了巨大的努力。日本的农林水产省有直属农业大学,各都道府县的综合大学都设有农学部,同为四年制,另外各都道府县还设有两年制农业大学,至于中等农业技术学校的设置就更为普遍,并且农村的普通中学也都设有农业技术课。农业大学主要是培养县农林部门的职员、科研单位的研究人员、"农业改良普及所"的普及员以及农业协同组合的营农指导员等行政、科研、技术普及机构的农业技术人员,中等农业技术学校的主要任务是培养直接从事农业生产的农民,目前日本直接从事农业生产的青年农民基本上全受过专门的农业技术培训。日本政府还重视对现有科技人员的培养,通过各种专业进修、国外留学等途径提高科技人员的业务水平。通过这些工作改善了农业生产条件,提高了农业劳动生产率和土地产出率,从而增加了农民收入,维护了农民利益。

3) 实行向农业倾斜的财政金融政策

日本政府通过实行向农业倾斜的财政金融政策,为农民提供各种补助金和"制度贷款"。日本农业一向以一家一户的小农经营模式著称于世,极其狭小的经营规模把农户的收入限制在十分微小的范围之内。因此,发展农业、实现农业现代化所需要的巨额投资不可能由农户自己来积累,而在很大程度上靠政府实行向农业倾斜的财政金融政策,为农民提供各种补助金和"制度贷款"来解决。

首先是提供各种补助金。在日本,政府根据各种农业法设立的补助金名目繁多。凡是农民、农民集体、农协以及其他地方公共团体根据国家农业政策和法令并按国家规定的一定标准进行的生产事业,报请政府主管机构批准并纳入预算计划后,就可以享受国家资金补助。当然,这些生产事业都是政府鼓励和需要大力发展的。目前,日本政府提供的补助金主要有农田水利建设补助、购买农业机械设备补助、基础设施建设补助、水田改作补助、农业贷款利息补贴、农业保险补贴等等。凡治理河流、兴修水利工程、改良土地、修筑农村干线公路等公共事业,其工程费用的70%~80%由各级政府以补助费的形式承担,有些工程的补助费甚至要占到全部工程费的90%,政府还为农民负担的部分提供低息贷款。农民集体、农协和其他地方公共团体购买属于共同利用的农业机械设备,如拖拉机、插秧机、联合收割机、育苗设备、大型米麦加工烘干贮藏设备以及某些灌溉设备、施肥设备等,都可以得到中央和地方政府的补助费,且补助金额一般占全部费用的50%左右。农民集体、农协和其他地方公共团体建设温室和塑料大棚,建设现代化的养猪、养鸡、养牛场等,也可以得到政府的补助。此外,农民联合栽培多年生植物,建立果园、茶园、桑园等,均能得到政府很高的补助。由于大米生产过剩,日本政府限制大米生产,鼓励水田改旱田,种植小麦、蔬菜、饲草、果树等或实行水田撂荒,为此政府也实行补助制度,补助数额根据改作前水稻产量和改种的作物品种加以具体规定。农民向金融机构借款的利息比较高,这不利于农民向农业增加投入和采用现代化技术。为了解决这个问题,政府实行了利息补贴制度,利息补贴额因生产项目不同而异。同时,日本政府非常支持农业保险,对农业保险的保费补贴达50%~70%,并提供部分行政开支费用。[①]

其次是提供"制度贷款"。"制度贷款"是按照日本的法律、政令、条例以及纲要,国家、地方公共团体或相当于地方公共团体的机关成为贷款的当事者,通过利息补偿、损失补偿、债务担保以及其他类似的优惠措施进行制度干预的那部分贷款,属长期低息贷款。按国家干预的方法不同,"制度贷款"可以分为两种:一种是政府通过国家的金融机构直接发放财政资金贷款,其中包括中央政府、地方都道府县的特别会计提供的贷款(开垦者资金、土地改良资金)和财政投资机构提供的贷款(农林渔业贷款,主要是由政府的"农林渔业金融公库"发放);另一种是政府利用农业协同组合系统的资金,通过国家给予利息补贴、损失补贴和债务担保的办法给农民提供低息贷款。目前,"制度贷款"的项目主要包括农业现代化资金贷款、灾害资金贷款、农业改良资金贷款、改善与扩大农业经营资金贷款、农林渔业金融公库的低利贷款等。

通过上述两种方式,日本政府给予了农民大量资助,然而农业生产者的税费负

[①] 申学锋.部分国家促进农民增收的财税政策与经验借鉴[J].中国财经信息资料,2005(26).

担却比非农业生产者要低得多。日本对农民的净资助数额巨大,且给予得多、索取得少,农民利益自然也就得到了较好的实现和保护。

4) 实行农产品价格支持制度

战败后的几年中,日本发生了严重的粮荒。为了解决粮食不足问题,防止价格暴涨,日本政府对粮食实行了"义务供售制",规定农民要把自需(口粮、饲料、种子)以外的全部粮食按照国家规定的价格出售给政府,不允许自行出售。到了20世纪50年代,随着粮荒的逐步缓和,日本政府相继取消了除大米和烟草以外的其他农产品的"义务供售制",绝大部分农产品实行了贸易自由化,其价格随市场供求情况而涨落。这固然在一定程度上缓和了由于政府采取低价收购农产品政策所带来的矛盾,但是也导致了农产品价格的不稳定,价格暴涨暴落经常出现。这对规模不大、资金有限的日本农户构成了严重威胁,甚至会引起破产。为了减轻价格波动所造成的严重后果,保证农民的农业所得不断提高,日本政府、地方公共团体、民间组织和生产者共同协力,先后对一些农产品实行了价格保障制度、价格补贴制度,形成了比较全面的农产品价格支持制度体系。

第一,直接管理价格制度。这项制度是针对稻米和烟草实行的。稻米是日本的主要农产品,也是日本居民的主食,其收购和销售基本上由国家控制,价格也由政府决定和管理。根据1942年制定的《粮食管理法》,农林水产省每年根据"米价审议委员会"的建议确定稻米的收购价格、批发价格和销售价格。在确定收购价格(即生产者米价)时,政府为了保证稻米的再生产和缩小工农间的收入差别,除了考虑水稻生产的实际费用外,还兼顾了使农民和工人消耗同等劳动时间获得大体相等劳动报酬这个原则。烟草价格则按照国家财政方面的需要由政府直接规定,并实行专卖。

第二,稳定带价格制度,亦可称作稳定幅度价格制度。实行这种价格制度的有牛肉、猪肉、蚕茧和生丝。这种价格制度以自由贸易为前提,政府通过买进和卖出的方式使产品价格稳定在一定范围内,以防止价格的暴涨暴跌,保障正常的再生产和消费。为此,政府规定了这些产品价格的上限和下限,当市场价格低于下限时,市场上的产品全部由政府按规定的下限价格购买;反之,则将存货售出,必要时还可以扩大进口以防止价格的过大波动。

第三,保证最低价格制度。实行这种价格制度的有加工用的甘薯、马铃薯,淀粉,甘蔗、甜菜等糖原料,砂糖,麦类。为了防止这些产品的价格下跌到不正常的水平,政府规定了最低价格标准(不规定最高价格标准),当市场价格低于政府规定的最低限度时产品全部由政府按规定的最低价格买入,以兼顾原料生产者和加工者两方面的利益。

第四,稳定指标价格制度。实行这种价格制度的主要是乳制品,如奶油、乳粉、炼乳等。这一制度同稳定带价格制度相似,是以自由贸易为前提,政府通过买进卖出将市场价格稳定在一定水平上。即不规定这些产品价格的上限和下限,而是要求价格稳定在某一定位(稳定指标价格)上。日本政府在每年三月末会对奶油、乳粉、炼乳等分别制定稳定指标价格。为使生产者的销售价格稳定在稳定指标价格上,政府有关机构(畜产品振兴事业团)用相当于稳定指标价格90%的价格收购这些乳制品,当价格上涨超过或预计超过稳定指标价格的104%时,用一般竞争投标或其他方式出售乳制品。另外,政府也采取进口措施来抑制超过稳定指标价格的乳制品价格。

第五,价格差额补贴制度。这种制度主要用于对大豆、油菜籽等农产品的价格支持。根据这个制度,政府规定基准价格(保证价格),当市场价格低于基准价格(保证价格)时,政府把实际市场价格与基准价格(保证价格)之间的差额直接补贴给农民。这种制度的作用与最低保护价格制度相似,不同的是在这种制度下,农民可以在市场上按体现供求关系的自由价格全部出售其产品。

第六,稳定基金制度。实行这种制度的产品有蔬菜、肉用牛犊、仔猪、鸡蛋、水果加工原料等。这种制度实际上也是一种差额补贴制度,所不同的是,它不是由政府单独实行的,而是在中央政府参与和协助下,由都道府县有关部门、农协和生产者共同组织的基金协会实行的。基金协会规定上述产品的标准价格,当产品的市场价格低于标准价格时,标准价格与市场价格之间的差额由基金协会支付。

第七,抑制价格制度。实行这种价格制度的产品主要是饲料。根据这种制度,政府每年规定饲料价格的上限(不规定下限),当市场价格超过上限时,政府通过扩大进口的办法来抑制饲料价格的上涨。

5)促进农业协同组合的发展,提高农民的组织化程度

日本农协是在20世纪初建立和发展起来的。第二次世界大战失败后,日本政府于1947年颁布了《农业协同组合法》,组建了新的农业协同组合。日本农协以"提高农业生产力,提高农民的社会经济地位,发展国民经济"为目的,是法制化的农民自主合作组织。现日本农协有3574个基层农协、47个县经济联合会和一个中央联合会,三级农协组成了完备的流通服务网络,覆盖了整个日本农村。

日本农协的三级组织体制具体如下:一是市町村级,是以农户为会员组成基层农协,又分为行使全部职能的"综合农协"及以进行专业化生产的农民为主的"专门农协"两大类;二是都道府县级,是以基层农协为会员组成的县级联合会,又分为县农业协同组合中央会、县经济农业协同组合联合会、县信用农业协同组合联合会、县共济农业协同组合联合会、县厚生农业协同组合联合会以及由各专门农协组成的各种县专门联合会;三是中央级,是以县级联合会为会员组成全国联合会,除了全国农业协同组合中央会、全国农业协同组合联合会、农林中央金库、全国共济农

业协同组合联合会、全国厚生农业协同组合联合会、全国新闻情报农业协同组合联合会等六大组织外,还包括各种全国专门联合会。由于县级各种农协联合会只是基层农协的联合组织,中央一级的各种全国农协联合会只是各都道府县和某一地区农协的联合组织,所以各级农协组织和各类农协组织都是完全独立的,在经济上相互不承担任何义务。上一级农协对下一级农协在业务上可以进行指导,但无权领导,上下级农协之间不是领导和被领导的关系,而只是相互协作、相互支援的关系。农协遵循"加入自愿,退出自由"的原则,农民或一部分非农民都可以成为基层农协的组合员。但组合员分为正组合员和准组合员两种,只有农民才能成为正组合员,非农民只能做准组合员,并且准组合员没有参与农协内部管理和经营的权利,目的在于限制非农民在组合内的活动,防止其控制农民团体。农协实行民主管理,领导机构由民主选举产生。基层农协每年召开一次以上的农协总会或总代会,农协的事业计划、财务结算、领导人任免、章程修改等重大事项,均由总会或总代会讨论通过。①

农协的业务范围相当广泛,涉及农业生产经营和组合员生活各个方面,这里笔者将其大致分为三个方面。一是为组合员的农业生产经营活动提供服务,主要包括:根据有关信息和各个农户的实际情况,为组合员研究制定农业生产与经营计划;帮助组合员进行土壤改良、使用先进技术;为组合员提供多方面的农业技术上的指导和服务;为组合员加工销售农副产品,采购生产资料;经营农业基地建设;建设和协调使用共享设施;兴办"合作金融",为组合员提供发展农业生产所需要的大量资金;及时对国内外各类农业信息进行汇总、加工并向组合员传输;等等。二是为组合员提供生活服务,主要包括:为组合员采购生活资料;为组合员提供医疗保健服务和保险服务;对组合员的生活习惯、饮食结构、文化教育等方面进行指导;兴办生活服务事业,活跃农村物质文化生活;等等。三是开展农政活动,主要包括:与国会有关议员沟通联系,说服他们向国会提交有关农产品的关税保护、农产品的流通、农产品价格支持、农业投入等有利于农民的议案;随时和政府的有关机构如农林水产省保持联系,代表农民向政府提出建议和要求,使政府的涉农政策尽可能有利于日本农民,同时也接受政府的政策指导;等等。通过开展这些业务活动,农协把分散的小农组织起来,大大提高了农民的组织化程度,既有效克服了分散经营与社会化大生产之间的矛盾,较好解决了农民一家一户解决不了、解决不好或解决起来不合算的问题和困难,又使分散的农民以一个声音说话,提高了农民在国家政治、经济生活中的地位和影响,还在金融、保险、医疗、保健等诸多方面发挥了把农民"组织起来"的巨大作用。实践证明,日本农协是真正代表和维护农民利益的农

---

① 史金善.当今美日欧农民合作社评述与借鉴[J].西北农林科技大学学报:社会科学版,2005(6).

民合作组织。

6）实行限制进口的农产品贸易保护政策

日本是一个人口众多，农业自然资源相对稀缺的国家，由于自然条件的限制，该国农产品自给能力差。目前，日本食用农产品需求的近1/3要通过进口来解决，因此农产品的对外贸易主要是进口贸易。为了避免价廉物美的国外农产品大量涌入冲击国内农产品市场，日本政府在进口国内需要的农产品的同时，不得不在价格和数量上对进口农产品进行限制，以保护本国农业和农民的利益。而为了达到这种目的，日本政府采取了关税壁垒和非关税壁垒措施。

关税壁垒主要用来限制那些无法实行数量限制的农产品的进口。通过对这些农产品征收关税，提高其在日本国内市场上的价格，可以降低其在日本国内市场上的竞争力，从而达到限制其进口的目的。非关税壁垒主要用于限制农产品进口的数量和种类。在日本，非关税壁垒措施主要包括配额制度、国家贸易、质量检验、管理制度等方面。通产省每个财政年度都在通产省公告上公布两次农产品进口配额的品名、数量、申请条件和期限，过期作废。随着农产品市场逐步放开，实行进口配额限制的农产品种类明显减少，但目前仍有10种农产品实行进口配额限制。在日本，有6类农产品列为国家贸易的对象，分别是大米、小麦、大麦、黑麦、生丝和奶制品。根据垄断程度，它们大致可分为三种类型：第一类是大米贸易，它几乎由国家完全控制，一般情况下禁止进口；第二类是小麦、大麦、黑麦、生丝贸易，虽然这类农产品进口量很高，但是国家在很大程度上利用价格控制使得国内销售价格水平维持在国内供给水平线上；第三类是黄油和奶粉贸易，进口的主要目的是消除国内农产品价格波动，维持价格稳定，但又不像第二类，它的国内定价受市场调节，不固定。同时，日本对进口产品的质量标准、标签条件、检验检疫等要求非常苛刻，对外国产品来说，要符合这些要求相当困难，从而实际上也就限制了对国外产品的进口。日本对农产品的贸易管理尤其严格，如日本以保护国内养蚕业为由对进口我国生丝实行限制，结果使我国生丝出口量连续几年下降。

概括起来，日本城乡融合利益分享的做法，在利益分享赋权机制方面主要是通过立法平等赋予农民各种经济、政治、社会权利；在利益分享实现机制方面主要是通过农产品价格支持机制和贸易保护等措施扶持农业的发展；在利益分享循环机制方面主要是加大对农村公共品提供的力度，加强农村基础设施建设，同时还实行向农村倾斜的财政金融政策；在利益分享保障机制方面主要是通过加强农民的组织建设和政策影响力来保障农民切实分享经济社会发展的成果。

4.1.2 德国解决城乡利益关系的成功经验

德国早在1850—1855年城市化率就超过30%，进入城市化快速发展阶段；

1890—1895年城市化率超过50%,进入以城市为中心的发展阶段;1955—1960年城市化率超过70%,进入后城市化时期。1871年之前,德国大小城邦林立且长期处于四分五裂的状态,加之后来国家空间规划和区域政策有意识地引导工业企业向小城市和镇布局,使得德国城市化呈现出一个突出特征,就是城市的分布和规模结构非常均衡,以小城市和镇为非农业人口的主要承载空间。目前德国人口规模为8000多万人,有大小城市2000多个,其中10万人以上城市的总人口仅占全国人口的31.7%,2000人以下村庄的总人口约占全国人口的8.5%,其他大部分人口生活在2000~100000人的小城市和镇上。大部分城市和镇以都市圈的形式联结在一起,既在空间上分散布局,又在经济上紧密相连。例如,德国第九大城市杜塞尔多夫市区人口只有57万人,但以其为龙头的500千米半径范围内却聚集着1150万人口[1]。这种城市化格局,有利于促进城乡互动,带动乡村地区发展。

尽管如此,德国进入城市化快速发展阶段后同样面临乡村发展危机问题。在城市化率30%~50%的发展阶段,也就是19世纪中叶至19世纪末,农村人口大量流入城市,大片土地出现荒废,乡村景观和生态环境遭受工业化、城市化的破坏。在城市化率50%~70%的发展阶段,也就是20世纪初至20世纪60年代,人口和就业向城市的集中导致乡村人口进一步减少,乡村"空心化"更加严重,村庄衰落趋势更加明显。在城市化率超过70%以后,也就是20世纪60年代以后,无计划的"返乡运动"导致农村地区建筑密度增大、交通拥挤杂乱、土地开发过度、土地使用矛盾加剧,工业化思维的建设和改造破坏了农村原有的村落形态和自然风貌。21世纪以来,由于人口老龄化以及乡村公共服务的规模不经济,德国农村仍然难以避免人口衰减、经济活力下降的问题,面临人口"再城市化"、乡村"再振兴"的新挑战。[2]

在城市化进程中如何应对乡村发展危机、促进城乡融合发展,是大多数国家曾经或将要面对的一道难题。德国城市化起步较早,在其城市化的不同发展阶段,乡村地区面临的问题和挑战有较大差异,采取的应对措施也在不断调整完善。在不同发展阶段,德国应对乡村发展危机的做法有如下这些:在城市化率30%~50%的发展阶段,主要是通过建立移民委员会、建设农村居民生活点来增加中小农户的数量;发起"家乡保护"运动,保护乡村自然景观。在城市化率50%~70%的发展阶段,德国经历了两次世界大战带来的深刻危机。第一次世界大战后促进乡村地区发展的重要举措是开展移民垦殖和定居点建设,以安置战败后因割让领土而失去家园的难民;第二次世界大战后促进乡村地区发展的重要举措是通过项目建设以创造就业机会,并通过"一揽子"的农业支持政策以增加农民收入。在城市化率

---

[1] 蒋尉.德国"去中心化"城镇化模式及借鉴[J].国家行政学院学报,2015(5).
[2] 孟广文,Gebhardt Hans.二战以来联邦德国乡村地区的发展与演变[J].地理学报,2011(12).

接近和超过70%以后,应对乡村衰落的做法更加全面系统,但其主要的指导思想是通过平衡城乡利益关系带动乡村的发展。

1) 以产业的"逆城市化"增加乡村就业机会

第二次世界大战结束后,大规模重建工作使城市成为经济和生活的中心,加之农业的机械化使大量劳动力从农业中解放出来,乡村人口大量减少,缺乏生机活力。针对这种情况,1954年和1955年联邦德国先后颁布《土地整治法》和《农业法》,推动小规模农户退出后的土地流转集中,发展农业规模经营,推动完善乡村基础设施建设,提高乡村生活水平。通过完善产业基础设施和功能区布局规划,强化小城市和镇的产业配套与服务功能,增强其对大企业的吸引力,让在小城市和镇工作、回乡村居住成为理想的工作生活方式,形成了产业和人口的"逆城市化"发展趋势。德国排名前100名的大企业中只有3家将总部放在首都,而很多大企业的总部都设在小镇上,比如贝塔斯曼集团、大众、奥迪、欧宝的总部分别在居特斯洛、沃尔斯堡、因戈尔施塔特和吕瑟尔斯海姆这些小镇上。这在很大程度上带动了乡村的现代化,促进了城乡的均衡协调发展。

巴伐利亚州在促进大企业向小城市和镇布局、推动城乡协调发展方面取得的成效更为明显。1965年联邦德国颁布《联邦德国空间规划》后,该州遵循"城乡等值化"理念制定了《城乡空间发展规划》,按照城乡居民具有相同的生活、工作、交通、公共服务等条件的目标规范建设活动。乡村条件的改善,加之土地和税收优惠政策的推动,一些大企业积极向乡村腹地转移。例如,20世纪70年代初,位于巴伐利亚州的著名汽车公司宝马将主要生产基地转移到距离慕尼黑120千米一个叫做丁格芬(Dingolfing)的小镇上,为周边100千米内的乡村地区提供了近3万个就业机会[1]。

2) 以"村庄更新"提升乡村生活品质

经历了工业化驱动的"逆城镇化"阶段后,德国乡村人口结构已由传统的农业人口为主转变为以非农业人口为主。把这些人留在乡村,除了就业外,还需要增强乡村绿色生态环境和特色风貌对他们的吸引力。为顺应这一时代潮流,1969年联邦德国颁布《"改善农业结构和海岸保护"共同任务法》,通过补贴、贷款、担保等方式支持乡村基础设施建设,保护乡村景观和自然环境。1976年对《土地整治法》进行修订,突出保护和塑造乡村特色。1977年由国家土地整治管理局正式启动实施以"农业结构更新"为重点的村庄更新计划,主要内容是在保留原有特色基础上整修房屋和强化基础设施,使乡村更加美丽宜居。

经过逐步演变,村庄更新计划已成为"整合性乡村地区发展框架",旨在以整体

---

[1] 叶剑平,毕宇珠.德国城乡协调发展及其对中国的借鉴——以巴伐利亚州为例[J].中国土地科学,2010(5).

推进的方式确保农村能够享受同等的生活条件、交通条件、就业机会。村庄更新计划包括基础设施的改善、农业和就业发展、生态和环境优化、社会和文化保护四方面目标。在基础设施方面，主要是改善乡村街道、外联道路，改造房屋和市政设施，为乡村居民提供便利、舒适的生活条件；在农业和就业方面，主要是通过提高农业生产率、推进农产品直销、建设产业设施等，并基于土地整治项目以土地资产入股方式提高农业部门的控股权，进而更好地保障乡村居民的生产和生活；在生态环境方面，主要是重新恢复乡村内陆水系自然生态循环，建立生态化的废物和废水处理机制，以生态环保措施促进乡村景观打造；在社会文化方面，主要是改造路边的纪念碑、历史遗迹，建设乡村社区中心，修复或重建乡村花园等，保护和传承社区文化历史，并由此增强乡村居民对当地文化的认同感。

村庄更新计划主要由政府支持推进，其资金的50%来自欧盟，25%来自联邦政府，剩余25%由市级政府筹集。当地政府通过土地整治项目，鼓励地主将土地优先卖给政府，以便于整体规划乡村建设，并以此保障为居民提供较为便宜的住房和为产业提供低成本的用地。比如，巴伐利亚州的韦亚恩市在推进村庄更新过程中，有三分之二的地主将土地卖给政府用于居住用途。而在具体的实施过程中，是在强化美丽乡村共同愿景基础上，以居民广泛参与项目决策、规划设计和自主改造的方式自下而上推进实施，积极引入专业机构提供设计、评估、认证、促进合作等方面支持，形成多方联合参与推进乡村建设的行动者网络。对于私人住宅的改造，采取自主申请、公开遴选、后补助的方式给予支持，达到期望要求的私人住宅可以获得20%~40%的补助支持。一个村庄的改造一般要经过10~15年的时间才能完成。

3) 以欧盟"引领项目"(LEADER项目)促进乡村地区综合发展

从整个欧盟来看，乡村人口的减少以及乡村年轻人失业率的提高已经成为一个突出问题。尽管德国总体上乡村失业率处于较低水平，但德国部分地区的乡村劳动力缺乏非农就业机会的问题依然存在，尤其是前东德地区。比如，在萨克森州乡村劳动力中从事非农产业的比例只有15.2%，而临近的下萨克森州因为有大众公司的带动，乡村劳动力中在非农部门就业的比重达到81.3%。德国联邦农村发展项目是联邦政府人口战略的重要构成之一，将应对人口结构变化、提升乡村生活质量以及塑造年轻人的乡村作为其重点。对于缺乏乡村就业机会的劣势地区，德国将欧盟农村发展项目更大幅度地向农村社会发展领域倾斜。从"2014—2020欧盟农村发展项目"计划中，萨克森州获得的支持资金为113877.67万欧元，其中用于六大方向中的"包容社会与当地发展"的支持比例达到了40.4%。而在下萨克森州用于"包容社会与当地发展"的支持比例仅为25.1%。"包容社会与当地发展"最主要的项目是"农村地区发展联合行动"(LEADER)项目，该项目创立于

1991年,最初是一个区域性农村发展的实验项目,采取"自下而上"的方法让当地民众参与农村地区发展的决策和管理,2007年被纳入欧盟农业政策的重要组成部分。由于LEADER项目充分调动了当地民众和各类专业服务主体的积极性,获得比较好的政策效果,在"2014—2020欧盟农村发展项目"期内LEADER项目由地区发展项目扩展到所有的欧盟结构投资资金项目中。

新时期德国乡村"再振兴"的重点在于吸引年轻人回归就业和生活。以萨克森州的Zweistromland-Ostelbien双河流域地区LEADER项目为例,该项目区域面积为919平方千米,涉及2个县的13个乡镇、187个社区,居住人口为7.7万人,其中5.2万人居住在乡村。2014—2020年该地区获得的LEADER项目支持资金总额为1450万欧元,除此之外还获得欧盟32.5万欧元的农业产业项目资金,以支持当地特色渔业发展。LEADER项目主要支持以下五个方向:一是可持续发展,包括可再生能源、环保建筑、分布式能源供应等,借此实现小区环境的改造以吸引年轻人前来居住生活;二是完善功能,保障乡村的存续发展,支持医疗、教育、交通等基本公共服务设施的建设;三是通达的便利性,支持购置和运营定制公交、班车等;四是促进区域经济发展,支持改造建筑设施及其用途,用于发展农业、旅游、商业等多元化经济;五是营造文化景观和修复历史遗迹,提供可参观游览的景点和历史文化传播的渠道。该区域确定了以乡村休闲旅游为重点的发展路线,以其有着500年历史的特色渔业资源为基础,通过修缮老风车、改造废弃房屋为骑马俱乐部、改造民居为家庭旅馆和酒店等,完善了观光、娱乐、餐饮住宿等旅游服务功能,并成立了10个旅游协会联合申请项目进行系统打造。各类改造项目采取先建后补的方式,由LEADER项目提供70%的补助支持。随着产业功能的强化和居住环境的提升,2015—2018年间该地区吸引了40个青年家庭落户生活。

4)以生物质资源利用促进产业融合、城乡融合

德国将可持续发展作为国家战略予以持续推进,于2002年颁布《可持续发展战略》,并在2017年瞄准《2030议程》修订了该战略,其中涉及农业农村的两大目标是将生态农业在农业中的比重提高至20%,将可再生能源在终端能源消费量中的比重提高至2020年的18%、2030年的30%、2050年的60%。

支撑可持续发展战略的一个重要方面是生物质资源的利用。2009年德国联邦食品与农业部和联邦环境、自然保护与核安全部联合发布的《国家生物质能行动计划》,2013年德国联邦食品与农业部发布的《国家生物经济政策战略》,均将生物能源、生物原料开发利用以及生物废弃物利用作为创造乡村就业机会、提高农业增加值和保护乡村生态环境的重要手段。许多奶牛、肉牛、生猪养殖场都建有生物质发电设施,高速公路两边也有不少生物质发电设施。从实践看,生物能源在推动德国农村就业与收入增长、乡村环境改善、农民产业价值链提升、城乡资源整合方面

发挥着重要的作用。

一是扩大了农场收入来源。德国对生物发电厂给予装机设备和上网电价补贴支持,约定了20年对每组发电机的一半产能以0.19欧元/度并网收购,而正常并网发电价格是0.04欧元/度。比如,拥有二组265千瓦发电机组的发电厂,仅通过并网发电每年的收入就达到40万欧元。这一收入水平相当于一个拥有120头奶牛的农场一年的产值,但所需的劳动力只是其五分之一。同时,因为税费等因素,消费者实际购电的价格为0.24欧元/度,经营者发电满足自己的用电需求也相当于实现了成本节约。根据德国新修订的《可再生能源法(2017)》,生物质能源纳入了竞标系统,这有助于生物能源运营商获得更大配额的上网电价补贴支持。德国政府要求未来三年,生物质能发电的装机容量平均每年要增加150兆瓦,之后的三年平均每年要增加200兆瓦。生物能源产能的扩大将给未来乡村地区增加一项新的创收产业,而生物质发电的补贴政策,本质上是以城补乡、以工补农。

二是解决了农业废弃物污染问题。生物能源的主要原料是作物秸秆、牲畜粪便等。以哥廷根大学试验农场的生物发电厂为例,每年消耗4万吨秸秆、1万吨畜禽粪便、1万吨甜菜渣,不仅解决了农业废弃物的清洁化处理问题,而且还减少了3万吨温室气体的排放,成为优化乡村环境和保持自然生态的一个重要举措。特别是在农业生产和生物能源的合理布局下,村庄实现了生产与生活功能的分开,居住区不会存在农业废弃物和空气的污染,确保了村庄环境优美、生态宜人的居住环境。同时,在严格的环境污染控制下,养殖场的废弃物有了"变废为宝"的渠道。只不过发电厂收购畜禽粪便的价格仅为8欧元/吨,为了解决养殖粪便处理问题,养殖场基本需要一个运费补偿价格才会将粪便积极运送至生物发电厂。

三是促进了农业产业链的整合。分布在乡村地区的生物发电厂基本上都是农场入股成立的,具有紧密的利益联结关系,能够从发电厂获得分红。农场主都积极将作物秸秆运送到发电厂,生物发电厂能以极低的成本获得原料进行发电,同时产生的沼液又由农场主免费拉回去作为生物有机肥,专用的施肥机械可以将沼液施入土壤中,并且有机肥使用效果明显优于化肥,从而促进了生态农业的规模化推广。以生物能源联结的种养循环,实现了农业无浪费的资源全效利用,确保了生产与生态的和谐统一和互促发展。此外,在农业加工产业链上,种植者与企业也以股权为纽带紧密相连,形成合理分工、无缝衔接、互促互利的良性发展模式。比如,下萨克森州的甜菜种植农场组成甜菜种植者协会,入股参与两个糖料加工厂,并派出代表监督糖厂的甜菜收购、扣杂、付款和利润分配,糖厂则与种植农户签订订单进行配额生产,形成稳定的供销关系。2017年德国甜菜种植补贴取消后,尽管甜菜生产者的种植收益受到较大影响,但因为能够分享下游糖加工技术进步带来的糖产业收益的增加,并没有影响甜菜生产者的种植积极性。在持续下行的欧洲糖价下,2018年德国甜菜种植面积扩大至42.16万公顷,增长了3.7%。

四是促进了城乡融合。以农场为主投资经营的生物发电厂,还可以自主投资建设输热输气管网,通过供应沼气、供暖、供应热水等不同能源形态满足周边社区居民的用能需求,以获得更大的生物能源收入。周边社区则可以不依赖市政能源供应,获得更廉价、生态的能源。根据新修订的《可再生能源法(2017)》,生物发电项目所在地乡镇必须参股10%以上才能参与可再生能源的价格竞标。通过让居民参与共享收益,获得了社区对项目运营和能源消费市场的支持。

5)以创新发展推动乡村"再振兴"

通过实施乡村更新项目,德国大部分乡村拥有了风貌特色和生态宜人的生活环境,乡村成为美丽的代名词。但由于乡村人口老龄化和人口数量的减少,使得基本生活服务因缺乏市场规模而供应不足,生活便利性下降又导致人口进一步从乡村流出。特别是医疗服务的不充分使越来越多的老年人卖掉乡村住房到城市居住,现代生活服务设施和就业机会的不足也使年轻人越来越难以留在乡村。面对保持乡村活力的新问题,德国又出现乡村"再振兴"的需求。

2014年10月29日,德国联邦食品与农业部提出了新的农村发展计划,其目标是支持农村创新发展,让农村成为有吸引力、生活宜居、充满活力的地区。该项目包括四大板块:一是未来导向的创新战略样本和示范项目,资助农村发展的利益相关者针对特定问题提出创新解决方案,同时基于专家对这些创新实践项目的评价为未来农村发展政策设计提出建议,关注的主题包括保障基本服务、改善内部社会发展、增强中小企业发展所需要的基础设施、发展新形式的乡村文化、应对变化与挑战等;二是乡村提升项目,支持13个结构劣势区域积极应对人口结构变化、增加区域价值和保障乡村就业,为每个区域提供了1500万欧元的支持资金;三是"活力村庄"和"我们的村庄有未来"竞赛奖励;四是研发和知识的转移,让乡村能够获得创新资源,并支持乡村发展领域的研究创新。为有效推进乡村的进一步发展,德国联邦食品与农业部将促进乡村可持续发展作为其重要任务,并在2015年专门成立了乡村战略司推动乡村再振兴工作。

中德两国发展阶段不同,农村土地所有制、乡村治理结构、城乡关系等重大制度安排也有很大差异,但两国都具有深厚的农耕文化传统,都很重视城市化进程中的乡村发展问题。从德国促进城乡融合发展的主要做法中,我们可以得到如下一些启示:

第一,均衡的城市化和生产力布局更有利于乡村地区发展。德国走出了一条以小城市和镇为主的城市化道路,通过空间规划和区域政策引导工业向小城市和镇布局,为"在乡村生活、在城镇就业"的人口迁移模式的实现提供了可能,带动了乡村地区的发展。我国于1996年迈过30%的城镇化率,进入城镇化快速发展阶段。尽管此前一些学者已提出"小城镇、大战略",但在后来的城镇化进程中各类资源明显向大城市集中,"大中小城市和小城镇协调发展"的预期结果并未出现。特别是此前一些地方通过发展乡镇企业为农民就地就近转移就业创造了机会,但此后随着乡镇企业改制、农村土地转用政策收紧,原先分布在乡村的企业纷纷迁往县、市的产业园区,乡村工业发展空间被严重挤压。我国目前这种以东南沿海地区和大中城市为主、农民大跨度转移就业的人口迁移模式,对乡村腹地的带动效果较差,因此应深刻反思我国的城镇化道路,在基础设施投资、医疗和教育资源布局、土地指标分配等方面为中西部地区以及县和小城镇发展创造条件。只有把小城市和镇这个节点做活,增强其辐射和带动能力,才能为城乡融合发展提供有效支点。

第二,土地整治是促进乡村振兴的重要平台。德国在城市化进程中始终重视乡村土地整治,将其作为解决乡村发展问题的重要切入点,在不同发展阶段赋予其不同功能。早期主要是推进农地整治,解决细碎化问题,以利于机械化和规模经营;后来把基础设施和公共事业建设作为乡村土地整治的重点;20世纪70年代以后,又在乡村土地整治中突出景观和环境保护。土地整治不仅需要法律的保障、规划的引领、政府机构和资金的推动,而且需要土地产权人的配合。例如,巴伐利亚州不仅制定了农业结构调整方案(AEP)、土地整治法实施办法、村庄更新实施条例,而且专门制定了土地产权调整条例。德国的经验表明,随着城市化的发展,乡村土地利用结构、布局、功能都会发生急剧变化,单纯靠土地市场难以适应这种急剧变化,需要政府以法律、规划、建设项目的方式介入。长期以来,我国也在推进农村土地整治,主要目的是提高耕地质量、增加耕地面积以及腾退农村建设用地指标,没有与乡村发展深度融合。应赋予我国农村土地整治更完整的功能,将其作为实施乡村振兴战略的重要平台,推动土地整治与农业规模经营、乡村旅游、基础设施建设、景观和环境保护等相结合。

第三,不同发展阶段乡村衰落的内在逻辑不同,策略也必须进行相应调整。德国作为工业化的先行者,经历了城市化的完整过程,其在不同发展阶段面临的乡村发展问题不同,应对策略也有较大差异。特别是在城市化率70%前后,这一点更为明显。此前,主要以农业支持保护对冲农业比较效益下降,以基础设施和公共服务建设对冲城乡生活条件差异的扩大;此后,更加注重以空间规划和区域政策对冲城乡工业的效率差异,以生态环境和乡土文化对冲城乡生活繁华程度差异的扩大。我国目前仍处在城镇化快速发展阶段,应坚定不移地推进以人为核心的新型城镇化进程,继续降低乡村人口总量和占比。同时,要注意改善乡村人口结构,让乡村能够留住和吸引回一批年轻人,以增强乡村生机和活力。为此,要紧紧抓住产业振兴这个核心,为年轻人创造有足够吸引力的职业发展空间;同时,也要改善乡村人居环境,提高公共服务水平,让年轻人愿意在乡村长期生活下去。

4.1.3 巴西解决城乡利益关系的失败教训

巴西是一个发展中的大国,其国土面积与人口均居世界第五位,2020年的人均GDP为6800美元①。巴西的土地资源非常丰富,世界大部分国家在过去的半个多世纪中耕地面积或者减少,或者变化很小,但巴西的耕地面积却大幅度增加,从1961年的2212万公顷增加到2003年的5900万公顷;巴西的水资源则更为丰富,仅亚马孙河流域淡水资源就占世界淡水资源总量的25%。巴西是农产品出口大国,2004年农产品出口额为270亿美元,仅次于美国和欧盟,在世界上排名第三;如果按农产品净出口额计算,巴西则以236亿美元居世界第一。就具体产品看,巴西的食糖、咖啡豆和鸡肉出口居世界第一,大豆和牛肉出口居世界第二。根据以上数据,仅仅就农业生产而言,巴西的农业发展是成功的。但是,从农村发展以及就更广阔的城乡关系和现代化道路来看,巴西的发展状况则算不上成功,其中最突出的是巴西二元经济结构十分典型,贫富差距极大。目前,巴西占全国人口10%的最穷者的收入仅占国民收入的1%,而10%的最富者的收入却占到国民收入的46.7%,基尼系数高达0.59②。巴西社会分配严重不平衡,城市的贫民窟问题极为突出。按照巴西的定义,贫民窟是指50户以上的人家居住在一起,建筑简陋无序,缺乏基本公共服务设施,生活条件非常差,社会秩序混乱的人口聚集地。巴西的贫民窟数量多,2000年就有3905个贫民窟,并且呈增加趋势。巴西最重要的国际化旅游大都市里约热内卢,城区人口为550万,其中就有150多万人生活在贫民窟中。该市城中不少山头为贫民窟所占据,4万人以上的贫民窟就有20多个。一个最大的贫民窟生活着15万多人,是拉美国家最大的贫民窟。贫民窟的产生,最根本的原因之一是农业和农村发展政策不力,农村发展严重滞后于城市的发展,使得大量的农村人口因为破产等原因离开农村涌向城市,而城市又没有提供足够的吸纳能力,使得无业贫民群居而形成了贫民窟③。由于巴西政府在城乡利益问题的处理上面缺乏有力的政策措施,导致了巴西的城乡利益矛盾尖锐。

1) 巴西城乡利益分配不公平的成因

巴西城乡两极分化、收入分配不公有着极为深刻的成因,其中土地政策、工业化模式的选择、收入分配制度以及政局动荡不安是造成这种状况的主要原因。

(1) 土地兼并和城市化产生大量失地农民。2003年,巴西土地占有面积低于10公顷的农户占全部农户的31.6%,他们所占有的土地仅占全部土地的1.8%;而

---

① 搜狐网.2020年巴西人均GDP降至6800美元,2011年还是1.32万美元呢[EB/OL]. https://www.sohu.com/a/454168179_100110525.
② 柯炳生.巴西城乡发展失衡的教训[N].东方城乡报,2010-6-22.
③ 韩俊.巴西城市化过程中的贫民窟问题[N].中国社会报,2005-9-22.

面积超过2000公顷的农户只占农户总数的0.8%,他们所占有的土地占全部土地的比例却高达31.6%,其中亚马孙州的一个大农场主占地竟达400万公顷。这些大农户通过兼并土地,造成大量农民失去土地,据不同数据来源,目前巴西约有2000万人为无地农村人口[1]。这部分人或依附于庄园主、农场主作雇工而生活;或作为季节工,只能在耕种和收获季节找到工作;或流入城市谋生,住在贫民窟,被严重边缘化。巴西政府从20世纪60年代以来曾多次尝试有偿征收大庄园主的闲置土地,并分配给无地农民,但由于种种原因收效并不大。城市化进程中又产生大量无地农民,而他们为了生存,不得不向城市流动。任何一个国家的城市化从某种意义上说就是对农业耕地的侵蚀,由于农民在农村丧失耕地后处境艰难,造成大量无地农民向城市的流动。农村地区失去了其"储藏人口的能力",于是城市贫民窟取而代之,成为剩余劳动力的沉淀之地[2]。

（2）工业化模式偏差及政策误导。巴西工业化模式偏差表现为高度的资本密集和技术密集,该模式必然会减少对劳动力的需求,而且吸纳的是有技术和半技术劳动力并以男性为主,进而导致收入分配不公加剧;又因为同期工业化政策的误导,导致出现过度城市化。欧洲城市人口由占总人口的40%提高到60%经历了50年,拉丁美洲实现相同水平的跨越仅用了25年。1950—1980年间,圣保罗市人口总数由250万增加到1350万,里约热内卢市则由290万增加到1070万。巴西现在的城市化程度已达81%以上[3]。快速的城市化并不完全是第二、三产业增长的结果,而主要是由大量农村人口盲目涌入造成的,从而产生了大量的贫民窟。

（3）收入分配制度不合理的影响。影响巴西经济发展的一个主要因素是资本积累低,因而各届政府都积极采取措施提高资本积累水平。为了扩大企业的资本积累,促进耐用消费品市场的发展,政府在工资政策方面实行了相应的倾斜,通过降低工人的工资来提高企业的利润,提高企业家和技术人员的收入,这样自然就使收入集中在企业家和少数人手中。经济发展的加速是建立在牺牲绝大多数职工利益基础上的,只有很少一部分人分享着增加的社会财富。同时,作为调节收入分配的税收制度也很不合理。巴西所得税占GDP的比重是较低的,主要是因为个人所得税很低（不到1%）。巴西迫于中产和高收入阶层的压力,把个税最低起征线定得很高,达人均收入的3倍多[4]。此外,增值税和销售税也比较低。这种税收制度表明,巴西的财政收入主要来自占人口大多数的广大劳动群众,而非来自富人阶

---

[1] 柯炳生.巴西城乡发展失衡的教训[N].东方城乡报,2010-6-22.
[2] 高建生.从拉美到印度:发展问题对发展中国家的警示[J].当代世界与社会主义,2005(5).
[3] 侯燕.发展中国家城市化问题浅析[J].中国工程咨询,2006(11).
[4] 江时学.巴西的财政货币政策[J].拉丁美洲研究,2007(3).

(4) 政局的动荡不安及外债的影响。20世纪初至今,巴西政局始终不太稳定,处在军人和文人交替执政的混乱局面中,使国民经济蒙受了巨大损失。同时,巴西的外债负担非常沉重,2002年高达2600亿美元,约占国内生产总值的30%,出口总额的33.6%;每年仅还本付息就需470多亿美元,外债偿还占了国家收入的相当部分。① 这种经济社会状况,无形中加剧了贫民窟的恶性发展并导致收入分配的严重不公。

2) 巴西城乡利益分配不公平的影响

现代化过程中多种因素致使贫富差距不断扩大,此问题是每个国家在现代化进程的初期都无法克服的。若任由该问题扩大,不仅有悖于现代化初衷,更重要的是会使现代化成果丧失殆尽。巴西是南美最早完成工业化,实现经济起飞的国家。巴西的经济发展成就曾令世界瞩目,但在现代化过程中,由于没有解决好财富的分配问题以及一些历史遗留问题,致使巴西成为当今世界贫富悬殊最大的国家之一,严重影响着巴西的现代化进程。

第一,严重影响巴西经济的可持续发展。财富集中、贫富悬殊造成了社会大量贫困人口的存在,而贫困人口的增加又会导致社会需求不足、国内市场狭小、购买力下降等一系列问题。巴西城市和农村的收入和消费差距巨大,东北部农村的收入水平只有东南部城市的五分之一②,并且东北部农村的基本生活消费比例极低,严重制约了巴西国内市场的扩大。消费是拉动经济发展的动力,消费下降必然影响投资,而投资缩减又会进一步影响一个国家的国内、国际贸易,甚至是经济政策的实施。巴西大量贫困人口的存在并随经济的发展越来越多,导致国民整体购买力下降,经济发展缺乏广阔的空间,因此严重制约经济的可持续发展,进而延缓了巴西的现代化进程。

第二,影响巴西社会的稳定。现代化的顺利推进必然要求有稳定的社会环境、高效的政府及适当的政策。政府的政策应该是惠及广大群众,但巴西在现代化过程中出现了贫富分化且不断加剧,这就使极少数人享用了社会绝大部分的财富,必然导致多数人而且是社会最底层劳动者的反对。这种情况发展到极端时,就会发生社会革命,导致社会环境的恶化。从20世纪70年代以来,巴西的社会治安就不断恶化。随着20世纪80年代恶性通货膨胀的加剧,以及债务危机和经济衰退,工人为提高工资和改善劳动条件所进行的斗争不断发生;同时,因失业率的增加、贫富悬殊的加剧和社会不公,导致暴力活动频繁发生,并主要集中在大城市,其中圣

---

① 王萍.拉美收入分配极化及其对我国构建和谐社会的启示[J].江汉大学学报:社会科学版,2007(3).
② 柯炳生.巴西城乡发展失衡的教训[N].东方城乡报,2010-6-22.

保罗和里约热内卢均被列为世界上暴力最严重的城市之一。城市犯罪率和因暴力而死亡的人数不断上升,恶化了巴西的投资环境,也损害了巴西的国际形象。巴西的暴力活动起源于财富分配的不公,后转为对人身的攻击,可见贫富差距是导致社会不稳定的主要原因之一,严重影响了巴西的现代化发展。

第三,影响巴西人口素质的现代化。贫富分化必然会引起贫困阶层收入下降,进而导致他们健康恶化、营养不良和受教育的机会不充分。营养不良使得巴西农村居民身高和预期寿命都低于全国平均水平,限制了农村劳动力的再生产和再创造能力。同时,贫富加剧和社会不公导致人们受教育的机会不充分,巴西 20 岁以下的青年中,有三分之二的人所受的教育不足 4 年,儿童和少年的文盲率较高。这导致巴西劳动力市场出现一种"过剩"与"短缺"并存的现象:一方面,由于文化素质低、技能差而难以被现代工业部门吸收的非熟练劳动力急剧增加,似乎显得巴西劳动力"供过于求";另一方面,现代经济所需的具有较高文化素质和有技术的熟练劳动力明显短缺,似乎又显得"供不应求"。这种现象对巴西经济的持续发展,甚至对现代化进程都产生了消极影响。同时严重的贫富分化,不断恶化的生活水平,不仅使穷人购买力下降,而且高度限制了其智力投资,造成了穷人的固定化、长期化、世袭化,从而制约了巴西现代化过程中人的现代化发展。

3)巴西城乡发展失衡的警示与教训

巴西的资源条件极为丰富,经济发展的基础在发展中国家也算是比较好的,但却出现了如此突出的社会问题,这是值得深思的。笔者认为,巴西政府在一些具体政策的决策和制定方面未能统筹考虑城乡利益是造成这些问题的原因之一。例如没有妥善处理农村土地关系,确保农民的基本生活保障。土地的私有制会有助于规模化经营,提高土地的利用效率,但若土地集中兼并的速度过快,就会产生大量的无地农民,而无地农民如果不能纳入工业化的进程中,就必然成为贫民形成贫民窟。又如在发展过程中,特别是在进入城市化和工业化进程加快发展的阶段时,不重视农村基础设施建设和改善农村生产生活条件,使得城乡差距越来越大,积重难返,带来社会的动荡不安。

从巴西发展中的失误政策可以看出,巴西在处理城乡利益关系方面忽视城乡利益的协调,造成了城乡利益的严重失衡,带来经济发展的停滞和严重的社会问题。例如,缺乏城乡融合的利益分享赋权机制,忽视了对农村居民生存和发展权利的保障;缺乏城乡融合的利益分享实现机制,选择的是资本密集型和技术密集型的工业化道路,忽略了低素质劳动力人口的就业问题,农民收入增加困难;缺乏城乡融合的利益分享循环机制,财富和资源向城市单向度集中,农村和农业的发展严重滞后于城市;缺乏城乡融合的利益分享保障机制,大批破产农民流入城市,由于生计无着,成为城市流民。

吸取巴西发展中的教训,我国在城市化和工业化的过程中一定要注重城乡利益关系的协调,从构建城乡融合的利益分享机制入手,重点在收入分配和公共品供给两个方面实现对城乡居民的公平赋权,实现城乡居民利益诉求的平等充分表达,提升农村居民的人力资本,增强农村居民的发展潜力,实现社会经济资源在城乡之间的良性循环,建立覆盖城乡的社会保障系统,实现城乡融合发展,稳步推进城市化和工业化的进程。

4.2 国内统筹城乡利益分享的经验

改变城乡利益分享不公平状况,统筹城乡利益分享是解决我国经济社会发展的主要矛盾、突破城乡二元结构、破解"三农"难题和全面建设小康社会必须选择的改革道路。在统筹城乡发展的过程中,各地政府根据本地区的经济社会发展情况出台了统筹城乡利益分享的改革政策措施,在消除城乡二元结构、缩小城乡差距方面取得了丰富的经验和成果,对其进行总结提炼,对我们构建统筹城乡利益分享机制、建设和谐城乡关系具有重要的意义。

4.2.1 以城带乡、城乡融合利益分享:对义乌模式的借鉴

义乌地处浙江省中部,是由金华市代管的一座县级市,面积约为1105平方千米,常住人口达180多万,下辖6镇8街道。经过40年的改革与发展,义乌已经由一个经济落后、地瘠人贫的农业小县,成长为位居全国百强县前列的经济强县。改革开放之初,义乌人多地少,资源禀赋先天不足,市境东、南、北三面环山,缺乏区位和交通优势,且国家投资少,工业基础薄弱,既不享受特殊优惠政策,也没有大规模的外商投资。然而,就是这样一个缺乏经典经济理论所要求的经济发展条件的地方,却培育出全球最大的小商品批发市场,一个远离都市的内陆小城成长为国际商贸名城,曾经发展滞后的乡村呈现出城乡融合发展的崭新面貌。

改革开放以来,义乌商贸业的迅速发展使农业效益较低的问题显得格外突出,城市日新月异的变化凸显出农村发展相对滞后。而商贸流通业及相关第三产业的迅速发展,吸引了大量农村和外地人口向义乌城区集聚。为此,义乌市积极发挥城市对农村的带动作用,利用民间资金丰裕、民营经济发达的优势,大力引导民间资金、民营企业参与新农村建设,推动农村向社区、农民向市民、农业向企业转变,努力促进城乡融合、共享经济社会发展成果。义乌市以城带乡的模式主要有以下方面的经验做法。

1) 推进农业产业化经营

在经济发展方面,义乌市坚持以商强农,推进农业产业化经营。农业产业化经营是以市场为导向,以家庭承包经营为基础,发挥各类龙头企业的带动作用,将生

产、加工、销售紧密结合起来,实行一体化经营的一种组织形式和经营方式。

商贸业的持续繁荣和制造业的快速壮大,使义乌的整体经济实力不断增强,为"以工哺农、以商强农"等政策的推行奠定了坚实的物质基础,从而促进农业向产业化、规模化、现代化方向发展。义乌市委、市政府出台了《关于加快发展现代农业的若干意见》,要求形成以家庭农场、法人农户为基础,由农业龙头企业、专业合作社构成的农业生产经营主体体系;以产品优、特色明、品牌强为特征,以加工、销售、研发为主攻方向的农产品生产经营格局;科技强、服务优、效率高的农业社会化服务体系;质量标准高、受益面广、社会生态效益好的农业基础设施体系;农民、企业、政府共同推进的现代农业发展体制,使农业综合生产能力迈上一个新台阶。

在推进农业产业化经营的过程中,龙头企业的规模大小和实力强弱直接决定着产业化体系对市场的开拓能力和对农户的带动能力,在农业产业化经营中具有举足轻重的作用。因此,积极培育、做大龙头企业,是加快推进农业产业化经营的关键环节和枢纽工程。改革开放之初,义乌的农业存在弱、小、散的状况,难以适应市场经济发展的要求。随着小商品市场的兴起、产业集群的发展和城市化的推进,资金、劳动力等农业生产要素不断向城市集聚,并转移到第二、三产业,农业生产呈现日益弱化的发展态势。为了确保农业的稳定和健康发展,义乌结合本地民间资本比较雄厚的实际,推动一部分先富起来的农民"从土地中来再回到土地中去",并明确提出要依托市场优势,引导经商办厂能人把积累的资金投向农业,加快"以商强农"步伐,催生、培育和扶持具有较强的自我积累能力、自我发展能力的现代农业主体(如民营农庄、民营农业科研企业和民营农业龙头企业),作为推进农业产业化、现代化的新动力。

同时,义乌充分发挥小商品市场的"连带效应",大力构建集团型农产品交易市场体系。目前,义乌已初步形成了以农贸城为龙头,副食品市场、花卉市场、木材市场、畜产品市场及城乡各农副产品市场为骨干,农产品购销队伍为纽带的开放型农产品市场体系。其中,义乌农贸城是浙江省中部最大的农产品批发市场,它集生产、加工、仓储、销售于一体,经营果品、蔬菜、粮油、水产、花卉苗木等各类农产品,先后获得了"国家农业产业化重点龙头企业""国家农业部定点市场""浙江省先进农业龙头企业""浙江省重点农副产品批发市场""浙江省骨干农业龙头企业"等荣誉称号。以义乌农贸城为龙头的农产品交易市场体系的建设和完善,极大地提高了义乌本地农产品的商品率,架起了广大农民走向市场的桥梁;发挥了农产品市场的集散功能和信息指导功能,有效地引导了全市农业产业结构调整;拓宽了农产品的流通渠道,实现了农产品在更大范围的优化配置;带动了农业生产基地的发展,提高了农业现代化的经营水平;同时,也为义乌城乡居民提供了充裕的农产品,为农村剩余劳动力与下岗职工创造了众多就业机会。

2）推进农村城镇化和社区化

义乌市出台了《关于加快城乡一体化提高农村规划建设水平的若干政策意见》，在全市农村开展以"道路硬化、卫生洁化、路灯亮化、家庭美化、环境优化"为主要内容的"小五化"，根据各村不同的经济条件，分别进行旧村改造、村庄整理、环境整治，以及引导农民下山脱贫。全市共有142个村启动旧村改造，目前多个村已全面改造完成；462个村开展村庄整治，其中17个村被评为省级全面小康建设示范村，40个村被评为市级全面小康建设示范村；所有村都已实现通村道路硬面化。

义乌市在深入调研的基础上发布了《义乌市新农村建设二十条》，加快农村新社区建设，同时明确农民群众作为新农村建设主体的地位，规定旧村改造、村庄整治、规划方案制定等各个环节都必须充分征求村民意见，每个步骤都要进行公示。如果村民认识不到位，坚决不开工，直到被全部村民所理解为止；开工后也不搞一刀切，而是根据实际情况区别对待，不由政府包办代替。新农村建设主体的明确，一方面极大地调动了村民主动开展新农村建设的积极性，但另一方面也容易产生住房建设过程中缺乏统一规划、各自为战、浪费宝贵的土地资源等问题。为了进一步推进和规范新农村住房建设，改善农村居民的居住条件，集约利用土地，义乌市对村庄建设规划总用地规模、建筑密度、容积率，村级组织建设用地的审批对象，非村级组织成员拥有的合法房屋拆迁补偿等做出了规定，在对农村新社区进行科学规划的基础上，因地制宜、分类推进新农村建设。义乌市每年安排不少于500亩指标，用于安排农村住房特困户的住房建设和启动"空心村"、旧村改造，同时积极引导规划建设高层公寓；提出深入实施农村生态文明工程，从改善水环境入手推进农民饮用水工程，让全市农民都能喝上自来水；深化城乡污水一体化处理，农村基本达到雨污分流。

在农村基础设施建设方面，义乌市对乡镇公交和农村支线班车进行了经营公司化、运行公交化改造的尝试，构建了由在城区范围内运行的城区公交、从城区通往各乡镇和部分街道以及部分行政村的乡镇公交、从各乡镇和部分街道所在地通往偏远农村的农村支线班车组成的三级公交运营网络，实现了统一规划布设线网、统一规范公交化运作方式、统一共享站场站点服务设施，城乡公交一体化的架构基本成形。义乌市还按照"四级联运、全民参与、网络化收集、无害化处理"的思路，户设垃圾筒，村配保洁员和垃圾房，镇（街道）建中转站，对农村垃圾进行集中处理。"户集、村收、镇（街道）运、市集中处理"的城乡垃圾一体化处理的实现，使义乌成为了全国第一个推行垃圾城乡一体化处理的县级市，有效地改善了农村的生产生活环境。

3）推动农民向市民转变

特殊的经济发展道路使多数义乌农民与义乌小商品市场的发展有着密切联

系,他们是市场经营的主要力量,收入水平随着市场的快速成长而不断提高,主要收入来源也较早实现了从第一产业到第二、三产业的转变,导致农民市民化问题出现得比较早。义乌市政府积极出台措施,推动农民向市民转变。

(1) 大力推进农村社会保险、社会保障体系建设。义乌市政府出台了《义乌市城乡居民大病医疗保险办法(试行)》,将城乡作为一个整体开展大病医疗保险工作,提出建立以大病医疗统筹为主的基本医疗保险制度,缓解城乡居民的医疗负担;发布了《义乌市城乡居民大病医疗保险实施细则》,对推进城乡居民大病医疗保险的组织机构及工作职责、参保对象和程序、基金的筹集标准及办法、保险待遇、定点医疗机构、基金的管理与监督等做出了具体规定;出台的《义乌市城乡居民大病医疗保险特殊病种门诊医疗保障实施办法》,明确了大病医疗保险特殊病种的范围、审核与验证办法,明确了统筹基金支付特殊病种门诊医疗费用的标准、特殊病种门诊医疗费用的报销办法、特殊病种门诊医疗的管理和监督等。大力实施社会保障全覆盖工程,将拥有义乌市户籍 5 年以上,男年满 45 周岁、女年满 40 周岁的城乡居民纳入社会养老保险范畴。针对被征地的农民,市政府出台了《义乌市被征地农村居民养老保障暂行办法》,将被征用土地后人均耕地不足 0.2 亩的农民全部纳入养老参保范围,市财政按标准逐年划入被征地农民养老保障基金财政专户,并列入年度财政专项预算;发布了《义乌市被征地农村居民养老保障暂行办法实施细则》,对享受养老保障的主体范围、对象、时间,以及参保程序、资金筹集和管理、个人账户管理、待遇享受及发放、与其他社会保险之间的关系等做出了更为细致的部署。义乌市政府还发布《义乌市被征地农村居民养老保险实施办法》,规定已参加被征地农村居民养老保险的人员,男年满 45 周岁、女年满 40 周岁,允许一次性缴纳基本养老保险费,享受城镇职工基本养老保险养老金待遇。

(2) 采取多项措施,努力破除农民进城定居置业的制度性障碍,构建了新型户籍管理制度。该项制度以居住地申报户口,以职业划分人口结构,促使外来人口本地化,本地人口城市化。同时规定,对义乌本地农民,只要在规划区内拥有合法固定居所,人均建筑面积在 10 平方米以上,有稳定职业或正常生活来源的人员及直系亲属,均可登记为城镇居民;在计划生育政策上,一定年限内可以继续执行农村计划生育政策;保留 30 年内的农村土地和山林承包权;享受村级集体资产的收益分配;在子女教育、参军、社会保险、住房等生活待遇和参与选举等政治待遇方面,与城市居民完全一视同仁。

(3) 加大农民培训力度,提高农民就业能力。为了提高农村劳动者的就业技能、文化素质和职业道德水平,加快农村富余劳动力向非农产业和城镇转移,义乌市发布了《关于加快农村劳动力培训工作的实施意见》《关于促进被征地农村劳动力就业的若干意见》,加大对农村劳动力的培训力度,使之逐步成为先进制造业、第三产业和现代农业所需要的合格劳动力。同时,致力于建立和完善以政府主导、市场运作的集职业培训、技能鉴定、职业介绍、就业指导为一体的农村劳动力培训就业机制;积极拓宽就业渠道,充分利用征地后城市化、道路建设、园区开发等经济社会发展效应,多渠道、多形式吸纳和安排被征地农村劳动力就业。全市职业介绍所对被征地农村劳动力免费提供职业介绍服务,被征地农村劳动力培训免费、就业服务免费,并享受城镇失业人员同等待遇。

(4) 不断加强农村文化体育建设,着力提高农民综合素质。义乌市结合城乡一体化行动和"双建设、双整治"活动,高标准改造和建设文化体育设施,现全市农村有文体活动场所 2000 多处;广泛开展"文明家庭""文明村镇"等评比活动,积极倡导科学、文明、健康的生活方式和行为习惯,推进移风易俗,努力构筑文明和谐的新农村;鼓励开发有地方传统、区域特色的民间艺术项目,发展农村文化俱乐部,激发农民全民参与文化活动的热情。

(5) 大力完善农村教育体制,推动城乡教育融合发展。义乌市提出了打造"城乡教育共同体"计划,即打破行政区域限制,以市区优质学校为基地校,再集聚 2~5 所农村学校,实施城乡联校行动,构建"不同法人单位、联校协调管理"的新机制,充分发挥品牌学校示范辐射作用,推动优质教育资源由城到乡"反哺式"流动,实现资源共享,推动强弱校协同发展。计划要求农村学校积极引进基地学校先进的管理模式和教学方法,积极融入基地学校教研网络,并每年安排本校 1~2 名中层以上管理骨干和多名教师参与基地学校管理或教学工作,同时基地学校派出骨干教师到农村学校进行教学指导,以此提升农村学校的办学水平。此外,还全面推进校园标准化改造工程,基本实现城乡各级各类学校办学基本条件的均衡化,并努力实现更高层次的教育公平。

义乌在推进城乡利益分享方面的探索和创新具有一定的代表性和启示性,尤其在城乡融合利益分享的机制构建方面出台了多项政策措施,值得其他地方借鉴,但也存在着明显的不足之处。义乌模式主要着重于经济建设方面,在发展农业产业、提高农民收入水平等方面进行了较大力度的改革,这与东部沿海地区经济发展速度快,浙江地区市场经济意识浓厚等因素有着密切的关系,但在构建城乡融合的利益分享机制方面缺乏从权利分配公平的角度进行全面考虑,关于城乡权利分配平等方面的措施还不能满足解决现实问题的需要。例如,在合理的户籍管理制度改革方面和构建公平的农民利益表达机制方面都缺乏相应的制度安排。因此,我们在借鉴义乌模式的合理政策经验的同时,也要注意到其存在的不足,从而在构建城乡融合的利益分享机制的过程中进行更合理的制度安排。

4.2.2 以工哺农、城乡融合利益分享:对苏南模式的借鉴

20 世纪 80 年代,江苏省苏南地区农村广大干部群众从当地的区位特点出发,

创新思路,大力发展乡镇企业,创造了"以工补农"和"以工建农"全面振兴农村经济的"苏南模式"。21世纪以来,江苏各地全面统筹城乡发展,加强以工哺农、以城带乡的工作力度,纵深开拓具有江苏特色的新农村建设之路。

早在改革开放初期,江苏各地就以大力发展乡镇企业为契机,率先在农村内部进行统筹工农收益矛盾的实践。当时,苏南的乡镇企业"异军突起",带动了农村劳动力向第二、三产业转移,在务农人员与务工人员收入悬殊的情况下,苏南的一些县(市)开始在农村集体经济组织的体制框架内,集中使用乡村工业上缴的管理费和按一定比例提取的企业利润,采取"以工补农"和"以工建农"的形式和制度来协调务农与务工收益悬殊的矛盾,有效地调动了广大农民从事农业生产的积极性,实现了粮、棉、油等主要农产品在较长时期内的稳产高产。这是在当时特定的历史条件下,农村经济内部实行工业反哺农业的率先尝试。

到了20世纪90年代中后期,随着市场经济的逐步深入,工业化进程加快推进,特别是外向型经济的蓬勃发展和工业园区的建立,以集体经济为主的乡镇企业在体制改革中向民资、外资、股份制企业等多元经济转型,从苏南经济发达的县(市)开始,农村工业与城市工业逐渐由城乡分割走向城乡联动发展。在这样的背景下,一些县(市)突破了在农村内部协调农工矛盾的局限,转向依托城市,按照城乡一体的发展思路统筹协调县(市)域范围内的农工矛盾,从而拓展了"以工补农"的内涵与形式。

进入21世纪,工业化、城市化进程进一步加速,对外开放全方位展开,江苏由南到北形成以大中城市为依托的工业化、信息化、城市化、经济国际化互动并进的发展势头,经济增长非常强劲,财政收入迅速增加,从而为工业反哺农业、城市支持农村积累了必要的物质基础。在中央做出扎实推进社会主义新农村建设的战略决策后,江苏省政府把加快新农村建设作为实现"两个率先"的重中之重,在统筹城乡发展的思路下,按照"生产发展、生活宽裕、乡风文明、村容整洁、管理民主"的要求,落实"多予、少取、放活"和以工促农、以工哺农的方针,提出以"三化"带"三农",即以工业化致富农民、以城市化带动农村、以产业化提升农业,全面实施一系列支农扶农的新举措,全面推进农村经济、政治、文化、社会、党建"五大建设"。江苏不断探索和解决城乡统筹建设新农村实践中提出的新要求、新问题,从多方面进行政策、体制和机制创新,破除城乡统筹和新农村建设的体制障碍,为农民主体地位的确立和首创精神的激发奠定了制度基础,从而促使新农村建设在全省范围内扎实向前推进,逐渐走出了一条既有自己特色、更具有时代特征的新农村建设之路。

城乡统筹建设新农村的江苏之路,包含着多方面的新鲜经验,而概括起来,主要有以下几个方面的特征。

1) 开拓"三化"带动下的新型"三农"发展道路

江苏以"三化"带"三农"的新农村建设之路是与落实"多予、少取、放活"和以工哺农、以城带乡的方针紧密结合,以市场为导向,以公共财政为支撑,以"十大工程"的全面实施为抓手统筹进行的。江苏不断加大财政支农投入,省财政支农资金年均增长超过30%,其投向在建设安排、分配政策、财政开支、公共服务上向"三农"实行了"四个倾斜",将资金更多地投入农村,将农民更多地从土地上解放出来。同时,推动城市发挥工业企业资本、技术、人才、信息等方面的优势,向农村延伸产业链条,促进农业生产经营方式创新,构建城乡要素相互渗透与交融和城乡一体的经济社会发展框架。目前,全省规模以上龙头企业增加到 4058 家,其中 180 家省级龙头企业直接带动农民 598.6 万户,这些农户从企业获得的收益达 126.1 亿元;全省 62% 的农村劳动力转移到第二、三产业,农民收入持续增长,工资性收入已成为农民收入的主要增长源,城乡居民收入差距继续保持全国最小;全省农村社会事业发展迅速,在全国率先实现了农村最低生活保障全覆盖和新型农村合作医疗全覆盖;全省农村符合通车条件的行政村班车通车率达到 99%。

2) 依托现代城市优势,以工哺农、以城带乡,多路并进

江苏省委、省政府倡导用现代理念、现代技术、现代制度改造传统农业,帮扶农业加速规模化、高效化、现代化进程,从根本上改变农业的低收益状况和弱势地位。各地以工哺农、以城带乡活动向纵深展开,形成了多路并进、助推农业高效规模化的生动局面:一是村企结合,培育龙头企业,发展高效规模化农业,提升农业产业化水平;二是鼓励和引导工商资本、民间资本直接投向农村,兴办现代农业基地,助推农业产业化经营;三是大力发展外向农业,启动现代高效农业园区的开发建设。例如,扬州市依托各类农业示范园吸引外资、台资投入,海峡两岸(扬州)农业合作试验区已有 20 多个项目开发建设;无锡市则以村企合作为支点,率先启动"一村一品、一村一企"活动,形成了六大农业特色高效产业集群,一大批有实力的工商企业同 700 多个行政村结对合作,使全市农业亩均效益大大提升。农业规模化、高效化、现代化进程的加速,展示了以工投农、以工建农的广阔前景,印证了以工哺农的强大功能。

3) 发展"三大合作组织",改造传统农业

为提升农民主体地位和农业产业化经营水平,发展高效农业和现代农业,江苏各地针对建立新型合作组织和农村土地流转机制的难点,积极进行以制度创新突破体制瓶颈的探索。在农村合作组织建设方面,苏州市稳步推进农民专业合作、土地股份合作、社区股份合作等组织合作。以"三大合作"为主的农村多种合作组织在全省呈现出良好的发展势头,在有效提高农民组织化程度、促进新型村级经济发展中发挥了重要作用。在农村土地流转方面,各地一方面积极推进土地承包经营

权的有偿转让,另一方面探索与建设新型合作组织相结合,将土地承包经营权入股,建立土地专业合作社的土地流转新形式,出现了"土地变股权、农民当股东、有地不种地、收益靠分红"的新景观。实践表明,新型合作经济组织已成为农民进入市场的桥梁,成为提升农民主体地位、实现农业产业化升级和农民增收的运作平台;而农村土地流转机制的改革创新,则在维护农民权益的同时,更为实现传统农业的改造、转型、升级构建了有效载体。

4.2.3 城乡一体化构建城乡融合利益分享:对成都模式的借鉴

成都是一个典型的"大城市带大农村"型的内陆城市,城乡二元分割一直是困扰成都发展的瓶颈。成都市区与沿海发达地区相比差距不大,但成都农村与沿海发达地区农村相比差距就很大。成都构建城乡融合利益分享、推进城乡一体化发展取得很大成效,一个根本原因在于,从推进城乡一体化之初,成都市政府就把探索建立城乡一体的体制机制放在首位。城乡一体化构建城乡融合利益分享的成都模式为破解城乡二元体制瓶颈,探索出一条城乡同发展共繁荣的有效路径。

成都位于四川省中部,四川盆地西部,为四川省省会,副省级城市,下辖12区5市(县级市)3县,全市总面积达14335平方千米,常住人口超2000万。成都市域面积不到四川省的3%,人口约占全省的25%,GDP却高达全省的36%以上。成都不仅是四川省的政治中心,更是在四川省内占据经济主导地位,是全省经济社会发展的火车头,在全省还起着经济中心的作用。

成都市在城乡融合发展推进过程中中明确提出了"六个一体化",要求在规划、产业发展、市场体制、基础设施、公共服务和管理体制等六个方面推行城乡一体化发展,建立健全城乡融合发展的体制机制。

1) 城乡规划一体化

成都坚持把科学规划作为构建城乡融合发展的基础和龙头,不断改革完善城乡规划管理体制机制,着力完善"全域成都"规划,在提升城市空间品质、建立城乡统筹的规划管理模式、切实加强乡村规划管理、全面推进城乡规划法制建设等方面进行了一系列积极探索和实践,取得了明显的成效。在城乡一体化改革一开始,成都就将"城市规划"变革为"城乡规划",将城市规划局改为城乡规划局,实行城乡一盘棋,将广大农村纳入城市总体规划、土地利用规划、产业发展等各项规划范畴,一张蓝图绘到底,形成城乡统筹、相互衔接、全面覆盖的"全域成都"规划体系和监督执行体系。过去的规划管理模式是将大量的管理精力投入在项目审批上,这种行政效率低下的规划管理模式已不适应城乡统筹发展的需要,迫切要求规划实施管理的转向,即从单纯城市规划管理转向城乡规划管理;从单纯的项目管理转向区域空间管理,加强城乡空间布局和形态控制;从单纯管理转向管理与服务并重。成都按照"统一规划、分级审批、属地管理、强化监督"的原则对规划管理体制进行改革，建立规划实施管理"重心下移"和"服务平台前置"的管理运行机制，并围绕城乡统筹工作，按照城乡规划一盘棋的思路实现审批机制再造。

结合贯彻《中华人民共和国城乡规划法》，根据自身的实际情况，成都明确了"规划既要管住，又要依法行政"的工作思路，率先将农村纳入全市统一规划中，按照"城乡一盘棋""协调发展"的原则和"全域成都"的理念，按照城乡规划编制、管理、监督工作满覆盖的要求，从市到乡组建了规划行政管理和监督机构，实施了市和区县（市）城市总体规划和土地利用总体规划的修编，编制了市域城镇体系规划、新农村建设规划，以及城乡一体的产业发展、基础设施建设、社会事业发展、生态环境建设规划等，形成了城乡一体、配套衔接的"全域成都"规划和监督执行体系。推进城乡一体化以后，科学编制城乡规划、刚性执行城乡规划被成都市确立为推进城乡一体化的龙头和基础、科学发展的引领，长期以来重城市轻农村的规划管理体制随之发生根本性改变。成都的统一城乡规划创造性提出"四性"的规划建设原则：一是发展性，突出产业支撑和持续增收；二是多样性，确定多种形态，避免千村一面；三是相融性，注重与环境和生产生活相融；四是共享性，让公共服务向农村辐射。成都的城乡规划一体化成为推进城乡全面现代化的一个重大突破，产生了一大批新农村现实样板，还形成了一套可全面推广的技术准则，确立了成都新农村建设的基本依据。

2）城乡产业发展一体化

在"全域成都"理念的指导下，成都充分发挥中心城市对农村的辐射带动作用，初步建立起了城乡产业互补互动的发展机制。在推动城乡一体化的改革过程中，成都始终坚持"三个集中"的发展原则：一是农业人口向城镇集中。这是城镇化发展的必然要求，也是解决成都农村人多地少矛盾的根本策略。全国城乡一体化综合实验区——大面镇龙华社区的农民集中居住区就是将原来一家一户分散居住的农民集中居住，置换出的土地向规模集中，有利于土地流转，而集中居住的农民形成了新型社区。二是工业向园区集中。这有利于城乡产业的集中发展，保证了土地的集约利用，保护了农村的生态环境。三是土地向规模经营集中。这是成都市发展现代农业、促进农民增收的必然要求，也是实现农业产业化规模化的基本条件。"三个集中"是推动新农村建设的重要经验，其灵魂实质在于集中资源、集中力量办大事。农民集中居住不仅有利于集约利用土地，更有利于市政基础设施的配套共享，实现城乡基本公共服务的均等化。城乡产业发展一体化就是要把产业发展放在突出位置，按照新型工业化的要求，坚持集约发展、效益优先的原则，调整城乡产业布局，培育壮大产业集群，使产业发展与城市发展空间布局相统一，与农村富余劳动力转移相结合，实现城乡产业互动、城乡经济社会同发展共繁荣。

以"工业向园区集中、农民向城镇和新型社区集中、土地向适度规模经营集中"为基本方法,成都围绕打造电子信息、汽车、生物医药、食品加工、石油化工、冶金建材等产业集群,建立了"一区一主业"的工业规划布局,并为具备条件的重点镇规划了工业集中发展点;按照"全域成都"的理念,规划确立了13个以现代服务业为重点的市管产业功能区和一批区县(市)管产业功能区。同时,在稳定和完善家庭联产承包责任制的基础上,通过完善土地流转制度,制定土地流转优惠政策,吸引和培育了一批农业龙头企业,大力发展特色农业;发展农村合作经济组织,壮大农村集体经济,提高农民的生产组织化程度,扩大农业产业化经营规模;积极推进服务业向农村延伸,形成了一批"一村一品"和"一镇一业"村镇;大力发展都市型、生态型、观光型、高效型农业,规划建设了一批农产品规模化标准化示范基地和现代农业示范园区;坚持以聚为主,抓好农民集中居住区的规划、建设和管理,完善配套服务功能,积极发展第二、三产业,注重发展劳动密集型产业,增加公益性就业岗位,千方百计扩大农民就业,促进农民向集中发展区集中。成都顺应现代产业发展的规律,遵循"集中集约集群"发展的思想,统筹推进"三个集中",联动推进新型工业化、新型城镇化和农业现代化,通过建立城乡一体的产业发展机制,正着力构建以现代服务业和总部经济为核心、以高新技术产业为先导、以现代制造业和现代农业为基础的现代产业体系,在产业结构调整中形成了城乡一体、梯度布局、产业协调发展的良好格局。

3)城乡市场体制一体化

城乡融合发展既要发挥政府的力量,更要重视市场的力量。在对农民建立了一系列公共服务的基础上,成都推进农村产权制度改革,按照"归属清晰、权责明确、保护严格、流转顺畅"的现代农村产权制度要求,建立耕地保护基金制度,开展农村集体土地和房屋确权、登记和颁证工作,并在市、县、镇都成立农村产权交易中心,建立了各类生产要素在城乡间自由流动的市场体制。成都城乡一体化实践从本质上说,就是创新土地制度,在土地规模经营的基础上,通过政府引导与市场机制的双重作用强化产业基础,打破城乡二元经济结构,实现农民身份、生产生活方式根本转变的一项系统工程。成都出台《关于加强耕地保护进一步改革完善农村土地和房屋产权制度的意见(试行)》文件,把改革的重点锁定在开展农村集体土地和房屋确权登记、创新耕地保护机制、推动土地承包经营流转、推动农村建设用地使用权流转和开展农村房屋产权使用权流转试点等目标上。这份旨在切实推动农村资产资本化、促进农民生产生活方式转变、为城乡融合科学发展创造条件的文件,把农村市场化改革推入"深水区",将进一步提高农村的市场化程度。成都农村产权制度改革的基本目标是切实推动农村资产资本化,而资产资本化的本质是资产可交易,核心是可流转,因此这项改革的关键点和难点是推动集体建设用地的流转。成都通过建立健全归属清晰、权责明确、保护严格、流转顺畅的农村产权制度，切实推动农村资产资本化，促进农民生产生活方式转变，为城乡融合科学发展创造了条件。

通过体制机制创新，推进土地、劳动力、资本要素自由流动，成都探索出在城市化进程中能有效发挥市场机制作用的发展模式。在推动土地要素自由流动方面，成都在全国率先实施了农村土地产权制度改革，建立了全国首家农村产权交易所；在推动劳动力要素自由流动方面，成都推进城乡统一户籍制度改革，着力推进农民向城镇居民转变，同时积极探索城乡社会保障制度接轨；在推动资本要素自由流动方面，成都积极推进投资体制改革，减少市场准入限制，建立政府引导、市场运作的投融资平台，在很大程度上缓解了城乡要素分割的矛盾。

4）城乡基础设施一体化

成都建立了对城乡基础设施统一规划、一体推进的机制，实施了网络化城乡交通体系建设，推进市政公用设施向农村覆盖，推进生态环境建设一体化和城乡信息服务一体化。例如，以构建城乡一体、高效便捷的现代交通体系为目标，加快推进市域路网建设，率先在我国西部实现了县县通高速路、村村通水泥路和城乡公交客运一体化；以提升农村基础设施水平为重点，推进市政公用设施城乡全覆盖，实现城乡供水、供电、供气及污水处理、生活垃圾处置一体化，实现村村通固定电话和广播电视、移动信号覆盖率100%。成都现已形成城乡基础设施共建联网、城乡群众共享现代文明生活的城乡新格局。成都还努力塑造新型乡村形态，加快推进城乡一体化，提出农村的规划要结合长远发展，统筹规划生产生活设施，突出产业支撑，充分体现发展性；紧密结合当地实际，充分利用自然地形地貌和民风民俗，在建筑形态、环境、材质、色彩等方面塑造各自特色，务求多样性；坚持"显山亮水"，保护自然生态、地形和林盘等，注重与环境的相融性；按照城乡统筹的要求，落实基础设施和公共服务设施配套标准，实现共享性。全市按"四性"工作原则，从根本上改善了城乡居民尤其是农民的生产生活条件，以及城乡尤其是农村环境。

5）城乡公共服务一体化

城乡公共服务一体化最能体现以人为本、共创共享的改革目标。成都大力推进公共服务改革，建立了城乡一体的公共服务体制和经费筹集、财政投入机制，在就业、社保、教育、卫生、文化等方面推动城乡公共资源均衡配置，推动城市公共优势资源向农村覆盖，使城乡居民共享改革发展成果。成都通过对村级公共服务和社会管理的"分类供给、经费保障、统筹建设、民主管理、人才队伍建设"机制的探索，把公共服务延伸到村，真正还权于民。市县两级财政加大了对农村的投入，同时，作为全国首座城市，将村级公共服务和社会管理支出纳入政府公共财政预算，以农民生产生活及居住方式的转变为着眼点和落脚点切实维护好群众的根本利益,努力让农民在就业、教育、社会保障、医疗、基础设施等方面享受与城市居民同样的待遇。对从农村转移入城的新居民和失地农民,妥善解决他们的居住、就业、社保等方面的问题,加快其身份转变和生产生活方式的变革,实现安居乐业;对仍居住在农村的农民,按照生产发展、生活宽裕、乡风文明、村容整洁、管理民主的要求,扎实稳步地推进社会主义新农村建设,加强基础设施和教育、卫生、社保等农村社会事业建设,推动城市服务向农村延伸,引导农民相对集中居住,共享经济社会发展成果。

成都率先建立了涵盖城乡劳动者的就业实名制管理体系,完善了覆盖城乡的就业服务网络;建立了面向农民的养老和医疗保险体系,基本实现了社会保险制度城乡全覆盖。成都将农村居民和城镇职工基本养老保险覆盖范围之外的城镇居民一起纳入城乡居民养老保险覆盖范围内,构建了由城镇职工基本养老保险和城乡居民养老保险构成的、覆盖城乡全体居民,且可以相互转接的养老保险体系,使城乡居民在社会保障上的待遇差距进一步缩小,推进城乡社会保障制度的接轨。成都还构建了覆盖城乡的文化设施网络,形成城乡社会事业均衡发展、城乡居民共享发展成果的新局面。成都市农村所有中小学、乡镇卫生院和村卫生站全部进行了标准化建设,推动城乡教师、医生互动交流,使优质教育、卫生资源向农村倾斜;教师实行"县管校用",并从"同县同酬"逐步向"同城同酬"过渡;在都江堰市,还按工作半径向教师发放补贴,半径大的农村教师的补贴甚至超过了城市教师;实施"名校下乡",要求市民心目中最好的三所中学——成都七中、石室中学、树德中学分别领办身处远郊的都江堰聚源高级中学、彭州白马中学、崇州怀远中学,让农村孩子"少花钱,上好学"。

6) 城乡管理体制一体化

建立城乡融合一体的新型管理体制和运行机制,事关城乡融合发展战略的顺利实施,也是破解城乡二元分割体制、解决"三农"顽症、实现城乡同发展共繁荣的关键所在。过去,经济社会发展的制度建立和政策制定没有放在城乡统筹的层面上,城乡分割的管理体制导致城乡二元格局更加分化,城乡差距加大,农民与城市居民收入水平拉大,造成了严重的"三农"问题。成都将过去城乡"分而治之"的行政管理职能部门进行整合,按照"成熟一个、推进一个"的原则,先后对30多个部门进行了职能整合和归并,建立起适应城乡一体化的大部门管理体制,促进公共管理和公共服务向农村覆盖和延伸;推进财政管理体制改革,形成对"三农"投入稳定增长机制。这些体制和机制的建立,使城乡一体化改革形成了政府引导、群众参与、市场推动,政府与群众、政府与市场良性互动的可持续发展格局,为加快城乡全面现代化进程提供了强大的动力与活力。成都积极探索和推进的公共管理向农村延伸的体制和机制,为城乡经济社会一体化发展提供了有力的制度保障。

成都还对城乡二元体制的标志性制度——户籍制度"动刀",实行一元化管理。成都率先提出了城乡融合户籍改革的构想,并进行了改革试点,由此打穿了原来阻碍农民进城的户籍这道无形之墙,使进城务工的农民工由农民身份转变为市民身份成为可能。成都先是出台了《关于推行一元化户籍管理制度的意见》文件,按照"降低门槛、放宽政策、简化手续"的原则深化户籍改革,逐步取消农业和非农业户口性质的划分,而统称为"居民户口",全面推行一元化户籍管理制度。在完成了全市非农业户口和土地被征用农民的"居民户口"登记工作之后,继续深化户籍制度改革,放宽了农民向城镇转移的"门户"限制,放开了农民工在城镇落户的户口政策,进一步推进了城乡统一的"居民户口"登记工作,农民进城并进行身份转换取得了实质性的进展。目前,已有多个区完成了将农业户口统一登记为"居民户口"的工作。这一期间,成都市委、市政府出台了《关于深化户籍制度改革深入推进城乡一体化的意见(试行)》文件,规定本市行政区域内的户籍人口,只要在城镇取得合法产权房屋并实际居住,或在上述城镇连续租用统一规划修建的出租房,且在同一住房居住1年以上,即可在实际居住地办理常住户口;还规定市外人员只要购买面积在90平方米以上的商品房或二手房并实际居住,且与成都市用人单位签订劳动合同以及不间断缴纳社会保险1年以上,或者在成都市暂住满3年,拥有合法固定住所,与成都市用人单位签订劳动合同并不间断缴纳社会保险3年以上,即可在实际居住地登记本人、配偶和未成年子女的常住户口。其后,又颁发了《深化户籍制度改革推进城乡一体化的意见》文件,规定只要租住拥有合法产权的成套私人住宅,经房主本人同意,即可办理城镇户口,对租住时间和租房面积没有硬性规定。这一文件彻底消除了户籍管理制度对农民进城的限制,农民真正实现了城乡间的自由转移和迁徙。

5 构建城乡融合发展利益分享机制的政策意蕴

改革开放以来,中国经济实现了持续的高速增长,城乡居民人均收入不断提高,中国也已发展成为世界上仅次于美国的第二大经济体,但许多深层次的矛盾并未得到根本解决。特别是在城乡发展差距问题上,虽然通过前期的政策措施使城乡差距有所缩减,但城乡利益分享不公平的体制机制原因仍未完全消除。党的十九大把城乡融合发展理念提到了一个新的高度,指出城乡融合发展是全面建成小康社会、实现乡村振兴的关键之举,是一项事关未来、事关全局的重大战略任务。要建设富强民主文明和谐美丽的现代化中国,就要让农民富起来、农业强起来、农村美起来,只有农民安居乐业、农业蓬勃向好、农村美丽和谐,中国的社会主义现代化建设事业才会全面进步,中华民族伟大复兴的事业才能最终圆满实现。因此,城乡融合发展是事关全局的一项重大任务。

推进城乡融合发展,"既要遵循普遍规律,又不能墨守成规,既要借鉴国际先进经验,又不能照抄照搬"[1]。城乡融合发展的一个重要主题就是构建和谐的城乡利益分享机制。城乡利益分享不公平的问题解决不好,全面建设小康社会的目标不仅无法实现,还会影响到国民经济健康发展和整个社会的和谐稳定,甚至会使国家掉入"中等收入陷阱"而无法自拔。国内外解决城乡利益问题的实践表明,构建公平科学的城乡利益分享机制起着至关重要的作用。在稳步提高农民收入水平的基础上,党的十九大提出了建立健全城乡融合发展体制机制和政策体系的重大战略部署。实现城乡融合发展的重要基础在于构建公平的城乡利益分享机制,根本路径是通过制度建设来消除城乡利益分配不合理的体制根源,实现城乡利益公平分享。在本章中,笔者首先阐明了城乡融合发展理论的内涵和重要意义,在此基础上,从利益分享的两个重要维度——收入分配和公共品获得方面阐释构建城乡融合发展利益分享机制的政策意蕴。

---

[1] 北京大学马克思主义学院,中国道路与中国化马克思主义协同创新中心.马克思主义与人类发展:首届世界马克思主义大会论文集[C].上册.北京:人民出版社,2016:696.

5.1 城乡融合发展的涵义

城市与农村的不平衡发展是世界各国在发展过程中面临的一个共同问题,受到世界各国的高度重视和关注。中国是世界上最大的发展中国家,长期以来城乡差距问题突出,因此解决该问题更是具有重要的现实意义。城乡融合发展,就是要认识到城乡发展不是此消彼长的零和博弈,而是融合发展、共享成果的共生过程;要重塑城乡关系,把城市和农村经济与社会发展作为整体来统一规划,综合研究城市和农村发展差距形成的制度因素及其相互作用关系,统筹解决存在的问题。城乡融合发展战略的提出对于打破城乡二元结构的制度惯性,促进城乡经济社会和谐,加快推进现代化进程,具有重大的现实意义和深远的历史意义。

5.1.1 基本概念诠释

1) 城市与农村

城市与农村是两种客观存在的经济空间形态。农村是以农业为主要产业而形成的生产、生活空间,城市则是以工商业为主要产业而形成的生产、生活空间。从时间上看,城市是在农村经济发展到一定阶段才得以出现和形成的,它相对于农村而言更为复杂,因而人类对城市的理解也就多种多样。

地理学认为城市是"一个相对永久性的高度组合起来的人口集中的地方,比城镇和村庄规模大,也更重要";社会学认为"城市是当地那些共同风俗、情感、传统的集合";而在经济学的意义上,城市是工商业聚集的地区,"大城市和市区的存在,是由于它的空间集中形式有利于从事生产和消费活动"。城市的特点是高密度的人口、拥挤的空间、昂贵的土地、以资本替代土地等等。

现代城市的含义,主要包括人口数量、产业构成、行政管辖三个方面的因素。为了便于统计和管理,行政管辖意义上的城市设置一般依据基于具体国情而设定的人口数量和产业构成标准,其中人口数量是识别城市的主要指标,一般采用居民点人口数量作为城市设置的标准。由于各国国情的差异,世界各国城市设置的标准差异很大。如英国规定为3500人以上为城市,美国规定为2500人以上为城市,加拿大规定为1500人以上为城市,澳大利亚规定为1000人以上为城市,丹麦规定为200人以上为城市,联合国人居中心则建议将人口在10000人以上的居民点定为城市。为了与我国人口密度大、经济发展落后的特点相适应,我国规定的城镇设立标准如下:总人口在2万人以下的乡,乡政府驻地非农业人口超过2000人,或总人口在2万以上的乡,乡政府驻地非农业人口占全乡总人口的10%以上可以设镇;市级行政单位则分为县级市和地级市两类,其设立标准分别如表5-1和表5-2

所示①。

表 5-1 设立县级市的标准

分类	指标	人口密度(人/平方千米)		
		>400	100~400	<100
县政府驻地	非农业人口(万人)	12	10	8
	其中具有非农业户口人口(万人)	8	7	6
	自来水普及率(%)	65	60	55
	道路铺装率(%)	60	55	50
全县	非农业人口(万人)	15	12	10
	非农业人口占总人口比重(%)	30	25	20
	乡镇以上工业产值(亿元)	15	12	8
	乡镇以上工业产值占工农业总产值比重(%)	80	70	60
	国内生产总值(亿元)	10	8	6
	第三产业产值占国内生产总值比重(%)	20	20	20
	地方本级预算内财政收入 总值(万元)	6000	5000	4000
	地方本级预算内财政收入 人均(元)	100	80	60

表 5-2 设立地级市的标准

指标	标准值
市区非农业人口(万人)	25
市政府驻地具有非农业户口人口(万人)	20
工农业总产值(亿元)	30
工业产值占工农业总产值比重(%)	80
国内生产总值(亿元)	25
第三产业产值占国内生产总值比重	35%(产值要超过第一产业)
地方本级预算内财政收入(亿元)	2

抽象地说,城市与农村的本质区别在于聚集程度的不同。具体来说,我们可以举出城乡之间无数的差异,而其中最为重要的或最有意义的差异主要是三个方面:一是主要产业不同。农村的主要产业是农业,其特征是土地集约,因而农业生产

---

① 中国社会科学院研究生院城乡建设经济系.城市经济学[M].北京:经济科学出版社,1999:28-29.

（尤其是种植业）有较强的分散性；而城市的主要产业是门类繁多的工商业，一般是集约资本或劳动力，对土地的依赖性较弱。二是信息流通程度不同。农村农业生产相对于城市工商业的分散化性，导致农村居民之间信息的传递数量较少，并且方式单一，由此决定了农村的信息流通往往慢于城市。三是文化上存在差异。由于城市是在农村经济发展到一定阶段才得以出现的，并且城市较高的市场化水平促使城市居民在信息获得方面占有优势，从而使得城市居民更有机会学习和创造先进文化，而农村文化一般更为传统和保守，尤其是企业家精神的缺乏会严重阻碍农业的现代化进程。

这里需要注意的是，城乡之间的差异有其必然性，但城乡之间各种差距的出现并不能代表城乡之间的本质区别，差距只是社会经济处在欠发达阶段的一种表现。

2）城乡关系

城市与农村的关系大体上可概括为主导与被主导的关系。新兴古典经济学认为城市及城乡差别的出现是分工与个人专业化演进的结果，对于城市产生过程的经济学解释和描述，可以很好地反映城市的主导作用。假定农业生产是土地密集型的，很多工业品如服装的生产不是土地密集型的。在每种产品的生产上有专业化经济，而贸易会产生交易成本，因此专业化经济和交易成本之间就会有一对两难冲突。如果交易效率低下，个人会选择自给自足，此时没有市场，也没有城市。随着交易效率稍有提高，专业化经济与交易成本之间两难冲突折中的结果就是出现了半专业化的农民和半专业化的工业品生产者如服装制造者之间的分工。由于农业是土地密集型而服装制造业不是，因此服装制造者会居住在农民的附近以降低交易成本。但农业和服装制造业之间低水平的分工不会产生城市，而随着交易效率进一步提高，在农民和服装制造者的分工之外又出现了机器制造者、房屋制造者、家具制造者等之间的分工。由于这些制造者的生产也非土地密集型的，故他们既可以分散居住，也可以集中居住。但为了节省分工及制造业者之间交易引起的交易成本，他们将选择集中居住。而专业制造业者之间以及职业制造业者与农民之间高水平的分工，就会使城市以及城乡差别出现。

因此，可以将城市理解为一种比农村分散布局更为有效的集中型的产业空间组织形式，它可以承载更多数量和种类的产业，并且具有进一步降低交易成本、促进分工发展的作用。城市工商业是经济增长的主要源泉，在国民经济中居于主导地位，城市的发展可以带动乡村腹地的发展。而城市对乡村经济的带动作用主要表现在三个方面：一是城市市场为农村产品（主要是农业产品）提供了销路；二是城市经济的发展为农村富余劳动力提供了就业机会；三是城市工商业为农村居民的生产生活提供了必要的产品和服务。

然而，城市的主导作用并不意味着农村不重要，相反，农村农业是城市以及整个国民经济的基础。首先,城市的产生和发展得益于分工,而最初的分工必然得益于农业剩余的出现,从而解放出一定数量的劳动力专门从事其他产业;其次,工商业从业人口伴随着经济增长将不断增加,导致单个农业劳动者承担了更多的非农人口的粮食供应任务,城市经济要稳定发展就必须要求有足够高的农业生产率与之相适应;最后,人们收入水平的提高会对农业提出更高的要求,因为发达的经济体系中,农业的功能不仅仅是解决温饱,还要满足人们健康、休闲甚至文化等需求,这就给农业内部的分工细化以及农业与第二、第三产业的融合提供了市场动力,农业成为支撑城市和国民经济增长的重要产业门类。另外,城市的主导作用并不意味着城乡之间的收入差距会永远存在。在一定条件下,不同地区之间以及不同职业之间人员的自由流动,会使城乡之间人均真实收入均等化(尽管其人均商业化收入会不平等);同时,随着交易效率持续提高,经济将演进到一种完全分工状态,此时城乡二元结构就会消失,而城乡之间的生产力、商业化进程以及商业化收入也会均等。

5.1.2 城乡融合的内涵

"城乡关系一改变,整个社会也跟着改变"[①],而城乡关系改变的根本原因在于城乡经济发展关系的改变。中华人民共和国成立以来,党和人民在城乡经济关系发展的征途中不断总结经验教训,走出了一条具有中国特色的一脉相承的城乡融合发展之路。新中国成立初期,以毛泽东为核心的党的第一代中央领导集体根据当时国情制定了"一五计划",带领全国各族人民大力实施以工业为核心、农业为主导的偏向城市化工业化发展的城乡兼顾发展战略。为满足工业化发展的现实需求,乡村经济在支持新中国工业建设的艰巨任务中扮演了"母亲"的角色,为工业发展培育了强大的后备力量,大大地促进了城市工业的飞速发展。然而这种支持却在客观上形成了"以农养工、以乡养城"的特殊城乡发展模式,加上户籍制度的制定以及人民公社化运动的开展,限制了城乡人口等各要素的自由流动。

改革开放初期,以邓小平同志为核心的党的第二代中央领导集体带领全党全国各族人民,将国内正反两方面的发展经验和世界其他社会主义国家发展实践相结合,开创了中国特色社会主义,将国家发展重心转移到经济建设上来,提出"社会主义市场经济理论"的伟大论断,以家庭联产承包责任制代替旧有的统购统销制度,同时提出户籍制度改革,这些举措在很大程度上促进了城乡要素的双向自由流动。在20世纪与21世纪之交,以江泽民同志为核心的党的第三代中央领导集体带领全党全国各族人民,在国内外复杂的发展形势下捍卫了中国特色社会主义,确

[①] 中共中央编译局.马克思恩格斯全集[M].第1卷.北京:人民出版社,1960:237.

立了社会主义市场经济体制改革目标和基本框架,集中力量解决关系着经济建设和改革全局的重大问题,同时还注重统筹城乡之间的经济发展、促进城乡协调和社会的全面进步。在党的十八大报告中胡锦涛同志强调,要加快完善社会主义市场经济体制和加快转变经济发展方式,全面深化经济体制改革,"坚持社会主义市场经济的改革方向",尊重市场规律、健全市场体系,加快完善城乡发展一体化体制机制。

习近平总书记在党的十九大报告中强调,要"贯彻新发展理念、建设现代化经济体系";要"坚持社会主义市场经济改革方向,推动经济持续健康发展";要"建立健全城乡融合发展体制机制和政策体系"。① 从城乡发展历史和制度体系建构的实践过程来看,我国推进城乡发展制度体系建设始终是在保持城市与乡村相互独立的状态下进行的。进入新时期以来我国提出城乡融合发展战略,是在尊重乡村特有的发展规律前提下进行城市与乡村的互促共进和共同发展。

2019年4月15日出台的《中共中央国务院关于建立健全城乡融合发展体制机制和政策体系的意见》,对我国城乡融合发展做出阶段性目标指示:到2022年,城乡融合发展体制机制初步建立;到2035年,城乡融合发展体制机制更加完善;到本世纪中叶,城乡融合发展体制机制成熟定型,城乡全面融合,乡村全面振兴,全体人民共同富裕基本实现。② 城乡融合的目的在于消除城乡二元结构,使城乡协调发展,而城乡二元结构表现在许多方面,其中经济的二元性是城乡二元结构的基础性特征,因此,促进城乡经济融合发展、实现城乡居民共享发展的成果是城乡融合的主要内容和最为重要的目标。

城乡融合发展内涵着二者融为一体共同发展的意蕴,关键在于处理好这个"融"字。城乡融合发展就是指将城市和乡村的发展纳入整体的目标体系中,通过适当的制度和政策安排,使得城市和乡村的社会经济协调运行,增加效益,降低损失,防止二元结构无限扩大,从而实现城乡和谐发展。城乡融合发展是通过制度创新和制度重构来建立协调城乡的政策体系,具有鲜明的中国特色,不仅要避免走"城市兴、乡村衰"的老路,更要走出一条城市和农村携手并进、互利共赢的新路。城乡融合发展作为政府协调城乡关系的战略和目标,有着不同于一般政策的科学内涵,主要可从以下两个方面来把握。

---

① 中国共产党新闻网. 习近平在中国共产党第十九次全国代表大会上的报告[EB/OL]. http://cpc.people.com.cn/n1/2017/1028/c64094-29613660.html.
② 中共中央国务院. 中共中央国务院关于建立健全城乡融合发展体制机制和政策体系的意见[J]. 农村工作通讯,2019(10).

1) 历史性内涵

城乡差距拉大是市场经济的必然现象,在工业化和城市化高速发展时期必然带来诸多矛盾,威胁到经济社会的稳定,因而城乡融合经济协调发展是发展中国家经济发展到一定阶段时必须认真解决的重大历史任务。改革开放以前,由于特殊的国情和计划经济体制的种种弊端,我国一度出现了在世界历史上极其罕见的逆城市化现象,本来已承载了过多人口的农村又收纳进无数的劳动力,导致农村的生产效率极其低下,最终形成了城乡封闭隔绝、差距明显的二元经济格局。改革开放后我国的经济改革从农村起步,包产到户的政策极大地调动了农民的生产积极性,农业生产效率快速提高,1984 年我国第一次出现了"卖粮难"现象。至此,农业的发展不仅为城市的快速发展提供了足够的粮食剩余,而且加快城市经济发展也成为解决农业产品销路的迫切需要,改革开放的重心开始由农村转向城市,我国的城市化进入了高速发展阶段。随着市场经济体制的形成,我国的城市经济和农村经济都取得了突飞猛进的增长,城乡之间的要素和产品开始相互流动,然而由于市场经济规律和其他一些因素的影响,城市对农村的影响还主要是"回波效应",农村的土地资源、人力资本和金融资本等要素快速向城市集中,但农村居民收入的增长连续多年慢于城市,城乡经济在绝对量取得进步的同时,两者之间的差距进一步拉大了。为缓和城乡关系的恶化趋势,国家不得不将"十一五"时期的经济主战场重新转移到农村,启动了"社会主义新农村建设"战略,而如何建立城乡经济协调发展的长效机制成为当时国民经济面临的最大挑战。事实表明,城乡融合发展是在我国工业化和城市化高速发展阶段必须要采取的战略措施,具有历史必然性。

工业化和城市化高速发展时期,政策的缺失往往会使城乡经济严重失衡,给国民经济带来沉重打击,世界历史上的前车之鉴不胜枚举。在西方发达国家,城市化的过程是由工业化推动的,人口跟随企业向城市集中。由于人口迅速向城市聚集,引起了一系列例如住宅紧张、交通拥挤、环境恶化、教育不足、犯罪增加等城市问题,同时随着城市经济的快速发展,农村经济相对衰退,城乡之间出现了严重的两极分化。这些问题迫使发达国家政府在完成了工业化和城市化之后,将大量的时间和财力用于解决城乡失调问题以及城市中的贫困问题。到 20 世纪末,大部分发达国家的政策都起到比较好的效果,大大缩短了城乡差距,农业和非农产业劳动生产率差距大大缩小。然而,世界上还有很多发展中国家至今仍在城乡二元结构中痛苦挣扎,混乱的城市和贫穷的农村严重威胁着经济社会的稳定。

中国提出城乡融合发展的战略目标,正是鉴于国外的惨痛教训,须发挥后发优势,避免重蹈覆辙。中国特色社会主义理论关于城乡融合发展的观点,是对马克思主义关于城市和农村最终会从分离走向融合理论的发展,从世界经济史的角度来看,中国的城乡融合发展战略具有重要的历史意义,其理论和实践必然对世界经济的发展路径造成重大影响。也正是由于这种历史开拓性,中国目前无法从世界经济史中获取现成的经验,只有通过自身的探索、创新,走出一条具有中国特色的城乡融合发展道路。

2) 系统性内涵

所谓系统,就是指"相互作用的诸要素的综合体"。城乡融合发展战略的核心要义是城市和农村经济社会文化共存共荣、相辅相成、对立统一,而这项战略正是以系统的观点为指导,在目标和措施上都具有明显的系统性。一方面,城乡融合发展战略的本质就在于将城市系统和乡村系统融入统一的城乡经济大系统中,进而实现城乡经济大系统的整体结构优化。城市和乡村的发展本应是互为条件互为因果的,是作为一个整体的系统而存在的,然而由于历史原因,中国的城乡一度被割裂为两个封闭的系统,极大地损害了经济社会发展的速度和效率。事实证明,单纯就农业论农业、就农村论农村、就农民论农民以及就城市论城市,都是无法从根本上解决问题的,中国的"三农"问题必须从"三农"之外来考察和思考,中国的城市问题也必须放在中国作为农民大国和农业大国的基本国情的基础上加以解决,城市和农村本就是一个整体,无法割裂。改革开放以来,中国的政策热点走过了由农村到城市、再由城市到农村的循环过程,从当时的国内外环境来看,这种循环具有一定的合理性,但从现在的经济状况来看,这种顾此失彼的政策安排已经造成了一系列问题,甚至在一定程度上固化了城乡二元结构,说明这种政策循环也具有一定的不合理性。从国民经济总量和结构上看,城市是经济增长的主要源泉,而乡村是中国经济的主要部分,城市和乡村是支撑中国经济发展的基本因素,根本无法区分孰重孰轻。要实现国民经济的稳定增长,就必须实现城乡经济的协调发展,而要实现城乡经济的协调发展,就必须将城市和乡村纳入一个整体的系统,统一筹划城市和乡村的经济发展过程。

另一方面,城乡融合发展战略的系统性表现为各种政策的制定和实施需要以城乡系统优化的目标为依据,这就要求制定系统的城乡协调发展政策。整个政策系统不仅要统一城市和乡村政策,还要做到各项政策的统一规划。如产业政策、区域政策、移民政策、社会和劳动保障政策、教育政策等相关政策都必须纳入城乡统筹的政策系统中,应当包括政治民主、立法司法、科技文化等诸多内容。城乡融合发展是一项重大而又深刻的社会变革,不仅能够创新体制机制,也能够对思想观念进行更新;城乡融合发展是改革发展红利的调节器,不仅能够转变发展思路和增长方式,也能够从更大范围上进行发展布局和对利益的分配方式进行调整。城乡融合发展能够使农民切切实实地享受到与城镇居民同样的待遇和实惠,也会使整个城乡经济社会更加全面、协调和可持续发展。对此,习近平总书记指出,各地区要充分认识到此项任务的重要性与紧迫性,谋定而后动,加强顶层设计和制度规划,通盘考虑城乡融合发展问题，切实做到"城乡一盘棋"，采取更有针对性的政策措施，集中更为有效的资源力量，不断争取突破，逐步实现工农、城乡更高层次协调发展的目标。

5.1.3 城乡融合发展的理念与原则

城乡融合发展就是要把城市和乡村经济发展要素纳入一个大系统中统一筹划，旨在改变城乡分割状况，建立密切的城乡经济联系，以城带乡、以工促农，改善城乡功能和结构，实现城乡资源的合理配置与双向流动，协调城乡居民经济利益关系，逐步消除城乡二元结构，缩小城乡差别，使工业化、城市化和农业现代化得以顺利进行。城乡融合发展需要坚持以下几个方面的理念和原则。

1) 坚持新发展理念

创新、协调、绿色、开放、共享五位一体的新发展理念，是管全局、管根本、管长远的一种导向，具有战略性、纲领性和引领性，城乡融合发展必须以新发展理念要求为指导。城乡融合发展的本质就是通过城乡开放和融合，推动形成共建共享共荣的城乡生命共同体。城乡融合是一个多层次、多领域、全方位的全面融合概念，它包括城乡要素融合、产业融合、居民融合、社会融合和生态融合等方面的内容。城市与乡村是一个相互依存、相互融合、互促共荣的生命共同体，城市是引领、辐射和带动乡村发展的发动机，乡村则是支撑城市发展的重要依托和土壤，二者之间的互补、互促、互利和互融是形成这一生命共同体的基础。目前，全国各地正在积极推进建设城乡教育、医疗、文化、生态、环境等发展共同体，这些是城乡生命共同体的重要载体，也是促进城乡融合发展的重要形式。

城乡融合发展的关键在于发展。城乡经济二元性的各种问题应当在发展中解决，也只有在发展中才能得到解决。这些发展共同体目前尚处于探索阶段，还局限于单一领域和少数地区，带有合作和支援的性质，要最终形成整体的城乡生命共同体依然任重道远。总体上讲，城乡生命共同体是命运共同体、利益共同体和责任共同体三位一体形成的一个有机整体。城乡融合发展的战略应坚持以人为本，充分重视经济发展中人的主体性。要将城乡居民生活水平的提高及城乡居民利益分配差距的缩小作为衡量城乡融合发展政策效果的主要指标，坚持可持续发展的原则。可持续发展是指既满足当代人的需求，又不对后代人满足其需求的能力构成危害的发展。按照可持续发展的要求，必须将眼光放长远，绝不可贪图眼前利益而损害未来的经济发展。

城乡融合发展必须坚持开放性、整体性和协调性相统一的原则。开放性是指经济社会系统对外的关联性。任何有活力的经济系统都不可能是封闭和孤立的，它必须要与外界环境发生物质、能量和信息的交换，外界环境的变化也必然会引起系统内部各要素及各要素之间关系的变化。整体性是指经济社会系统作为复杂大系统,是由多个相对独立的子系统构成的,但系统并不是各个要素的简单集合,系统目的的实现要求各子系统相互协调地存在于系统整体中,要素子系统的构成以及各要素的机能、相互联系要服从系统整体的目的和功能,并在整体目的和功能的基础上展开各要素及相互之间的活动,而这种活动的总和形成了系统整体的有机行为。协调性是指经济社会系统各要素之间是相互联系、相互作用的,各要素系统内部及各要素系统之间的关系都处在不断地动态调整中。这种动态调整一方面表现为系统及其子系统都处在不停地调整运动中,从一个均衡状态到一个非均衡状态,再趋向于另一个均衡状态;另一方面表现为系统发展的阶段性,即系统运动的量变累积会导致质的变化,使系统呈现出不同的发展阶段。当系统内部各要素间的动态调整演变为协调发展时,系统才可能不断地向更高层次的均衡方向发展,并呈现出由低级向高级良性发展的阶段性。具体到城乡系统,开放性首先要求城市子系统与乡村子系统充分联动,实现两者间物质、能量及信息的无障碍交换,实现两者的互促共进;其次要求城乡经济系统作为一个更高层次的系统应当主动与外部环境发生联系,地方政府应当站在城乡经济大系统全面发展的高度,积极优化系统结构,使之与自然环境、市场环境、国家经济政策等外部环境变化相适应,使城乡系统既保持活力,又保持平稳,避免大起大落。整体性要求城市子系统与乡村子系统以及两个子系统所包含的人口、资源、产业、技术、生态等诸要素的发展必须符合城乡大系统的整体利益和整体目标。在城乡经济发展中需要突出重点及主导产业,但不能一味地强调单一目标的增长,如一味地追求GDP的增长而对生态环境造成严重破坏,最终必然导致发展的停滞甚至倒退,对城乡大系统的整体健康也是严重的损害。协调性代表了城乡融合发展战略的根本目的,城乡系统的协调性要求该系统各要素的发展应协调一致,互相响应,实现城乡资源充分而有序的开发。

城市的发展和繁荣离不开乡村的支撑,乡村的振兴也离不开城市的带动。城市与乡村只有形成了一个利益共同体,才有可能最终实现城乡互促共荣。当前,在推进现代化的进程中,农业农村依然是突出的短腿短板,为此要从形成利益共同体的全局战略高度,合理调节工农城乡利益分配关系,建立以工促农、以城带乡的利益连接机制,让城乡居民共享发展成果,尤其要让农村居民更多地分享发展成果。一方面,城市的发展不能依靠剥削乡村经济甚至建立在乡村经济衰退的基础上;另一方面,城乡经济的发展必须要统筹人口、资源、环境等各种要素的协调发展,尽快转变经济增长方式,按照生态经济、循环经济的新模式发展城乡经济。

2)兼顾效率与公平

城乡融合发展的成效主要表现为城乡居民能平等的共享发展成果,因而该战略的重点可理解为促进城乡之间的经济公平;城乡融合发展又必须以发展为根本目的和手段,因此在促进公平的同时必须兼顾效率。同时兼顾效率与公平是城乡融合发展必须坚持的原则。

作为经济学概念的效率,是指资源的有效使用与有效配置。在经济学领域内,任何资源都是有限的,只是不同资源有限供给的程度不一样。因此经济学就是一门研究资源如何有效配置的学问,如果资源配置得当,有限的资源可以发挥更大的作用;反之,如果资源配置不得当,有限的资源只能发挥较小的作用,甚至发挥副作用。这就是高效率与低效率的区别。通常说的效率增长,表现为劳动生产率的提高或资金利润率的提高,可以用物尽其用、人尽其才、货畅其流来表述。物尽其用意味着生产资料得到了充分的利用,而不是闲置一旁形成浪费;人尽其才意味着劳动者的劳动能力得到了充分的利用,而且个人的劳动积极性得到了充分的发挥;货畅其流意味着商品流通速度加快,被积压或者闲置的商品数量减少。所有这些都反映了资源使用或者配置效率的提高。公平并不是纯经济学概念,它从来都含有伦理学的意义。按照不同的解释,公平或者是指收入分配的均等,或者是指收入分配差距的合理,或者是指获取收入的机会的公平。大家比较能形成一致意见的是所谓的机会均等。在市场竞争中只要大家都处于同一条起跑线上,全都按照自己的能力与努力程度来进行竞争,尽管竞争的结果有差异,但出发点相同,就可以理解为公平了。但事实上不同的人由于家庭背景不同、居住地区不同、天赋不同,很难做到"大家处于同一条起跑线上"。从计划经济年代过来的中国人已经深刻体会到平均主义不是公平,而是一种实际上的不公平。在市场经济条件下,收入是按照各个生产要素供给者所提供的生产要素的数量和质量来进行分配的。要素供给者提供的生产要素越是能产生较大的经济效益,他们由此获得的收入就越多;相反,如果他们提供的生产要素不被市场所需要,或者说不能产生任何经济效益,他们也就不能从市场经济中获得收入。这就是市场经济按效益分配的原则。市场是个天生的平等派,根据生产要素提供者提供的要素的数量、质量及其被市场所需要的程度而分配收入,体现了公平的竞争和机会的均等。但由于种种的现实原因,所谓的机会均等是难以真正得以实现的,因此市场分配的结果是会产生分配差距的。当这种差距在合理的范围内时,可以被视为是公平的,而过大的差距则应该被视为不公平的一种反映。因此,我们所讲的兼顾效率与公平是指在市场经济按效益分配的原则下,把公平放在优先地位,反对各种制度安排造成的机会不均等,反对收入分配的过大差距①。

公平,主要体现为社会利益的均衡②。公平一旦遭到破坏和侵蚀,权利主体就

---

① 厉以宁.经济学的伦理问题[M].北京:生活·读书·新知三联书店,1995.
② 单飞跃.经济法理念与范畴的解析[M].北京:中国检察出版社,2002.

会产生巨大的不公正感。这种情况在我国城乡关系演变的历史进程中表现得尤为突出,例如进城务工人员在就业、劳动报酬、社会保障等方面的不平等。因此,我国的城镇化进程中要实现对于原有农村居民的平等待遇,正如罗尔斯所言,机会应当公平,职务和地位应向所有人开放,即对于进入城镇工作的所有人统一标准,平等竞争。我国在推进城乡融合发展的过程中,要实现公平就是要让农民真正分享到经济社会发展带来的利益,这就意味着起点的公平、程序的公平、利益分配的公平。公平问题是我国推进城乡融合发展进程中需要特别注意的问题,农民作为经济社会发展过程中利益分享的弱势群体,急需在社会资源分配、社会权利配置上被公平对待。唯有农民的生存发展权得到充分合理的保障,方可能改善社会强弱分化巨大的局面,实现实质意义上的公平。

在城乡经济关系中,效率与公平是不可分的。在城乡割裂的二元体制下,城乡利益关系更多地表现为此消彼长的矛盾关系,但以城乡融合发展为指针,将城乡视为一个相互融合的共同体,城乡利益关系是互相促进、共生共荣的。只要理顺体制,提供适当的政策,兼顾效率与公平的城乡经济融合发展是完全可以实现的。推进城乡融合发展重点要关注的环节包括劳动力流动、产业转移、农业资源开发、农村市场化、城市第三产业发展等,这些环节的顺利发展是消除城乡二元结构的重要手段,不仅有利于城乡居民收入分配差距的缩小,同时有利于整体经济效率的提高。因此,在城乡经济协调发展的过程中,我们大可不必在公平与效率两者间做出痛苦的选择,而应当深入地研究经济规律,对具体的环节制定不同的政策,努力寻找兼顾效率与公平的城乡融合发展道路。

3) 市场的基础作用和政府的调控功能

改革开放以前,由于实施的是计划经济体制,在农村无法调动农业生产者的积极性,在城市无法推动轻工业和第三产业的发展,同时城乡之间更是无法实现要素的有效流动和资源的有效配置,由此导致了效率和公平的双重损失。惨痛的历史教训告诉我们,建立完善的市场经济体制是实现经济资源优化配置成本最低、效果最好的途径。城乡二元结构的各种矛盾的解决需要市场发挥基础性作用。通过劳动力转移的二元经济模型可以知道,城市资本家和拥有自由与产权的农业劳动者是提高农业劳动生产率,实现农业剩余劳动力向城市转移的前提条件。通过私人理性决策可以自动地实现城市轻工业和第三产业的繁荣,从而缓解农村人口压力,这是市场经济制度在消除城乡二元结构中的主要作用机制。这种效果的取得在市场经济框架下是自动生成的,即不需要付出额外的信息成本,而倘若是在计划经济体制下,因为没有私人的决策单位,仅依靠强大的政府力量来调节城乡要素和产品流动,势必需要付出巨额的成本来收集和处理信息,而这种巨额成本是社会所无法承受的。市场经济的优势就在于它具有自动趋向高水平均衡的功能。在市场经济体制日益走向完善的今天,我们在城乡融合发展的过程中应当充分利用市场经济的这种优势,统一城乡要素市场,促进城乡分工的发展。

当然,市场经济对于城乡差距而言是把双刃剑,它在促进农业剩余劳动力转移的同时,也会显示出强大的"回波效应",拉大城乡差距,损害经济公平,同时市场经济本身也会因垄断、外部性、不完全信息等市场失灵现象而损害经济效率。因此,在充分发挥市场经济基础作用的同时,政府必须发挥其宏观调控功能,现代经济学也已将政府的宏观调控视为市场经济体制不可或缺的一部分。在城乡经济协调发展中充分发挥政府的调控功能,就是要通过政府的财政政策、货币政策、产业政策、区域政策等来防止市场失灵,提高经济效率,弱化城市对乡村腹地的"回波效应",强化其"扩散效应",缩小城乡差距,体现公平原则,保障市场经济的有序运行。

4) 发挥优势、因地制宜

城乡二元结构是发展中国家普遍存在的现象,但是每个国家及地区的经济资源和状况都是有差别的,就中国来说,东、中、西部的城乡二元结构处在不同的发展阶段,具有不同的特征,再加上各地的自然地理和人文地理有着巨大的差异,这就决定了各地城乡融合经济协调发展不可能照搬同一种模式,而必须坚持实事求是,秉着发挥优势、因地制宜的原则,探索符合地方实际状况、行之有效的城乡融合发展方式。中国的城市化进程是在工业化已超前发展和经济全球化的大背景下启动的,这与发达国家及其他发展中国家的经历有所不同,因此需要我们大胆地进行制度创新,用特殊的方法解决特殊的问题。从国内不同地区的情况来看,目前城乡二元经济结构有着不同的表现,东部地区的乡镇企业较为发达,因此城乡矛盾主要表现在城市体系结构优化和城乡经济一体化上;而中西部地区的工业结构是以重工业和资源开采业为主,农村人口密集,因此城乡矛盾仍然以农业与城市工商业的协调互补为主要表现。按照发挥优势、因地制宜的原则,各地应根据自身的情况,找到各自的比较优势,确定适当的主导产业,形成城乡联动、优势互补的协作分工,着力解决自身的特殊问题;同时,要在城乡一体化的基础上突出整个地区经济的竞争力,在国家区域经济格局和国际分工格局中找到自己的比较优势,确立自己的经济地位。

5) 城乡融合统一规划

应该树立全新的规划理念,注重规划的引领带头作用,实现城乡统一规划全面覆盖;要突破以往各种规划互相分割的局面,协调处理好环境保护、土地利用、城镇规划和产业规划之间的关系,集产业规划、环境保护、城镇规划和土地利用于一体,建立多功能、定位准的规划体制。省直辖市自治区一级政府要突破以往以县城为主体的规划格局,进一步清晰城乡区域间的功能定位,以现存的城乡基础设施、基本公共服务和资源为城乡发展的立足之本,在规划时纳入广大农村,使农村享有与城市同等的资源和服务。城乡融合统一规划的重点是围绕加快县域人口、产业和功能的集中,科学合理安排城乡之间的空间布局,统筹进行城乡的基础设施建设,更加均衡地配置城乡的资源要素以及改革与之相关联的综合配套服务,强化公共服务职能和县城的辐射能力;推进城镇化进程,通过中心镇的集聚人口、产业等功能和人口扩散、产业辐射等功能的优势,培养发展一批现代化城市、都市卫星城和特色资源、文化城镇,以中心城镇带动周边乡镇,进而带动整个农村面貌的改观。在此过程中要注重推进乡村整治工作,建设生产要素集中和人居环境优美的乡村,建设具有文化特色的乡村,构建乡村良好的生态环境、生态人居、生态文化及生态产业体系。

5.2 构建城乡融合利益分享机制的政策意蕴

通过前面的理论分析可知,缺乏公平的城乡利益分享机制是造成城乡利益失衡的根源。国外不同国家解决城乡利益分享问题的成功经验和失败教训为我们构建城乡融合利益分享机制提供了很好的借鉴和参考,国内不同地区在城乡融合利益分享方面所进行的探索实践也为我们构建城乡融合利益分享机制积累了经验。综合前面理论分析和比较分析的结论,解决城乡利益失衡问题,需要构建城乡融合的利益分享赋权机制、利益分享实现机制、利益分享循环机制和利益分享保障机制。下面笔者从收入分配和公共品获得这两个利益分享基础层面的重要维度入手,阐释构建城乡融合利益分享机制的政策意蕴。

5.2.1 构建城乡融合利益分享赋权机制

构建城乡融合的利益分享机制首先要从赋权入手。利益分配不公平的背后是权利分配的不公平,建立城乡融合的利益分享赋权机制就是要赋予农业农村和农民平等的要素权利、获得公共品的权利,从权利入手清除强加在农民身上的身份歧视。

1) 收入分配方面

从收入分配方面看,构建城乡融合的利益分享赋权机制最主要的是要实现城乡经济权利的平等,要赋予农村生产要素平等的要素权利,不以歧视的眼光来看待农村生产要素,要按照城乡统一的市场来配置生产要素,消除人为地割裂城乡要素市场的制度安排。具体来说,应加强以下几方面的工作:

第一,改革户籍制度,消除城乡居民的身份差别。户籍制度本来是随着国家的产生而形成的一种社会制度,是通过各级国家机关对其所辖范围内的户口进行调查、登记、申报,并按一定的原则进行立户、分类、划等和编制,以对社会人口进行管理的制度安排。但我国所构建的城乡分治的二元户籍制度成为了城乡之间权利不平等的基石。因此，要构建城乡融合利益分享的赋权机制，首先必须取消不合理的户籍制度，否则对农民的身份歧视将难以消除，城乡权利平等将无法实现。

城乡分治的二元户籍制度是城乡权利不平等的制度基石，因此户籍制度改革将涉及政治、经济、社会体系、保障结构等诸多方面。户籍制度改革虽然工程浩大、涉及面广，但从目前我国经济社会发展状况来看，户籍制度改革已经势在必行。党的十七届三中全会提出，我国总体上已进入着力破除城乡二元结构、形成城乡经济社会发展一体化新格局的重要时期。这一论断为户籍改革指明了方向。户籍制度改革必须遵循现实客观规律，循序渐进，改革的最终目的是要把户籍放在控制人口的个人信息上，而不是强加给户籍许多附加值。具体而言，户籍制度应该实行对居民按照实际居住地登记，这是户籍制度改革的关键所在。我们最初的户籍制度是根据人们的居住地建立的，户口一经确定，不但定终身，而且还是"世袭制"，只要定为农民就几乎世世代代是农民，不能随着农民实际居住地的变化和农民职业的变化而变化。这也成为我国农业劳动力无法转移、农民数量无法减少的主要原因。国家应当制定户籍法，让新的户籍制度来适应当前社会形势下的人员流动状况，保障我国所有公民的自由迁徙权利。

第二，建立城乡统一的大市场，打通城乡市场梗阻，实现城乡生产要素的平等配置。城乡融合发展就是要让城乡经济要素在市场机制的作用下快速实现双向流动，一旦城乡要素能按照市场信号在城乡之间自由流动和优化组合，城乡发展差距才有可能逐步缩小。我国的市场经济体制建立比较晚，发展还不够成熟，市场还未真正成为配置城乡资源的主要手段。特别是在城乡分治的二元经济结构和社会结构的影响下，生产资源在城市和农村之间、在工业和农业之间不能正常合理的流动，无法实现按统一的标准对待城乡生产要素，实现要素的优化配置。因此在收入分配方面实现公平赋权，主要是要实现城乡要素的统筹配置，建立城乡统一的产品和要素市场，而不能人为的割裂城乡市场，对城市的生产要素按一个标准来进行资源配置，对农村生产要素按另一个标准进行资源配置。必须取消政府对市场不合理的干预和管制，以建立城乡统一的大市场为导向，包括建立城乡统筹的劳动力就业市场、土地市场、技术市场、资本市场等等。建立城乡融合的大市场，是实现城乡生产要素权利平等的基本前提。

第三，赋予农民平等的劳动权。在经济发展过程中，劳动力从第一产业向第二产业转移是一个规律性现象。赋予农民平等的劳动权利是提高农民收入水平，实现农村剩余劳动力向城市顺利转移的基本要求。劳动权是每一个社会公民应有的基本权利，农民作为社会劳动者应与城市居民一样享有平等的劳动权利。劳动权是由工作权、报酬权、休息权、职业安全权、职业培训权、民主管理权、社会保障权等一系列权利所构成的权利系统，在这个系统中，各种劳动权按照一定的分工紧密地结合在一起,发挥出权利系统的合力。在劳动权利构成中,工作权是基础和前提,报酬权和福利权是核心,其他权利是保障。

首先要赋予农民平等的工作权利。工作权也称就业权,内容包括工作获得权、自由择业权和平等就业权。工作获得权在积极的意义上表现为要求国家和社会提供工作机会的权利,消极意义上是对抗用人单位无理解雇的权利;自由择业权是劳动者可以依自己的意愿自主选择职业的权利,包括是否从事职业劳动、从事何种职业劳动、何时从事职业劳动、进入哪一家用人单位从事职业劳动等方面的选择权;平等就业权是指劳动者有权平等地获得就业机会。维护农民平等就业的权利,就必须反对就业上的歧视现象,不能因农民身份的原因而对其进行排斥。其次还要赋予农民平等的报酬权。报酬权即取得劳动报酬的权利,包括报酬协商权、报酬请求权和报酬支配权。报酬协商权是劳动者与用人单位通过劳动合同协商确定劳动报酬的形式和水平的权利,其核心是协商劳动报酬的水平,即协商确定自身劳动力的价格。在劳动报酬的协商方面,劳动者的自由权利受到来自于国家最低工资标准和集体合同的双重约束,劳动者与用人单位所协商的劳动报酬不能低于集体合同的标准,更不能低于国家的最低工资标准。报酬请求权是指劳动者付出了职业劳动之后,要求用人单位按时、足额支付劳动报酬的权利。

此外,赋予农民公平的劳动权利还包括平等的休息权、职业安全权和社会保障权等。进入城市的农民有平等获得休息和休假时间的权利。休息权是确保劳动者恢复劳动力、实现个人全面发展的权利,合理的休息时间是确保劳动的人道性和伦理性所必需的,确保并不断扩充休息时间,也是社会文明和进步的标志之一。职业安全权是指劳动者在职业劳动过程中人身安全和健康获得保障,免遭职业伤害的权利。社会保障权是指劳动者获得社会保险和福利的权利,即劳动者具有享受国家和用人单位提供的福利设施和种种福利待遇,在年老、患病、工伤、失业、生育和丧失劳动能力的情况下获得物质帮助的权利。

2) 公共品获得方面

从公共品获得方面看,构建城乡融合利益分享的赋权机制,就是要赋予农村居民平等获得政府提供的公共品的权利,消除在公共品获得方面针对农民的歧视性制度安排。完善人口城镇化政策,深化户籍制度和宅基地制度改革,既要加快推进农民进入城市就业制度创新,确保在城市务工的农民享有与市民同等权利和水平的就业、生活和发展机会,又要有序推进乡村宅基地产权开放,完善城市居民、产业工人到农村工作生活相应的人口、住房、宅基地政策;适应农民工流动新趋势,完善引导农民工就近就地就业政策;赋予农民平等表达自己利益要求的权利,使政府的公共财政安排对城乡居民的公共品需求进行平衡考虑;赋予农民平等的受教育权、平等的医疗权,以增加农民的人力资本积累,实现对传统农业的改造。

第一,要将户籍制度改革与实现城乡居民权利平等结合起来。城乡分治的二元户籍制度是城乡公共品获得权利不平等的制度基础,户籍制度改革就是要取消赋予城镇居民的特权,实现城乡居民在公共品获得权利上的平等。户籍制度改革不能仅仅是对其本身进行改革,还要将那些与该制度捆绑在一起的内容结合起来,实行"大户籍改革"。也就是将户籍制度以及相关联的教育制度、医疗制度、社会保障制度和财政制度等一系列制度同时推进、统筹改革,实现城乡居民在公共品获得方面的公平赋权。

第二,要赋予农民平等表达自身利益的权利。农民对公共品的需求无法得到充分表达是农民在公共品方面无法获得平等权利的重要原因,因此必须要赋予农民平等表达自身利益的权利,使农民平等地参与国家政治生活,特别是在人大代表的选举方面,要根据平等的原则分配给农民更多的代表名额,使农民能够充分表达自身的利益要求,从而可以影响到政府的公共财政安排。在目前中国的实际情况下,政府的公共财政政策应以实现城乡公共品权利平等为出发点,消除城乡公共品不公平供给的制度安排,将农村公共品的提供纳入政府的公共财政支出之中,保证城乡公共品供给的公平性。

第三,要赋予城乡居民平等的受教育权利和医疗权利。教育和医疗是两类重要的公共品,同人们的生活息息相关。实现城乡居民教育、医疗的平等赋权,是农村居民获得与城市居民平等的教育和医疗服务的基础,有利于提高农民的人力资本存量,推动农村社会文明的发展。赋予城乡居民平等的受教育权利和医疗权利,就是要实现城乡教育和医疗投入的均衡,因此政府在制定关于教育和医疗投入的政策时,要以实现城乡居民公共品获得的平等权利为考量基础,不能偏向于城市而忽略农村。赋予城乡居民平等的受教育权利和医疗权利还有一个层面的要求是指向流入城市的农民工的,他们常常由于各种制度的限制,无法与城市居民一起平等享有教育和医疗权利。以教育权利为例,城市学校对不具有城市户口的农民工子女要收取很高的"借读费""赞助费"及其他教育费用,这无疑加重了许多农民工的负担,常常使农民工难以承受,直接造成许多农民工家庭的子女失学。赋予城乡平等的教育、医疗权利,对城市来说就是要消除针对进城农民的歧视性制度安排,保证他们平等的获得教育、医疗服务。

5.2.2 构建城乡融合利益分享实现机制

利益分享实现机制是对赋予权利实现进行的制度安排,构建城乡融合利益分享实现机制就是要在公平赋权的基础上使平等的权利得以实现。在收入分配层面上,就是要通过加快农业经营方式转变、推动农业产业发展、完善农产品市场调控体系、加强农产品市场建设等措施不断提高生产效率,让农民的收入水平不断提高;在公共品获得方面,就是要构建城乡融合的公共产品提供机制,使农村居民获得由政府提供的和城市居民同等的公共品。通过构建城乡融合利益分享实现机制,使农民分享经济社会发展的成果,提高农民的生活水平和素质,改变城乡不公平的利益格局。

1) 收入分配方面

由于农业天然具有弱质性,其产业的发展需要得到更多的扶持。构建城乡融合发展的利益分享实现机制就是要通过政府的政策引导,扶持农业产业发展,提高农业生产效率,实现农民收入水平的提高。具体而言,可从以下方面入手进行:

第一,要加快农业经营方式的转变。农户的分散经营方式,导致农民难以保护自身利益,农产品生产与市场需求难以有效衔接,农业服务成本难以降低,农业劳动生产率水平难以提高。加快农业经营方式转变,一是家庭经营要向采用先进科技和生产手段的方向转变,增加技术、资本等生产要素的投入,着力提高集约化水平;二是统一经营要向发展农户联合与合作,形成多元化、多层次、多形式经营服务体系的方向转变,着力提高组织化程度。

在一些发达地区,村级组织具有一定的实力,能够为农户提供统一的服务,但多数村级组织集体收入微薄,为农户提供生产经营服务的能力很低。在农业向专业化、商品化、社会化转变的大背景下,农业的各种生产经营服务活动早已突破了原来社区集体的界限,相比村级集体组织而言,农民新型合作组织、各种农业社会化服务组织、龙头企业联结农户的农业产业化经营组织等,在提供服务、引领农民进入市场方面发挥着更大的作用。因此创新农村经营体制,必须进一步发挥村级集体组织的作用。村级组织应更多地为农民提供生产经营服务,同时也要更多地发挥农民新型合作组织、"公司+农户"的农业产业化经营组织、农业社会化服务组织、农业生产服务企业等在为分散的农户提供统一经营服务、走向国内外市场方面的作用。

发达的社会化服务是现代农业的主要内容和重要特征,要加快培育各种类型的农业社会化服务组织,搞好信息、技术、购销、金融、农机等全方位的服务;农业产业化经营对联结小生产与大市场发挥着重要作用,当前农业龙头企业与农户的利益联结不紧密,需要引导龙头企业与农民建立紧密、合理的利益联结机制,让农民更多地分享农业产业化经营的好处;要按照"服务农民、进退自由、权利平等、管理民主"的要求,扶持农民专业合作社,扶持各种新型农民合作组织,并从财政投入、税收优惠、金融支持等方面加大对农民专业合作社的扶持力度,提高合作社为农民服务的能力和水平。

第二,要完善农产品市场调控体系。农产品的生产经营活动受市场影响很大,农民经营的分散性使其对市场风险的抵御能力较差,完善农产品市场调控体系有利于农业产业发展和农民收入的增加。一是要支持农民发展合作营销组织。开展营销合作能够提高农民的市场谈判能力,更好地把握市场状况,以及提高农产品的市场辐射能力,对提高农民收入具有直接的作用。要支持农民专业合作社开展信息、技术、培训、产品质量标准与认证、标准化分级、规格化包装、储藏、运输等服务,对农民专业合作社的营销服务,政府可以给予适当补贴。还要培育大型农产品流通企业,鼓励具有竞争优势的农产品流通企业通过参股、控股、承包、兼并、收购、托管和特许经营等方式参与农产品经营,尽快形成多种所有制并存,品牌、保购配送、经营指导等多种方式并举,管理规范、信誉良好的市场主体;鼓励农产品流通企业建立营销网络,实现跨地区、连锁化经营。二是要加强对农产品市场体系的调控与指导,避免市场趋同、重复建设,应在对市场建设状况进行全面调查的基础上,制定全国性的农村市场体系建设规划。由于各地情况千差万别,经济发展水平、产业结构、现有基础、交通运输条件、信息服务体系、投资能力、资源承受能力等都有较大差异,应当充分考虑各地实际情况,制定农村市场发展规划,明确发展重点,加强对投资方向的引导。在农产品集中区搞好产地批发市场规划;在销地将批发市场规划纳入城市建设的统一规划中,完善农产品批发市场流通机制,实现产地销地市场对接;在县级以下农村地区逐步发展适度规模的农产品批发市场。三是要积极培育新型市场主体。农村的市场流通主体发展非常快,对促进农产品销售起到的作用越来越大,但从总的情况来看,市场主体发育仍然不够,除了粮食以外,其他农产品的销售仍然主要采取"提篮小卖"的方式,市场开拓能力不足、辐射范围较小,农民获益有限,因此培育新型市场主体显得越来越重要。四是要继续推进粮食购销市场化、经营主体多元化、市场竞争公平化。

第三,要发展农产品供应链。依托大型粮食物流企业,加快建设跨省主要粮食物流通道和节点,建立全国粮食现代物流体系,促进粮食散装、装卸、散存、散运的流通方式变革;支持在区域化、专业化、规范化生鲜农产品生产基地附近集中建立与生产配套的生鲜农产品冷藏保鲜库,发展农产品冷链运输,提高市场均衡供应能力;推动建立全国统一的"绿色通道",为农产品运销创造更好的政策环境;引导农产品包装上市,提高农产品质量等级标准化、重量标准化、包装规格化水平;加大农产品储藏、保鲜设施建设的力度;加强农产品的营销促销,扩大对农产品促销项目的投入和优惠政策,尽快形成国际性、全国性、区域性、地方性相衔接的农产品营销促销体系,提高农产品流通效率。

同时,应当从收入分配的结构上重视城乡收入差距问题,关注点首先应当放在提高农村居民的收入水平上。从收入结构和收入来源的角度看,应当进一步保障农村进城务工人员的相关权益,提升其技能水平,切实增加进城务工人员的工资性收入,提高其工资水平。应当充分认识到我国农村地区居民长期依赖于农业生产,获取的经营性收入为其收入的主要来源,但近年来我国农产品价格水平较低,进行农业生产的成本却逐年提升,政府应当逐渐提高农产品收购价格,保证从事农业生产的居民的收入水平稳步增长。应进一步发挥农村合作社的作用,提高其农业生产管理经营水平,提高农产品附加值,实现农业专业化经营,减少流通环节,鼓励直供直销,让利于农民。同时,政府应加大对于农村地区的转移支付力度,尤其是提高转移支付的精准度,在兼顾效率的基础上让转移支付真正对低收入群体起到有效的"兜底"作用;政府还应当加强对于农村地区公共基础设施建设的转移支付力度,进一步促进农村地区的经济发展。政府还应为农村地区居民创造更多机会获取财产性收入。具体而言,政府应进一步加大针对农村地区的招商引资力度,鼓励返乡创业,鼓励特色产业,从而让更多的农村居民能够就近就业、就近创业,更好地促进当地经济发展,为全面推进乡村振兴创造有利条件;另一方面,政府应继续深化土地流转机制,进一步盘活农村土地资源,发挥土地经济效益;同时,政府应该为农村合作社的专业化和规模化的发展提供有利条件和政策支持,将农村的土地资源交给专业的营运团队经营,保障土地经济效益的持续性,保障农产品品质基础上的利益最大化,促进特色产业的规模化和品牌化。农户既可以获得土地的入股保本收益,又可以选择就近在合作社工作获得工资性收入,如果参与经营还可以获得年终分红,逐步实现农村居民的财产性收入、工资性收入和经营性收入的三提高,从而更为有效地控制和缩小我国的城乡收入差距。

2) **公共品获得方面**

构建城乡融合利益分享实现机制,在公共品获得方面就是要着眼于建立公平的城乡公共品提供机制。就目前城乡公共品供给的现状而言,要尽快补齐农业农村公共服务短板,完善财政资金配置方式,调整中央与地方、省与省及省市县乡村的财政资金配置结构,首先是要加强对农村公共品的供给。具体而言,可从以下几个方面入手:

第一,加强农村基础设施建设。陈旧的农村基础设施建设投资体制,是造成农村基础设施落后状况的制度原因。改革开放以来,我国农村基础设施建设虽取得了不少成绩,但与城市相比差距还是很大,尤其偏僻落后的农村地区,基础设施相当落后。这种状况严重制约了农村经济社会全面发展、农业的转型升级和农民生活水平的提高。因此,要改变我国农村基础设施落后的状况,必须进行投资体制的改革,融合城乡基础设施的投资与管理,为城乡协调发展创造条件。要加大财政资金支持农村基础设施建设的力度,不断扩大公共财政资金覆盖农村的范围;要建立中央政府、地方政府和社会各界共同参与农村公共品供给的多元化投入机制,制定优惠政策,鼓励各种社会组织投资农村基础设施建设;要出台政策措施把基础设施建设和社会事业发展的重点从城市转向农村,要制定硬性指标要求国家财政中固定资产投资的增量部分主要用于农村和农业基础设施建设；要改革农村基础设施建设的投资方式，规范项目管理程序，确保项目选择和实施全过程公开、公平、公正。农村基础设施的建设要从广大农民迫切需要解决的问题入手，推进现代农业建设，建立农业发展的产业技术支持体系；加快农村地区的道路、水、电、通信、网络等基础设施建设，完善县、乡、村配套的物流体系建设，改善农民的居住环境；支持农村教育、医疗、文化、体育等基础设施建设，提高农民素质，促进农村和谐社会建设。

第二，促进城乡义务教育均衡发展。党的十九大报告提出，"推动城乡义务教育一体化发展，高度重视农村义务教育"。这是以习近平同志为核心的党中央对我国义务教育发展所做出的重大时代性战略部署。乡村振兴战略的推进实施离不开强有力的人力资源的支撑，人才振兴是乡村振兴的前提和关键。目前正在上小学、初中的儿童青少年，到2035年将是我国乡村振兴、国家现代化建设的青年生力军，到2050年更是我国全面建设现代化强国的主力军。因此，要站在全面建成小康社会、乡村振兴战略等国家发展目标与战略高度，立足保障农村发展、脱贫攻坚可持续的内生活力与动力的大局，立足促进城乡一体化发展与经济社会和谐健康发展的国家发展全局，深刻认识与高度重视"推动城乡义务教育一体化发展，高度重视农村义务教育"，统筹谋划和推进我国城乡义务教育一体化进程。

教育是一个国家持续发展的关键，义务教育则在整个国民教育体系中占有举足轻重的地位。义务教育质量的高低，直接关系到各级各类人才的培养和整个教育事业的发展，关系到全民族素质的提高。均衡发展，是促进教育公平、办好人民满意的教育的客观要求，是义务教育的本质属性。要促进城乡义务教育均衡发展，首先要改善农村学校的办学条件。要落实义务教育阶段农村中小学校舍维修改造长效机制，确保校舍安全；加强农村基本办学条件建设，使所有中小学具备基本的校园、校舍、教学设备、图书和体育活动设施，加强学校的食堂、饮水设施和厕所建设，改善卫生条件。其次要提高义务教育师资水平。教师是教育事业发展的关键要素和重要力量，要鼓励优秀教师到农村工作。当前，亟须改革完善教师管理体制与人事管理制度，并在财政投入、待遇、编制、职称等政策上向乡村学校教师实质性倾斜，让优秀人才和年轻教师"下得去、留得住、流得动、教得好"，为乡村学校配齐配强教师资源。此外还要确保农村教师工资待遇，健全农村教师培养培训制度，保障和改善农村教师工作条件。地市级政府相关部门要建立"教师蓄水池"，统筹所辖各县（区）域内中小幼教师资源。根据下辖各区县学校发展状况与需求，统筹教师配置，有针对性地促进教师交流、轮岗，以化解乡村教师资源短缺和优秀教师匮乏的矛盾。要出台实施"国家艰苦边远地区乡村教师岗位特殊津贴制度"，使乡村教师工资性收入在现有基础上实现基本翻番。同时，对于农村家庭经济困难的学生,要将免费提供课本和补助寄宿生生活费政策全面落实到位,大力扶持农村教育,全面保障农村儿童的九年义务教育。通过这些制度建设,彻底改变城乡义务教育在经费投入、师资队伍、教学水平、办学条件等方面的不均衡状况。

第三,健全覆盖城乡的公共卫生体系和基本医疗制度。通过覆盖城乡的公共卫生体系和基本医疗服务体系来解决农村居民"看病贵""看病难"等热点问题,保障农民能获得与城市居民同等的医疗服务,减少城乡之间的不平衡,需要国家提供足够的经费用于覆盖城乡卫生体系的建设。同时,在我国特别是在农村地区,居民因患重病导致贫困或脱贫后又返贫的情况屡屡发生,因此还需建立相应的医疗保障制度,帮助群众抵御重病和大病带来的经济风险。要根据城乡实际情况和不同人群的收入水平建立各种层次的医疗保险制度,构成覆盖城乡的完备的社会医疗保险体系和医疗救助体系。加强基本医疗服务,建立公共卫生和基本医疗服务保障制度,就是要让全体居民,无论是农村居民还是城市居民,都获得安全、有效、便捷的医疗卫生服务。

5.2.3 构建城乡融合利益分享循环机制

构建城乡融合的利益分享循环机制包括构建公平的利益补偿机制和利益反哺机制,实现利益在城乡之间良性循环、公平分享。利益补偿就是要给予为经济社会发展做出贡献的牺牲者以合理的补偿,这种补偿是对该社会群体所做出的牺牲和贡献的肯定,也是帮助其发展,缩减社会阶层差距所必需的。利益反哺是利益循环的另一个层面,就是要改变资源要素由农村向城市的单向度集中的状况,在农村发展落后的情况下促进资源要素由城市向农村流动,从而帮助农村发展摆脱不发达的现状。

1)收入分配方面

在收入分配方面,构建公平的利益补偿机制,就是要给予为工业和城市发展做出牺牲和贡献的农民以合理的补偿。由于农民的弱势地位,在很多时候都是利益受损者,尤其是近些年关于农用土地用途变更导致的农民利益损失矛盾非常尖锐,因此建立合理的征地补偿机制,给予失地农民合理的利益补偿显得尤为迫切。要鼓励农村经营性建设用地产权的进一步开放,采取县域、小城镇范畴内跨村横向调剂补偿制度,盘活农村经营用地,支持乡村产业发展,吸引产业落地乡村,解决"用地难"问题。要加快土地制度改革,提高农村地区征地补偿收益,收益金可调剂用于发展本地乡村产业,解决本地农民就业问题;要进一步扩大农用地产权结构,促进农业规模化经营。同时在城乡发展严重不均衡的情况下,要构建利益反哺机制,鼓励各种生产要素资源从城市流向农村、从工业流向农业,实现城乡之间、工农之间的良性循环。具体而言,可从以下几个方面进行:

（1）构建公平合理的征地补偿机制。目前，在土地征用及补偿方面农民反映比较强烈的问题主要集中在两个方面：一是采取未批先占、少批多占、越权批地、擅自占地、非法转让等手段非法、违规征用土地。有的地方采取先占用后补办手续，或采取化整为零、将耕地和良田瞒报为荒地劣地等欺骗手段，违规占用土地；有的地方热衷于低价征地，高价出让，侵占农民利益；有的地方以搞特色农业、高科技农业等为名，将农用地用于非农建设；有的地方将土地征用后闲置荒芜，政府不及时收回交给农民复耕；等等。以上这些问题严重削弱了农业生产能力，群众对此反映强烈。二是征地补偿发放不到位，安置不落实。有的地方不给农民合理补偿，不妥善解决农民的出路，导致农民失地失业，危及基本生计；有的地方的土地补偿款被截留、挪用，农民实际得到的很少，或搞"暗箱操作"，发放的补偿款明显不公；有的地方土地征用后，农民虽转为城镇户口，但老年人没有养老保障，青年人中很多就业不久就又失业，生计没有保证。

当前的征地制度从根本上讲还是与计划经济体制有关。计划经济时代，国家征地农民是欢迎的，因为征地就意味着失地农民变成城里人，政府就必须为其安排工作、安排住房，生老病死全部都有了保障。在这样的体制中，直接征用农民的土地不会有什么大问题。但是现在情况不同了，地征走但人不管，对失地农民伤害极大。征地制度的改革应当遵循公共利益的原则，就是只有出于公共利益的需要政府才能征地，但我国的相关法律和政策还没有对此做出明确规定。目前世界通行的规则是政府根据土地利用规划对土地实行用途管制，土地利用规划的制定过程应当公开、透明，规划若通过就是法律，必须严格执行；只有规划许可用于建设的土地才能进入建设用地市场，其他土地一律不得擅自进入建设用地市场。同时，我们还要规范征地程序，增加农村土地的重要主体——农民的参与力度，完善征地的协商机制和司法裁决机制。土地征收目的和补偿标准、安置办法要向社会公示，并举行听证会，听取被征地农民集体和农户以及其他受影响单位和个人的意见，否则农民有权拒绝征地；要与每一个被征地农户充分协商土地征收方案，并签订补偿安置协议。对征地内容和程序有争议的，农民可以向政府提出裁决，对裁决不服的，还可以向法院提起诉讼。

因此，要实现城乡融合发展，需要融合城乡二元土地制度。城乡二元土地制度的融合思路是保持土地的所有权差别，融合土地的使用权和收益权差别，淡化土地的城乡二元属性和所有制二元属性，强化土地用途管制制度，实行城乡统一的土地制度。国有和集体所有都是社会主义土地公有制的实现形式，在土地所有制上应该保持国有土地与集体土地的所有权差别，融合的思路不是要把国有和集体所有融为一体，但可以淡化土地的所有制属性、所有权差别，在土地使用及管理等方面重在坚持社会主义土地公有制的所有制属性，而不必纠结于土地属于国有还是集体所有。坚持同地同权的原则,对国有土地和集体所有土地一视同仁,不因土地所有权性质的不同而区别对待。但同时要融合城乡土地使用权和土地收益权的二元性差别,不因城乡差别、所有制属性差别而出现二元差别。在淡化土地的城乡二元属性和所有制二元属性的同时,要强化土地用途管制制度,更加严格地限制农用地转为建设用地,把牢农用地转为建设用地的关口。

城乡二元土地制度形成的原因是城与乡的土地制度不统一、国有和集体所有的土地制度不统一。融合的关键在于统一,唯有统一才能促进融合。因此,城乡二元土地制度融合的关键在于统一城乡土地制度、统一国有和集体所有的土地制度,包括土地政策,并且相应的统一土地市场。农村土地制度改革进程中,以城乡建设用地制度融合为重点的城乡二元土地制度融合已经取得一定进展,而农村集体经营性建设用地入市等试点政策在当前试点和今后推广中都需要特别重视统一相关制度和市场。通过城乡土地制度融合,促进了城乡土地要素自由流动、平等交换,带动了人口、资金等要素的自由流动与合理配置。城乡二元土地制融合的目标是建立城乡统一的建设用地市场与制度,实现五个方面的统一,即统一规划、统一管理、统一使用、统一入市、统一收益分配。

(2)建立生产要素回流机制。以现代经济的"血液"——金融资本要素为例,要通过建立现代农村金融体制,促进金融资源要素从城市向农村的流动。随着我国经济的发展,金融力量已经大为加强,如果能够拿出更多的资金用于农业农村,农业农村资金匮乏的局面必将大为改观。金融业如何贯彻工业反哺农业、城市反哺农村的方针,统筹配置城乡金融资源呢?在风险可控的前提下,构建和完善我国农村的金融服务体系,创新金融产品和服务,可以有力支持农业发展,提高农民收入水平。城乡的融合发展首先需要建立先导投入、引导投资、流动性注入以及激励约束的政策性机制,将资金投向农村,以强有力的投入支撑和保障农村向城市快速追赶并共同发展,最终才能在农村获得启动发展后实现城乡要素资源的均衡配置。完善农村金融制度,要发挥好政策性金融、互联网金融、合作金融等的综合作用,降低"三农"信贷担保服务门槛;同时,对农业农村基础设施建设和维护,对农村产业转型升级,对绿色产业和新产业、新业态的发展,以及对带动农村就业的商业等给予金融支持。

第一,建立健全农村金融体系。农村金融组织体系不完善、服务意识淡薄、服务手段单一是农村金融支农服务不足的重要原因。要放宽农村金融准入政策,加快建立商业性金融、合作性金融、政策性金融相结合,资本充足、功能健全、服务完善、运行安全的农村金融服务体系,全面提升"三农"金融服务水平,必须加快构建适应"三农"需求的多层次、多种类的金融组织体系。对农村地区银行业机构的准入资本范围、最低注册资本要求、投资人资格、业务准入条件和范围、高管人员资格、法人机构和分支机构审批权限等做出重大调整,大幅度降低农村地区银行业机构的准入门槛,这些政策的出台将会有效促进农村金融机构的发展,增加农村金融供给,提高农村金融体系的效率,对于改善农村金融服务尤其是中西部地区的农村金融服务,促进社会主义新农村建设,具有十分重要的意义。推进农村地区银行业金融机构准入工作的核心问题是两个:一是允许社会各类资本,包括民间资本和国外金融资本参与农村金融市场;二是允许新设村镇银行、贷款子公司、农村资金互助社、小额贷款公司等新型农村金融机构,支持商业银行和农村合作银行到农村地区设立分支机构。对于符合条件的"只贷不存"的小额贷款组织,允许其按照政策要求改建为村镇银行;允许有条件的农民专业合作社开展信用合作业务;放宽对内资甚至外资金融机构的市场准入限制,引导外资银行在农村地区的发展,建立一批与传统体制脱离关系的、以民营企业为主要股东的银行,专门为农村服务。

第二,出台农村金融扶持政策。在乡村振兴战略下,政策性银行要着眼于解决均衡配置金融资源的市场失灵问题,确立"农村公共基础设施与服务建设的保障者、农村金融市场方向的引导者和服务创新的诱导者、农村新产业开发的价值发现者和组织者、政策与市场资源的联结者"的战略使命,构建将市场化资源导入支持农村发展的政策机制,发挥对农村发展的先导启动作用。一是支持政策性银行的多元化筹资,强化其政策性资金供给能力。强化国家信用对涉农投向债券发行的支持,扩大政策性银行"三农"专项债的发行规模,降低政策性银行的债券筹资成本;建立农村资金富余金融机构资金业务的定投机制,推进其通过委托贷款、同业借款、购买政策性银行发行的债券等方式向政策性银行输送资金,确保农村富余资金仍投向农村;扩大存款来源,将财政支农资金账户设立在中国农业发展银行,由其代理管理和拨付,形成农业系统资金内部循环周转,使系统内沉淀资金有效转换为低成本政策性信贷资金,提高资金利用效率;推动政策性银行由传统的政策性贷款发放者升级为政策性信贷机制供给者,建立政策性批发贷款、委托贷款、联合贷款、贷款抵押担保债券融资等多种政策性信贷资金供应模式,发挥对金融资源投向和金融机构服务创新的诱导作用;通过低成本供给政策资金引导农村金融机构扩大农村贷款业务,尤其是以长期性政策资金供给解决市场化金融机构短期资金流动性约束问题,支持农村经营主体长期投资,以低成本资金解决需求方低成本承受能力与市场高利率之间的矛盾;提升政策性金融的引导投资和组织投资作用,有力培育和发掘农村新增长点;以战略风险投资者眼光支持农业新技术、新创业、新创意和新业态,引导农业产业资源的优化重组,促进具有更大成长空间和更高附加价值的农村新产业、新业态发展壮大;强化投贷联动机制,发挥政策性金融开发投资的组织协调作用,推动从单个项目遴选转变为项目组合集成,积极协调和组织资源通过组团投资、协同投资、整合重组等推动产业支撑环境和配套体系的成熟完善,实现区域价值整体开发与农村新兴产业的相互促进发展。二是完善对政策性银行的支持政策,强化其政策性功能定位。切实履行财政对政策性银行的出资人责任,及时补充政策性银行的资本金;对政策性银行的财政存款,取消存款准备金要求,改为与财政拨付周期相适应的资金监管;适当降低政策性银行的资本充足率约束,使其能够有更充分的资金用于政策性信贷的发放。除此以外,还可由银行和政府共同组建共管基金,按照约定的比例协同注资,银行经营利润按一定比例提取注入,由共管基金弥补政策性业务的亏损;在没有政策性亏损的情况下,共管基金总额超过一定安全保障额后可将富余资金用于补充资本金;对于政策性支农业务收入免征增值税,企业所得税按照先征后返的原则在返还后注入共管基金。

第三,创新农村金融服务。随着农村经济的不断发展及农民生活水平的提高,农村多元化金融服务需求特点已经显现,金融机构要适应农村需求,积极开发适合农民和农村经济发展特点的产品,并逐步将目前在城市地区开发、开办的新金融产品推广到广大农村地区。要加强商业性银行的贷款服务,放宽小额贷款对象、拓展小额贷款用途、提高小额贷款额度、合理确定小额贷款期限、科学确定小额贷款利率、简化小额贷款手续、强化动态授信管理、改进小额贷款服务方式、完善小额贷款激励约束机制、培育农村信用文化。要扩大政策性金融业务范围,引导政策性银行积极创新支农机制,对纯公益类、准公益类、经营类和技术援助类等不同种类项目采取不同的运作机制。要继续做好粮棉油收购资金的供应和管理,鼓励政策性银行加强对现代农业和农业产业化发展、农产品国际贸易、农业"走出去"、乡村基础设施建设、小城镇建设、农村社会事业的支持力度。要积极开发和引入多样化、有特色的金融产品,积极促进农村金融机构开发多样化的产品,比如畜牧贷款、农机设备贷款、房屋建设贷款、农业创业贷款、助学贷款等,满足农户多样化的金融需求。支持建立规范的村级资金互助社,使其成为金融机构服务下沉的有效平台。

实际工作中,银行、信用社以及各类贷款公司对农户的信用评级、贷款发放和风险管理,在很大程度上依赖于村级组织、村会计、村信用小组或者其培育的信贷联络员。培育建立正规的村级资金互助社,有助于金融机构的服务延伸和风险的防控。要明确村组织对村级资金互助社的监督责任,村内应建立信贷监督小组对资金互助社的吸收股金和贷款发放行为进行监管,村委会或村集体经济组织应对其吸收股金和发放贷款情况进行登记备案。由资金互助社汇集村内信贷需求,再根据需求情况向农村商业银行、农村信用社、村镇银行等机构申请批发贷款,然后由其发放给有需求的农户并承担贷款催还责任,通过这一系列精准的服务,让金融资源在推动"三农"发展和乡村振兴中发挥出应有的作用。

第四,组建乡村振兴政府引导基金。组建乡村振兴政府引导基金,再以政府资金为引导公开募集社会资金,重点对农村结构调整、区域平衡发展、综合环境整治、基础项目建设和重点生态文化保护进行先导投资,通过整体环境的改善为农村新产业、新业态的发展创造条件,盘活和提升农村资源性资产价值,实现农业产业市场的可持续发展。国家乡村振兴政府引导基金由中央财政牵头出资,各省区市根据财力情况分担认缴一定比例。鼓励有条件的地方自行组建支持当地发展的乡村振兴政府引导基金,并可与国家乡村振兴引导基金联合投资;同时,设立产业投资子基金,以政府资金为引导公开募集社会资金,与基础建设项目进行配套投资,带动环境与产业综合开发,实现整体投资效益。应根据不同产业领域、不同发展阶段细化子基金,强化专业投资管理和组合投资效益,建立起覆盖农业产业初创期、成长期、成熟期的全生命周期和涵盖农资、科技、生产、销售、流通、加工、旅游等农业全产业体系的投资链,通过相关项目资源组团开发、接续开发和优化集成,创造长期和整体倍增的价值收益。这里,一方面是通过不同阶段的接续投资,为产业发展壮大提供持续支持,让投资资本实现长期产业价值的收获;另一方面是通过相关项目资源的优化组织,创造整体价值收益。要在完善产权制度和收益分配机制的基础上,积极研究财政资金与社会投资整合的方式,降低社会投资者的成本,提高其总体赢利水平,激发社会投资者进入农村的积极性。支持涉农风险投资与众筹业务发展,促进形成活跃的涉农投资市场氛围。对风险机构投资于农业以及农村的项目,持有股权超过三年的,根据《财政部税务总局关于创业投资企业和天使投资个人有关税收政策的通知》,以其对农业或农村项目的投资额的100%抵扣其应纳税所得额;不足抵扣的,可以在以后纳税年度结转抵扣。发起"活力乡村"创建大赛和农村创业大赛,集合资本、人才、市场为乡村创新创业发展谋划新思路,搭建农村创业项目宣传和推广的平台,以及与资本和市场对接的平台。

2) 公共品获得方面

在公共品获得方面构建城乡融合利益分享循环机制,一方面要加强对农村公共品的财政投入,健全农业农村投入保障制度,以补偿长期以来城市偏向的公共品政策对农村发展带来的阻碍;另一方面要通过政策引导,鼓励各种资源向农村流动,为农民提供更多更优质的公共品。具体而言,可从以下几个方面进行:

首先,要加大对农村公共品的财政投入。目前无论从我国的国家财力总体状况和我国社会经济发展水平来看,还是从我国农业农村发展的目标和任务来看,进行战略调整、实施公共财政覆盖农村的条件已经基本成熟,国家有能力更有必要逐步建立统一的、覆盖城乡的公共财政体系。要在继续坚持贯彻"多予、少取、放活"方针的基础上,调整财政支出结构,推进和深化农村税费改革,加大支持农村社会事业发展和农村扶贫开发力度,让公共财政的阳光逐渐照耀农村,不断加大财政支农力度,扩大公共财政农村覆盖范围,积极创新财政支农方式及资金使用管理机制,建立和完善城乡之间、地区之间均衡的公共财政覆盖农村的政策体系。切实调整公共财政资源配置的传统格局,根据城乡融合发展的要求,从总体上调整财政支出结构,加大财政对农村的投入力度。各级财政对农业投入的增长幅度应高于经常性收入增长幅度,大幅度增加国家对农村基础设施建设和社会事业发展的投入,大幅度提高政府土地出让收益、耕地占用税新增收入用于农业的比例,大幅度增加对中西部地区农村公益性建设项目的投入。要从根本上改变城乡二元税制格局,给予农民完全平等的国民待遇。

要紧紧围绕农民群众最为关心、最迫切需要解决的问题,重点解决农村饮水、农田水利、信息、交通等公共基础设施问题,大幅度增加中央财政预算内用于农村公共基础设施的投资。切实加大国家财政对农村社会事业发展的投入。在教育方面,要建立和完善农村义务教育、农村劳动力培训经费长效保障机制,大幅度增加对农村职业技术教育的投入,量力而行地增加高中教育投入;在卫生方面,要进一步加强农村卫生服务体系建设,加大对公共卫生服务的投入,提高新型合作医疗制度补助标准和医疗救济水平;在社会保障方面,要提高最低生活保障制度的保障水平,扩大养老保险范围,拓宽福利救济范围;在文化方面,要增加对乡村公共文化设施的投入,支持开展群众喜闻乐见、健康向上的文化活动。

其次,积极鼓励各种资源向农村流动,提高农村公共品的数量和质量。支持开展乡村振兴股权众筹试点,以公益或微利方式为乡村建设和产业开发项目募集资金,并在农田水利、水库除险加固、水源工程、农村道路和渡口、小水电站、大中型沼气池、农民培训、医疗、文化娱乐活动等方面积极进行试点和探索。同时,还要引导各种优质公共品资源要素向农村流动。如在教育方面,要鼓励城里的名校到农村去办学,引导大学毕业生到农村基层学校任教;加大城镇教师服务农村教育工作的力度,推进师范生到农村学校顶岗实习支教;建立健全城乡教师交流机制,继续选派优秀的城市教师下乡支教,城市学校和农村学校定期轮换校长和一定比例的骨干教师。

5.2.4 构建城乡融合利益分享保障机制

构建城乡融合的利益分享保障机制,在收入分配方面要切实推动乡村产业振兴,为农民收入增加提供保障;在公共品获得方面,从建立健全社会保障体系入手,保障农民作为劳动者的各项经济权利。保障农民平等分享经济社会发展成果的关键在于建立通畅的农民利益表达机制,提高农民的组织化程度和对政府公共政策的影响力,从而才能公平获得与城市居民相同的公共品,切实维护自身的权利。

1) 收入分配方面

通过城乡融合发展推动乡村产业振兴,要以城乡融合发展体制机制和政策体系为制度保障,以乡村产业多元价值为导向,实现乡村产业的多目标、多功能发展。

既要解决好乡村产业振兴所面临的外部环境和支撑条件问题，出台资源配置、要素流动向乡村倾斜的政策，提升乡村产业培育、发展的吸引力、驱动力和影响力；也要解决好乡村振兴中存在的产业内部问题，以绿色发展为引领，推动乡村产业高质量、可持续发展。同时，要以县域、小城镇为纽带，推动乡村产业多元化、一二三产业融合发展；要以城乡人才为支撑，激发乡村产业振兴的内外动能。

城乡融合发展推动农业向一二三产业融合方向发展，农业对科技要素的需求范围拓展，需求层次提升。城乡融合发展催生农村新产业、新业态，乡村产业对科技要素的需求从单纯农业技术向多样化、前沿化科技拓展。一是对农业新环节、新领域的技术需求。城市的要素资源和市民消费需求下乡，推动农业生产从单一的种养环节向上下游产业延伸，从供应初级产品向开发产品多种功能方向拓展，使经营主体对农业科技的需求从种养技术扩大到加工制造、储藏运输、营销宣传、旅游休闲服务等新环节、新领域。二是农业提质增效带来的技术升级需求。需求端消费升级形成的压力沿着农业产业链条向上游传导，在供给侧特别是种养环节形成提质增效、转型升级的压力，使农业科技需求从单纯增产向提高质量、效益和竞争力方向转变，清洁生产、有机种养、循环农业等成为新的技术需求。同时，城乡融合发展使乡村产业得以摆脱单一农业经营的局限，各类新产业、新业态竞相涌现、蓬勃发展，这些农村新产业、新业态又产生了对科技要素的新需求。一是在技术需求种类上呈现出多样化特征。农村新产业、新业态既有特色农业，更多则是利用乡村优势资源形成的非农特色产业。这些特色产业从传统手工到现代制造、从运输物流到商贸服务、从旅游养生到文化创意，并聚集形成专业村、特色小镇、产业大县，其发展所需的技术也囊括各行各业、包罗万象。二是在技术需求层次上呈现出前沿化特征。农村新产业、新业态所针对的一般是追求品质的高端消费需求、追求新颖的前沿消费需求、追求快捷的网络消费需求，在经营模式、营销方式上多采用"互联网+"、电子商务等高科技手段，其技术需求也主要为各领域的高端技术和前沿技术。城乡融合发展引发农民对实现更美好生活的渴望，农村人居环境、基础设施、公共服务等的改善提升需要相应的科技要素提供支持。

乡村产业振兴首先要发挥科技创新的力量。一是针对农业消费升级和产业转型升级需求，探索现代新兴科技对接农业产业和乡村资源，开发传统农业新功能和农村新业态，以各种"新兴科技+农业"创造新产品、新服务并对接新需求；二是针对农村一二三产业融合发展趋势，打破传统的工农业和各环节的分割壁垒，推动产业链内各环节的技术衔接与配套，实现产业技术体系的集成创新与应用；三是针对农民追求更美好生活的需要，为改善农村人居环境、提升农民生活质量、保护农村生态环境和推动农业绿色发展，提供适合农村生产生活特点、既具备现代性又体现乡村风格、兼顾经济适用与简单便捷的技术和解决方案，开展贴近生活、生动活泼、农民群众喜闻乐见的科技教育与科普宣传。科技支农既要充分利用外部资源,也要积极培育乡村自身的创新力量,激发乡村内生创新活力。支持鼓励新型经营主体通过自主或接受委托的方式开展新品种、新技术试验和参与研发创新,通过应用新技术横向拓展产品服务、纵向延伸产业链,通过为其他经营主体提供技术服务推动新技术转化应用。科技推广应以提升农业质量效益和竞争力、发展壮大乡村产业为目标,动员城乡各方力量,发挥农民的主体性与能动性,充分利用乡村自身科技资源。通过制定和推广技术标准推动全产业链的技术创新与技术应用,并通过专业化和社会化服务让新技术得到规模化、标准化、规范化应用。

乡村产业应以农业农村资源为依托,以广大农民为主体,以带动农民就近增收致富为目标,以绿色发展为引领,以产业多元化、一二三产业融合发展为核心,根植于县域、城镇周围;应彰显地域特色,体现乡村文化,承载乡村多元价值,发挥乡村多种功能,提供多种就业选择,适应国民经济结构调整,满足城乡消费升级需求,形成和城市产业发展互为补充、互为促进、互为融合发展的产业体系。对于可以吸引落地且可持续发展的产业,将其与税收优惠、财政奖补、解决本地农民工就业挂钩;同时,应以城乡融合发展体制机制和政策体系为制度保障,加快补齐农业农村在公共基础设施和公共服务上的短板,为乡村产业振兴提供有效支撑。乡村产业体系不仅围绕农业生产第一产业,还应积极发展农业的第二、第三产业;不仅有农业产业,还应拓展非农产业,结合乡村资源禀赋差异,发展特有文化传播、休闲旅游、健康养生、特色手工业等特色产业;不仅有本地特色产业,还应有城市产业在县域、小城镇的分工与布局;不仅可以承担产业链单一环节的专业分工,还应建设全产业链,构建既有资源禀赋所涉及的农业生产、农民生活、农村生态,又与城市融合、经济发展水平相近的现代化农业农村多元产业体系。

现代化乡村产业体系应发挥多元价值、多种功能。现代化乡村产业体系不应局限在保产量、保供给的"粮食安全"单一价值和单一功能上,而应向"食物供给、品种多样、营养丰富、特色个性、自然风貌、生态优美、休闲体验"等多元价值、多种功能转变。不仅能满足基本的食物供给,还能满足城乡消费结构升级后个性化、差异化、多样化的食物消费需求;不仅能确保土壤、水、大气等与农业生产紧密相关的自然资源的可持续开发利用,维护生态多样性和可持续性,还能为城乡居民提供生态优美、人与自然和谐共生的人居环境;不仅能将特有农耕文化传承、传播,还能丰富城乡居民的精神生活;不仅能为现代化多元产业体系提供稳定的农村剩余劳动力就业岗位、提供城乡平等就业选择的机会,还能让农村居民同样获得物质上的富足;不仅能有完善的基础设施、便捷的公共服务、可靠的社会保障,与城市共享经济发展成果,还能过上现代化的、与城市发展水平相近的生活。

乡村产业振兴要贯彻可持续发展、绿色发展理念。在农业生产方面,加强产地环境的综合治理,完善多部门协作机制,树立"山水林田湖草是生命共同体"的理念,对在农业农村发展中遭到污染的土壤、水体等进行系统综合评估、修复和治理,推行绿色农业生产方式,发展生态农业。在农民生活方面,推行绿色生活方式,加大对农村生活垃圾、污水的综合治理,坚决打好农业农村污染治理攻坚战。在乡村产业体系方面,树立"绿水青山就是金山银山"的理念,促进生态和经济良性循环。一是推进自然资源产权改革制度。可通过地方财政资金引导,撬动社会资本,引进先进的技术、人才、管理经验,采取"资源变资产、资金变股金、农民变股民"的三变改革,将村资源重新配置;发展特色农业、传统手工业、特色民族文化产业和乡村旅游业,带动就业,激活当地经济,富裕农民。二是推进"生态产业化、产业生态化"配套制度。建立绿色发展基金,支持乡村绿色产业体系发展;建立乡村产业绿色发展准入制度和乡村产业绿色发展负面清单制度,建立耕地补偿、生态补偿制度,建立绿色发展补贴政策体系。对于那些与农业生产、农民生活紧密相关的自然资源,可持续开发、利用;对于那些能够促进乡村生态环境保护相关的产业,给予财政奖补、税收支持;对于那些带来资源破坏、环境污染的产业,逐步有序清退,并给予生态补偿。

2) 公共品获得方面

关于社会保障方面,要加快建立覆盖城乡的社会保障体系,完善社会保障的各项制度,使社会保障制度起到经济"减震器"和社会"稳定器"的作用,这对于保障居民基本生活水平、稳定居民消费预期、维护社会和谐稳定都是十分重要的。坚持把保障和改善民生作为经济工作的出发点和落脚点,越是困难的时候,越要关注民生,越要促进社会和谐稳定。在社会保障制度建设上,坚持"广覆盖、保基本、多层次、可持续"的方针。目前我国社会保障制度城乡社会保障覆盖面差异很大,农村社会保障仅包括养老、合作医疗等社会保险项目,五保供养、低保、特困户基本生活救助等社会救济项目,以及优抚安置等,其他如城镇居民享有的失业保险、工伤保险、生育保险、住房保障及不少社会福利项目都没有或基本没有。因此,健全覆盖城乡居民的社会保障体系还有很多工作要做。要使城乡社会保障制度统筹发展,关键在于构建基础性的社会保障制度,深化户籍制度改革,构建更为完善的社会保障管理制度。

(1) 要扩大社会保障体系覆盖范围。经过多年的改革和探索,尽管我国已形成了以养老、医疗、失业、工伤、生育保险和城市居民最低生活保障为主要内容的社会保障体系,但覆盖面仍然太窄。要扩大覆盖范围,就必须统筹考虑城乡社会保障制度,将各类人群纳入覆盖范围,实现城乡统筹和应保尽保。但城乡统筹并不是城乡统一,由于城乡之间生产力水平等各方面情况不同,导致城乡居民在现阶段享有的保障项目和保障水平不可能是同一个标准。在农村,应全面建立起农村最低生活保障制度,加强推进新型农村合作医疗制度,积极探索农村的社会养老保险制度,逐步建立起与家庭保障、土地保障相结合的保障体系,尤其要解决被征地农民的就业和社会保障问题,做到即征即保,确保他们的生活水平不会因为失去土地而降低。在城镇,则应继续完善养老、医疗、失业、工伤、生育保险等制度,逐步把各类就业人员都纳入覆盖范围;另外,还应加紧研究制定城镇没有参加养老保险的困难集体企业退休人员和无工作老年人的基本生活保障办法,抓紧建立城镇居民医疗保险和农民工社会保险制度。

(2)要加强和完善最低生活保障制度。确保最低生活保障制度的顺利实施,是解决贫困人口温饱问题的重要举措,也是建立覆盖城乡的社会保障体系的重要内容。对最低生活保障的管理既要严格规范,又要从实际出发,采取简便易行的方法。完善和规范最低生活保障体系,尤其是要建立健全失地农民的生活保障制度。建立健全失地农民的生活保障制度,可以变土地征用制度为购买制度,创建农民土地产权专项市场管理交易制度,通过公平、公开、公正的产权市场交易,既能从源头上遏制住滥占耕地、低价调拨农民土地之风,又能有效保护农民土地产权等权益;也可设立失地农民社会保障基金,主要承担失地农民养老、医疗、最低生活保障、义务教育配套投资等方面的支出。

(3)要完善基础性社会保障制度。基础性社会保障制度包含基本养老制度、大病统筹基本医疗保障制度、最低生活保障制度等。国家应进一步提升制度的可行性和可操作性,凸显出政策的公平正义;同时,国家相关部门还应该做好顶层设计和制度框架设计,破解部门之间存在的制度割裂问题,提升社会保障制度体系的完整性和有效性。尤其是与户籍挂钩的各项政策要加以清理或完善,禁止再出台与户籍挂钩的政策,建立统一的户籍制度。要放宽农民进城落户条件,进一步降低城市落户门槛,引导农村人口有序转移,通过人地挂钩的运行机制消除因为身份带来的权益不平等问题,解决城乡二元制户籍制度导致的各种弊端,进一步提升城镇化进程中的城镇接纳能力。同时,构建多元化的成本分担机制。社会保障负担如果单一由政府承担,势必会造成政府的财政压力,也会影响社会保障落实效果。有必要根据发展实际构建起政府主导、企业和社会共同参与的多元化社保成本分担机制,通过分担机制的有效落实,既可减轻政府的财政压力,还能够推动城镇与乡村之间社保制度改革创新,实现城镇与乡村之间社保事业的共同发展、共同进步。

关于利益表达方面,要建立畅通的农民利益表达渠道,使农民关于乡村建设、产业发展、公共服务获得、政府公共财政投入的利益要求能够得到充分表达。

(1)要加强和完善党对农村基层组织的领导。衡量党对农村基层组织领导能力强弱的标准主要有三条:一是能否有效贯彻党的路线、方针、政策;二是能否得到人民群众的拥护与支持;三是能否通过自我调节来适应新形势的挑战。[①] 2014年5月中共中央办公厅发布了《关于加强基层服务型党组织建设的意见》,要求各地结合基层发生的新变化、新问题,全面加强基层服务型党组织建设,使基层党组织在政治上增强战斗力、在思想上增强凝聚力、在工作上增强创造力、在发展上增强推动力、在廉政上增强免疫力。在推进城乡融合发展的背景下,基层党组织理应成为表达民意、凝聚民心的重要平台。村级党组织可利用村委会的选举充分发挥村级党组织作为村民自治主导力量的作用,广大党员干部通过发挥其在乡村经济、社会、文化等方面建设中的模范带头作用,带领广大农民推动乡村各项事业的发展。

（2）要健全基层人民代表大会制度。县级和乡级人民代表大会是我国人民代表大会制度的重要组成部分,也是农民群众依法管理国家社会事务和经济文化事业的重要渠道,分别行使着15项和13项职权。县乡两级人大代表均由选民直接选举产生,但目前县级人大代表名额是按农村每一代表所代表的人口数四倍于城镇每一代表所代表的人口数的原则进行分配,这导致县乡人大尤其是县级人大中普通农民群众的代表名额往往被干部名额挤占;同时,有的代表听取原选举单位人民群众的意见不多,反映群众的要求不够,接受群众的监督也不够。今后应逐步实行城乡按相同人口比例选举人大代表,扩大农民在县乡人大代表中的比例,密切人大代表同农民的联系,以便更好地发挥县乡人民代表大会的职能和作用。

（3）要形成并完善与新时期相适应的乡镇治理机制。改革开放以来,我国农村的经济体制、社会结构、利益格局以及农民的思想观念发生了深刻变化,农民的政治参与积极性日益提高,这自然对乡镇治理机制提出了新的要求;同时,随着农民社会权利意识、民主意识和法律意识的普遍提高,越来越多的农民群众不仅关注自己眼前的经济利益,还关注长远的群体利益、政治利益、精神文化利益等。应该看到,农民政治参与积极性的提高,不仅是完善乡镇治理机制的推动力量,同时也是完善乡镇治理机制的内在需求。未来农村的社会发展事业将是面广且量大,农村综合改革任务艰巨,这些完全离不开农民群众的广泛参与。从实践来看,一些地区已进行了不少关于完善乡镇治理机制的探索,例如推进乡镇政务公开、举行参与式的乡镇预算民主恳谈会等,这些尝试使完善乡镇治理机制逐步具备了条件。今后还应进一步顺应农民群众的意愿,保障农民的知情权、参与权、表达权和监督权,使乡镇治理机制能与农民不断提高的政治参与积极性相适应,使农民的利益要求能够得到充分的表达。

[①] 朱余斌.建国以来乡村治理体制的演变与发展研究[D].上海社会科学院,2017.

其他参考文献

[1] 奥斯特罗姆 V,菲尼 D,皮希特 H.制度分析与发展的反思——问题与抉择[M].北京:商务印书馆,1992.

[2] 亨金 L.权利的时代[M].北京:知识出版社,1997.

[3] 曼瑟尔·奥尔森.集体行动的逻辑[M].上海:上海人民出版社,1995.

[4] 詹姆斯 E 安德森.公共决策[M].北京:华夏出版社,1990.

[5] 叶兴庆,金三林,韩杨,等.走城乡融合发展之路[M].北京:中国发展出版社,2019.

[6] 易赛键.城乡融合发展之路——重塑城乡关系[M].郑州.中原农民出版社,2019.

[7] 高志仁,朱波.城乡统筹发展与建设和谐社会[M].北京:中国社会出版社,2009.

[8] 曹成杰,郭晓帆,朱波.经济转型与利益格局调整——在转型中统筹协调好各方面利益关系[M].北京:国家行政学院出版社,2011.

[9] 陈宗胜.改革、发展与收入分配[M].上海:复旦大学出版社,1999.

[10] 陈宗胜,周云波.再论改革与发展中的收入分配[M].北京:经济科学出版社,2002.

[11] 金雁,秦晖.经济转轨与社会公正[M].郑州:河南人民出版社,2002.

[12] 李萍,戴歌新,等.转型与分配协调论[M].成都:西南财经大学出版社,2006.

[13] 李萍,武建奇,杨慧玲,等.反思与创新:转型期中国政治经济学发展研究[M].北京:经济科学出版社,2006.

[14] 李萍,陈志舟,吴开超,等.转型期分配制度的变迁:基于中国经验的理论阐释[M].北京:经济科学出版社,2006.

[15] 李溦.农业剩余与工业化资本积累[M].云南:云南人民出版社,1993.

[16] 林毅夫,蔡昉,李周.中国的奇迹:发展战略与经济改革[M].增订版.上海:格致出版社,1999.

[17] 刘明宇.贫困的制度成因——产业分工与交换的经济学分析[M].北京:经济管理出版社,2007.

[18] 孙成军.超越"三农"障碍——如何破解中国城乡统筹发展的难题[M].长春:东北师范大学出版社,2004.

[19] 王景新,李长江,曹荣庆,等.明日中国:走向城乡一体化[M].北京:中国经济出版社,2005.

[20] 温铁军,等.解读苏南[M].苏州:苏州大学出版社,2011.

[21] 姚林香.统筹城乡发展的财政政策研究[M].北京:经济科学出版社,2007.

[22] 姚洋.转轨中国:审视社会公正与平等[M].北京:中国人民大学出版社,2004.

[23] 俞德鹏.城乡社会:从隔离走向开放——中国户籍制度与户籍法研究[M].济南:山东人民出版社,2002.

[24] 张国.中国城乡结构调整研究——工业化过程中城乡协调发展[M].北京:中国农业出版社,2002.

[25] 张晓明.伟大的共谋:市场经济条件下的利益关系研究[M].北京:中国人民大学出版社,2002.

[26] 浙江省发展和改革委员会.城市化:统筹城乡新发展[M].浙江:浙江大学出版社,2004.

[27] 金三林,曹丹丘,林晓莉.从城乡二元到城乡融合——新中国成立70年来城乡关系的演进及启示[J].经济纵横,2019(8).

[28] 康金莉.改革开放以来中国农民权利:变迁与重构[J].武汉大学学报:人文科学版,2017(4).

[29] 张延曼.新时代中国特色城乡融合发展制度研究[D].吉林大学,2020.

[30] 陈宗胜,武洁.收入分配差别与二元经济发展[J].经济学家,1990(3).

[31] 迟福林,殷仲义.加快转变发展方式与"十二五"基本公共服务均等化的基本目标[J].城市观察,2010(5).

[32] 杜漪.构建和谐城乡关系的经济学研究——以公平与效率的统一为基点[D].西南财经大学,2006.

[33] 傅道忠.城乡差距及其二元财政成因探析[J].财贸研究,2004(2).

[34] 高俊萍.农民收入增长缓慢的原因与对策分析[J].经济师,2003(3).

[35] 郭玮.城乡差距扩大的表现、原因与政策调整[J].农业经济问题,2003(5).

[36] 郭兴方.城乡收入差距的新估计——一种动态解释[J].上海经济研究,2004(12).

[37] 侯石安.解决"三农"问题的财政支持政策选择[J].财政研究,2005(3).

[38] 姜作培.建立城乡统筹发展的政府运作机制[J].国家行政学院学报,2004(3).

[39] 孔祥敏.国外的农业保护政策考察及其对中国的启示[J].长白学刊,2000(6).

[40] 李长江.城乡差距的现状、根源及解决对策[J].理论探索,2004(3).

[41] 李萍.社会科学研究要关注重大现实问题——对当前城乡经济社会发展严重失衡问题的思考[J].经济学家,2004(3).

[42] 李萍,陈志舟.对转型期中国居民收入分配制度变迁的经验分析[J].福建论坛:经济社会版,2001(8).

[43] 李萍.论我国城乡发展中政府的统筹作用——以科学发展观为视角[J].当代经济研究,2006(4).

[44] 李萍,罗宁.农村劳动力转移的维度考察:城市外化与农村内化[J].改革,2008(9).

[45] 李萍.公平与效率的统一是城乡和谐的函数——评杜漪《构建和谐城乡关系的经济学研究:以公平与效率的统一为基点》[J].中共四川省委省级机关党校学报,2007(3).

[46] 李文.日本的农业保护政策[J].当代亚太,2006(6).

[47] 林毅夫.发展战略、自生能力和经济收敛[J].经济学:季刊,2002(1).

[48] 刘玉来.国外农村劳动力培训的启示[J].中国人力资源开发,2003(12).

[49] 陆铭,陈钊.城市化、城市倾向的经济政策与城乡收入差距[J].经济研究,2004(6).

[50] 马晓河,蓝海涛.加入WTO后我国农业补贴政策研究[J].管理世界,2002(5).

[51] 任毅,易淼.贫富差距的学理演进与引申[J].改革,2011(2).

[52] 任建军,阳国梁.中国区域经济发展差异及其成因分析[J].经济地理,2010(5).

[53] 万广华.转型经济中的收入不平等和经济发展——非线性模型是否必须?[J].世界经济文汇,2004(4).

[54] 万树."三农"问题的现状、原因与对策透析[J].农村经济,2004(1).

[55] 王春超.增加农民收入的关键因素及主要对策——以湖北省为例的研究[J].经济科学,2004(1).

[56] 王德文,蔡昉.如何避免城乡收入差距进一步扩大——"十五"期间农民收入变化趋势与政策建议[J].农业经济问题,2003(2).

[57] 王德文,何宇鹏.城乡差距的本质、多面性与政策含义[J].中国农村观

察,2005(3).

[58] 王国敏.城乡统筹:从二元结构向一元结构的转换[J].西南民族大学学报:人文社科版,2004(9).

[59] 吴建华.建立农民增收的长效机制[J].发展研究,2005(7).

[60] 吴晓娟."三农"问题:现状、原因及政府相关政策选择[J].农业经济问题,2003(7).

[61] 夏清瑕.发展权视野下发展问题探讨[J].河北法学,2005(10).

[62] 严瑞珍,刘淑贞.中国农村金融体系现状分析与改革建议[J].农业经济问题,2003(7).

[63] 杨培景.略论我国农民工权益的法律保障[J].理论导刊,2005(3).

[64] 姚先国,赖普清.中国劳资关系的城乡户籍差异[J].经济研究,2004(7).

[65] 叶正茂,洪远朋.论共享利益与产权界定[J].经济学动态,2002(3).

[66] 庾虎,蒙云龙.解决农民贫困问题须走赋权扶贫之路[J].经济研究导刊,2009(9).

[67] 张桂文.中国二元经济结构演变的历史考察与特征分析[J].宏观经济研究,2001(8).

[68] 张亚丽.中国长期经济发展的必由之路——一个赋权的视角[J].改革与战略,2009(6).

[69] 赵磊."三农问题"的市场经济理论解析[J].学术研究,2005(5).

[70] 李实,赵人伟,张平.中国经济转型与收入分配变动[J].经济研究,1998(4).

[71] 赵祖平.错位、缺位:劳动关系重建中的政府[J].中国劳动关系学院学报,2007(1).

[72] 郑鑫.统筹城乡视角下的农村金融发展对策——以河南省为例[J].金融理论与实践,2007(11).

[73] Baker R. Why Poor People Stay Poor:A Study of Urban Bias in World Development by Michael Lipton [J]. Modern Asian Studies,1979,13.

[74] Williamson J G. Regional Inequality and the Process of National Development:A Description of the Patterns [J]. Economic Development and Cultural Change,1965,13(4).

[75] Stöhr W,Tödtling F. Spatial Equity:Some Anti—Theses to Current Regional Development Doctrine [J]. Papers and Proceedings of the Regional Science Association,1977,38.

[76] Robinson S. A Note on the U Hypothesis Relating Income Inequality

and Economic Development[J]. American Economic Review,1976,66(3).

[77] Romer P M. Increasing Returns and Long-Run Growth[J]. Journal of Political Economy,1986,94(5).

[78] Schultz T W. Investment in Human Capital[J]. American Economic Review,1961,51.

[79] Sen A K. Neo-Classical and Neo-Keynesian Theories of Distribution [J]. Economic Record,1963,39.